Angelika Aliti
Die sinnliche Frau

Angelika Aliti

# Die sinnliche Frau

*Frauenoffensive*

1. Auflage, 1999
© Verlag Frauenoffensive, 1998
(Metzstr. 14 c, 81667 München)

ISBN 3-88104-312-8

Druck: Clausen & Bosse, Leck
Umschlaggestaltung: Erasmi & Stein, München

Dieses Buch ist gedruckt auf Papier aus chlorfrei gebleichtem Zellstoff.

# INHALT

LIEBESERKLÄRUNG AN DIE FRAUEN 9

HORS D'EUVRE 11

Erster Teil

DIE SINNLICHE FRAU 17
Ein Pamphlet, das den Blick verändert, denn
zur Pornographie greift nur, wer den Zauber
in der Wirklichkeit nicht mehr wahrnehmen kann

AMAZONEN SIND WIR ALLE 33
Was Lesben und Heteras gemeinsam haben
und was sie unterscheidet

STRAPSE, DILDOS UND ANDERE PROTHESEN 47
Wie, warum und vor allem für wen
die Erotik erfunden wurde

ZYKLUS KLINGT SO KRANK 63
Wie frau sich ihren Körper zurückholt

KÖRPER, SEELE UND GEIST IN FLAMMEN 77
Lust statt Geilheit, Freiheit statt Verfügbarkeit,
Liebe statt Leidenschaft

ORGASMUS UND DER KARTOFFELSALAT MEINER OMA 93
Alles zu seiner Zeit
und jeder Liebe, was ihr gebührt

DER ZAUBER IN DER WIRKLICHKEIT 105
Du stehst da, und plötzlich merkst du,
wie schön die Welt schon immer war

## Zweiter Teil

1. WENN DIE SINNLICHE FRAU JUNG IST

   DER TANZ DER HORMONE 121
   Mädchen vor dem Übergang

   WIE EINE STARK BLEIBT, OBWOHL SIE AUF MÄNNER STEHT 131

   AMAZONEN UNTER SICH 141
   Lesben lieben anders, aber lieben sie auch besser?

2. WENN DIE SINNLICHE FRAU
   IN DIE JAHRE DER VERANTWORTLICHKEIT KOMMT

   MITTEN IM LEBEN BLÜHT LIEBE ÜBERALL 151
   Oder: Versuche nicht, etwas in Flaschen abzufüllen,
   wenn du drin schwimmen kannst

   VOLL SINNLICH ODER VOLLE WINDELN? 165
   Die Ehe- und Mutterfalle als perfekter Liebestöter

   FREIE FRAUEN LIEBEN BESSER,
   ABHÄNGIGE SIND NUR GUT IM BETT 175
   Nur weil eine Frau in deinem Bett liegt,
   bist du noch lange nicht frei

3. WENN DIE SINNLICHE FRAU IN DEN WECHSEL KOMMT

   ROSEN IM HERBST 189
   Oder: Eine Frau in Flammen kühlt auch mal ab

   WANDLUNG BRINGT LEBEN INS LEBEN 197
   Wie Frauen, die mit Männern leb(t)en,
   mit dem Wechsel zu neuen Ufern aufbrechen
   und was sie dort finden können

   MÜDE KRIEGERIN UND SCHWEIßES BRAUT 205
   Wie Lesben in den Wechsel gehen

4. Wenn die sinnliche Frau alt wird

    Eine Fregatte unter vollen Segeln    213
    Das Schönste, was dir passieren kann, ist altwerden
    (Nur Tote werden nicht alt)

    Lust und Weisheit    221
    Elfriedes Witwenball ist überall, aber nun
    geht es nur noch nach deinem Lustprinzip

    Der Zauber bleibt    227
    Alte Lesben und ihr Raffinement der Liebe

5. Die sinnliche Frau und der Tod

    Liebe ist ein kosmisches Gefühl    233
    Oder: Was bleibt, wenn du gehst

Dieses Buch widme ich
k. d. lang,
der wilden Rose aus Alberta
mit der sinnlichsten Stimme der Welt.

# LIEBESERKLÄRUNG
## AN DIE FRAUEN

Ich habe seit einigen Jahrzehnten eine gigantische Liebesgeschichte laufen. Es ist eine Geschichte voller Erwartungen, Aufregungen, Irrungen, voll gar nicht so heimlicher süßer Träume, Zorn und Enttäuschung, die aber auch unglaubliche Überraschungen und große Erfüllung kennt, jedoch kein Happy-End, denn sie wird nie ein Ende erfahren, nicht einmal dann, wenn es mit dem Zusatz „glücklich" zu einer Verlockung würde. Ich liebe Frauen. Ich liebe sie so, wie ich das Leben liebe. Und ich liebe sie alle. Die Lesben und die Heteras, die Klugen und die Dummen, die Tapferen und die Feigen, die Schnellen und die Bedächtigen, die Zupackenden und die Zögerlichen, die Hoffnungsvollen und die Verzweifelten, die Bösen und die Guten, die Amazonen, die Mütter und die Alten, alle wie sie wurden und da sind. Weil ich eine von ihnen bin, schließt diese Liebe auch mich selbst ein.

Ich bin der Ansicht, daß Frauen nicht nur das Salz der Erde, sondern die Erde selbst sind. Ich glaube, daß sie das Gelbe vom Ei, Alpha und Omega, Himmel und Hölle sind, Trägerinnen allen Lebens, unzählige und vielfältige Aspekte der Göttin. Es ist mir gleich, ob diese Ansicht realistisch oder heillos romantisch ist. Sie basiert auf einem Gefühl von kosmischen Ausmaßen, und von daher steht sie wie jedes Gefühl außerhalb jeder Diskussion.

Es ist nicht selbstverständlich, Frauen positiv zu sehen. Sie gar zu lieben und dies auch noch publik zu machen, fordert seltsame Reaktionen heraus. Sofort verlangen viele Menschen beiderlei Geschlechts, zuerst ein Sympathie-Statement für Männer abzugeben, als wäre deren Existenz bedroht, wenn ich Frauen liebe. Andere kramen ebenso schnell mysogyne Eindrücke hervor, als gelte es zu beweisen, wie unrecht ich habe. Und diese anderen sind nicht selten Frauen.

Wie immer auch Frauen von anderen oder sich selbst gesehen werden, ich sehe sie auf jeden Fall als lebenslang im Patriarchat emotional Verhungernde. Erschütternd dabei ist, daß auch Frauen sich nicht geben, wessen sie bedürfen. Viele von uns gehen mit Frauen – und also auch mit sich selbst – nicht besonders liebevoll um. Wenn ich sehe, wie Frauen Frauen verachten, bricht es mir das Herz. Dieser Form von Verachtung will ich meine Liebe entgegensetzen, denn Lieblosigkeit, die aus Mangel an Liebe erwächst, läßt sich nur auf diese Weise auflösen. Aus diesem Gefühl heraus habe ich dieses Buch geschrieben. Dafür habe ich meinen Verstand benutzt, was ein kleiner Hinweis darauf sein soll, daß es für eine Frau nicht genug sein kann, zu ihren Gefühlen zu stehen, und daß Gefühl und Verstand sich keineswegs im Gegensatz zueinander befinden. Auch dies möchte ich als einen Akt der Integration verstanden wissen. Es gibt noch vieles wieder einander nahezubringen, was dreitausend Jahre Männerherrschaft voneinander isoliert haben. Zum Beispiel Eros und Agape. Einstmals waren sie eins und wurden Liebe genannt.

# HORS D'EUVRE

Als dieses Buch von mir verlangte, geschrieben zu werden, habe ich mich zuerst gesträubt. Ich wollte nicht. Ich hoffte, es würde eine andere Autorin finden. Für mein Sträuben gab es viele plausible Gründe. Jedes Buch verändert die Autorin, bevor es seinen Weg zu den Leserinnen findet. Und wenn ich auch nichts gegen Veränderungen habe, ahnte ich doch, daß sie in diesem Fall elementar sein würden. Ich versteckte mich hinter einigen Kilo neu erworbenem Matronenspeck und hatte außerdem anderes zu tun, denn ich steckte mitten im Wechsel. Das erschien mir für meinen Lebensabschnitt Veränderung genug.

Das Buch hielt an mir fest. Wie sich herausstellte, war der Wechsel nicht annähernd so bewegt, wie ich geglaubt hatte. Er glich mehr dem Verlassen eines Raums und dem Betreten eines anderen, weit entfernt von etwas, das die Bezeichnung Krise verdient hätte. Worauf das Buch sich erwartungsvoll wieder meldete. Ich versuchte es loszuwerden, indem ich es im Kopf behielt, alles auf ein unbestimmtes „Später" verschob und darauf achtete, daß es sich nicht weiter in mir breit machte. Es half nichts.

Dann ließ ich zumindest einen Blick auf die Szenerie zu. So muß es Dornröschen gegangen sein, als sie erwachte. Mein Auge fiel auf nichts als bizarren Wahnsinn. Kaum zu glauben. Ich sah mich also um, und ich sah die vielen SexualtherapeutInnen und wurde traurig. Sah die Tantra-SeminaristInnen und schauderte. Sah die Familien- und BeziehungsreparateurInnen und blickte in den patriarchalen Abgrund. Mir wurde übel. Wohin würden mich meine Leserinnen stecken, wenn ich über Sinnlichkeit, Liebe und Sexualität schriebe? Ich schickte das Buch fort. Endgültig.

Es kam zurück und verlangte weiterhin sein Werden. Dreißig Jahre nach der sogenannten sexuellen Revolution, mindestens zwei Generationen Frauen sind nachgewachsen und stehen mitten im Leben, und sie sehen sich vor denselben Problemen wie damals die Frauen meiner Generation. Zwar waren wir die letzten, die heimlich zur Bahnhofsbuchhandlung schleichen mußten, um dort errötend nach Aufklärungsliteratur zu fragen und mit einigen sonderbaren, schwülstig geschriebenen medizinischen Werken wieder abzuziehen. Aber es scheint, als hätte die Zeit sich trotzdem nicht weiterbewegt, seit aus dem Ausbrechen aus der verlogenen Sexualmoral in den Sechzigern in den folgenden Jahrzehnten eine Art Porno-für-alle-Bewegung geworden ist.

Heutige junge Frauen haben ungehindert Zugang zu allen Informationen. Sie wissen, wie Frauen es tun, und wenn sie es nicht wissen, erfahren sie es ohne Mühe. Meist mehr als sie wissen wollen. Sie sind durchtherapierte Fachfrauen für Beziehungsarbeit. Sie sind selbstbewußt aus den klassischen Frauenrollen ausgestiegen. Sie nehmen sich, was sie brauchen, auch sexuell. Trotzdem stehen Fragen und Frust im Raum, machen sich Ängste breit, und Schweigen spielt noch immer eine große Rolle.

Was die Frauen meiner Generation angeht, steht es nicht viel besser. Selbstverständlich wissen sie schon lange, wie es geht. Aber sie fragen sich nach dem Sinn des Ganzen, denn das Prickeln des Neuen, Unbekannten ist jenseits der Vierzig vorbei. Sie wissen, daß etwas nicht stimmt, sie können nur nicht sagen, was. In Wahrheit geht es auf diesem Gebiet nicht um Sinnsuche, sondern um Sinnlichkeitssuche. Von Sinnlichkeit jedoch ist weit und breit keine Spur, weder bei den Jungen noch bei den Alten.

An diesem Punkt angelangt, ließ ich meine vornehme Zurückhaltung fallen. Ich war bereit, dem Thema entgegenzugehen, und ließ das Buch wissen, daß ich es schreiben würde. Ein Buch über die Liebe? Also gut, ein Buch über die Liebe, über Gefühle, über Sinnlichkeit und Lust, über Ekstase, eine weitere Form der Magie, ein weiteres Schlachtfeld des Patriarchats, auf dem um die Macht über das Leben gepowert wird, daß die Schwarte kracht. Letzteres meine ich buchstäblich.

Mir schwante, daß ich es nur schreiben könnte um den Preis

einer Innenschau, die unbequem und vielleicht auch schmerzhaft sein würde. Immerhin geht es dabei um Glaubwürdigkeit auf einem höchst sensiblen Gebiet. So handelt es sich also auch um eine Bestandsaufnahme meines Lebens, das sich immer in enger Verbindung mit meinen Büchern befunden hat. Auch diesmal.

Dieses Buch ist für Frauen geschrieben, für alle Frauen, das heißt für Frauen, die Frauen lieben, und Frauen, die ihre Gefühle Männern entgegenbringen. Da ich – obwohl Lesbe – viele Jahre in Männerbeziehungen lebte und nun auch schon wieder viele Jahre nur noch mit Frauen lebe und arbeite, verstehe ich von beiden Lebenssituationen etwas. Wie wir sehen werden, haben Lesben und Heteras vieles gemeinsam, wenn auch in anderen Bereichen vieles sie unverwechselbar unterscheidet. Entsprechend gibt es in diesem Buch Kapitel, die sich mit den Gemeinsamkeiten aller Frauen beschäftigen, und andere, die sich speziell mit den unterschiedlichen Problemen der jeweiligen sexuellen Präferenz auseinandersetzen.

Auch in diesem Buch spreche ich die Leserin mit Du an, denn wir werden über Dinge reden, die sehr nahegehen.

*Im November 1998*                                        *Angelika Aliti*

# ERSTER TEIL

„...rat mir dies:
So lahm wie eine Gans,
so reglos wie ein Stillstand,
so rasch wie eine Uhr
und so naß wie ein Bach,
so weich wie ein Mausestiez,
so hart wie ein Herz,
so salzig wie eine Speckseite,
so bitter wie Galle,
so süß wie der Weg hinein,
so sauer wie alter Cidre,
so lieb wie ein Liebling,
so gemein wie ein Furunkel,
was immer da ist und nicht in Sicht,
was so hell ist wie ein Kopftuch
und so dunkel wie eine Krähe?
Das, sagte sie, ist die Liebe.“

(Djuna Barnes, *Ladies Almanach*)

# DIE SINNLICHE FRAU

*Ein Pamphlet, das den Blick verändert,*
*denn zur Pornographie greift nur, wer den Zauber*
*in der Wirklichkeit nicht mehr wahrnehmen kann*

Liebesdinge sind im Patriarchat Frauensache. Das macht Liebesdinge verdächtig, auch für Frauen. Zumindest macht es sie zweitrangig, denn nur was zweitrangig ist, ist Frauensache, sonst wäre
es Chefsache.

Seltsamerweise sind diese zweitrangigen Liebesdinge in unserer
Welt so präsent, als wären sie Chefsache. Von allen Plakatwänden
lockt das Weib. Die gesamte Werbung lebt davon. Alle Lieder erzählen von Frauen und Liebe. Alle Geschichten sind voll davon.
Nicht einmal Filme, die ungetarnt und ungeniert den Männerphantasien von Zerstörung und Untergang frönen, können auf eine Lie-
beshandlung verzichten, sonst schaut keiner hin.

Das hat so enorme Ausmaße angenommen, daß jungen Frauen,
die der Bilderflut des Fernsehens ausgesetzt sind, sich der Eindruck geradezu aufdrängen muß, jegliche Kommunikation zwischen Menschen über dreizehn und unter siebzig sei mit einem
Paarungsversuch zu beenden und nur die Frau zähle etwas, deren
ganzer Lebensinhalt es ist, baldmöglichst Teilnehmerin eines solchen Paarungsversuches zu werden, wobei der zweite Teilnehmer
pflichtschuldigst und grundsätzlich ein Mann zu sein hat. Wo Frau-
en unter sich sind, scheint es aber nicht anders zuzugehen, und
auch das stimmt mich bedenklich.

Diese ständige Präsenz der Bilder, die im Widerspruch zur
Zweitrangigkeit der Liebesdinge steht, macht die Sache noch ver-
dächtiger. Der Verdacht, mit dem ich allerdings so allein dazuste-
hen scheine, als hätte ich einen Zopf Knoblauch gegessen, bevor
ich mich auf ein Liebeslager begebe, wird dadurch bestärkt, daß
wieder einmal die Ratten das sinkende Schiff betreten. Auch – vielleicht sogar vor allem – auf diesem Gebiet knirscht es bedenklich
im System, was vielerlei sonderbare Retter herbeiruft. Sexualbera-

17

terInnen, Familien- und Paarberatungen, Tantra-LehrerInnen, allen voran ein ehemaliger katholischer Kleriker, der als systemischer Familientherapeut Frauen lehrt, ihre vielen seelischen Probleme kämen nur daher, daß sie die Vorrangstellung des Mannes bekämpfen, statt sie als gegeben anzunehmen – ohne daß irgend jemand darüber nachdenkt, wie ausgerechnet so einer dazu kommt, in Fragen von Sexualität und Ehe- und Familienproblemen Ratschläge zu erteilen.

Jede einzelne in dieser boomenden Branche und jeder einzelne sowieso, die mir in den letzten Jahren begegnet sind, hat mein Vorurteil über sie auf bestürzende Weise bestätigt. Das erzählt nicht nur etwas darüber, daß auch ich Vorurteile habe, sondern auch darüber, daß Liebesdinge für das Patriarchat viel wichtiger sind, als die Herren Wichtig jemals zugeben würden.

Die Liebe und mit ihr alle ihre Ausdrucksformen von Sexualität bis Nächstenliebe sind, so scheint es, ein Machtfaktor. Die erfahrene Feministin weiß: Wo ein Machtfaktor ist, gibt es Machtkämpfe. Die Betrachtung der Machtkämpfe gibt vielerlei Aufschluß und Verständnis über das, was Liebe eigentlich ist.

Sie unterliegt offensichtlich genau wie Religion und Geld den Gesetzen der Magie. Liebe und Geld haben überhaupt vieles gemeinsam. Beide sind schwer zu greifender, beziehungsweise zu begreifender Stoff. Etwas, das es in Wahrheit gar nicht gibt, sondern das immer nur für etwas steht, eine Art Auffangbecken für Imaginationen, Vorstellungen und Erwartungen. Beide gedeihen bestens auf patriarchalem Boden, was nicht heißt, daß die Liebe im Patriarchat etwas Gedeihliches wäre oder auch nur sein sollte.

Der Vergleich der Phänomene Geld und Liebe erscheint mir durchaus zulässig, obwohl auch diese beiden Dinge im Patriarchat stets säuberlich voneinander getrennt zu halten sind, wenn eine sich und ihre Absichten auf beiden Gebieten nicht in Verruf bringen will. Wenn wir jedoch die beiden Phänomene nicht nur vergleichen, sondern sogar vermischen, machen wir die erstaunliche Erfahrung, daß dies in beide Bereiche mehr Klarheit bringt als jemals vermutet.

Ein Beispiel mag dies erhellen: Obdachlose sind Opfer einer Gesellschaft, die auf obszöne Weise lieblos ist. Auch wenn viele von ihnen alte Suffköpfe sind, die selbst dazu beigetragen haben, daß sie ganz unten angelangt sind: Es ist Mangel an sozialer Liebe, der ihnen ihr würdeloses Schicksal zumutet, denn grundlos begeht kein Mensch Langzeitselbstmord, und einen warmen Platz zum Schlafen sollte jeder Mensch haben. Wir könnten aber auch sagen, daß es Obdachlosen an Geld mangelt, um sich ein Zuhause leisten zu können. Wenn es um alleinerziehende Mütter geht, wird es noch deutlicher. Sie sind überproportional zum Rest der Bevölkerung arm und von Arbeitslosigkeit und Obdachlosigkeit bedroht. Dies ist Ausdruck von politischem und privatem Liebesmangel in einer Gesellschaft, die die Familie unter ihren besonderen Schutz gestellt hat und darunter ausschließlich die heterosexuelle Paarverbindung versteht, die voraussetzt, daß noch ein Mann im Haus ist.

Es ist nicht so, daß die Liebe eine rein patriarchale Erfindung wäre wie das Geld. Es ist nur so, daß sie im Patriarchat zu einer eigenartigen Sache wurde, die zum Ende des patriarchalen Zeitalters bizarre Formen annimmt. Selbstverständlich bestimmt die patriarchale Gesellschaft nicht nur, wer für Liebesdinge zuständig ist, sondern auch, was Liebesdinge sind, ohne allerdings offenzulegen, wozu sie dienen. Sie hat aus ihnen ein höchst subtiles Instrument gemacht, mit dessen Hilfe sich Unterwerfung, vorauseilender Gehorsam und Erpreßbarkeit als Teil weiblicher Identität etablieren lassen, ein Sachverhalt, dem auf dem Geldsektor die Lizenz, Geld zu drucken, gleichkommt. Liebe, zerteilt in die Gefühlssplitter Eros und Agape, ist vor allem als Eros das präziseste Manipulationsinstrument der patriarchalen Endzeit geworden.

Das wurde sie, weil Frauen die Liebe so sehr lieben, daß sie bereit sind, vieles zu akzeptieren, wenn sie nur nie von ihr verlassen werden. Diese Tendenz zum Mißbrauch hat mir viele Jahre die Liebe verleidet. Es gab Zeiten, da hielt ich sie insgesamt für eine Art hormoneller Verwirrung, die ansonsten ganz vernünftige Menschen befällt wie ein Grippevirus und sie für einige Zeit davon abhält, sich um die wirklich wichtigen Dinge des Lebens zu kümmern.

Dieser Eindruck hält sich mittlerweile lediglich in bezug auf die eine oder andere Liaison, die ich in jüngeren Jahren aus zweitklassigen Gründen einging. Darüber hinaus muß ich richtigstellen: Nicht die Liebe ist eine hormonelle Verwirrung, sondern das, was aus ihr im Patriarchat gemacht wurde, ist pervers.

Gertrude Steins berühmte Gedichtzeile „Eine Rose ist eine Rose ist eine Rose" erzählt eben nicht davon, daß Romantik nach dem Motto „Kennst du eine, kennst du alle" etwas Abgeschmacktes ist. Ganz im Gegenteil versucht sie den Zauber dieser Metapher für die Vulva in einer ewig andauernden Gegenwart festzuhalten, was erst deutlich wird, wenn wir die letzte, stets unterschlagene Gedichtzeile dazunehmen: „Diese Rose ist mein." Die Dreißigblättrige, wie die Rose auf griechisch genannt wird, ist nicht abgeschmackt und banal – abgeschmackt und banal ist, was wir damit tun. Sie selbst ist von ewiger Schönheit. Das betrifft die Blume wie die Vulva.

Die Frage ist doch: Interessieren Frauen sich für Liebesdinge, weil es natürlich weiblich ist oder als Ergebnis der weiblichen Sozialisation? Dies führt uns zu der noch wesentlicheren Frage, was natürlich weiblich ist.

Es dürfte nicht schwerfallen, davon auszugehen, daß die Menschheit sich im wesentlichen in Frauen und Männer aufteilt, auch wenn es Personen gibt, die eine eindeutige Zuordnung unmöglich machen, z.B. Transgender-Persönlichkeiten. Wir wissen, daß ein großer Teil des sozialen Verhaltens von Frauen durch Sozialisation, also durch Anpassung an gesellschaftliche Erwartungen, geprägt wird. Wenn ich die Bedeutung der Beschäftigung mit dem weiblichen Rollenverhalten auch nicht verkenne, so hat mich doch stets viel mehr interessiert, wie Frauen sind, wenn sie ihrer Natur und nicht den in sie gesetzten Erwartungen folgen.

Die, die Erwartungen in Frauen setzen, haben selbstverständlich ein Interesse daran, daß Frauen diese Erwartungen zuverlässig und fraglos erfüllen. Am besten funktioniert das, wenn Frauen ihr Frausein als angeboren erscheint und nicht als eher künstliches

Konstrukt aufgrund einer Art kollektiver Hypnose und Dressur.
Denn wenn Frauen erst einmal heraushaben, daß sie von Natur
aus gar nicht sanft, verständnisvoll, einfühlsam, passiv und gebend
sind, dann fangen sie womöglich an, sich auf die Suche nach ihrem
wahren Selbst zu begeben und ganz andere Saiten aufzuziehen.
Von dem Augenblick an, an dem wir aus der patriarchalen Hypnose erwacht und wieder bei Sinnen sind, hätten wir Frauen endlich
die Möglichkeit, diese auf Erden ziemlich einzigartige innerartliche
Aggression der Männer gegen unser Geschlecht souverän zu beenden. Der Krieg, der weltweit gegen Frauen geführt wird, wäre
endgültig für uns entschieden. Der Liebe wäre ein Raum gegeben,
der aus heutiger Sicht unvorstellbar weit erscheinen muß.

Diese anderen Saiten, die jenseits sozialen Rollenverhaltens
zum Klingen kommen, haben beinahe mein ganzes Leben lang
mein Interesse erregt. Ich bin nämlich eine Machtfrau, also eine,
die nicht nur ihre angebliche Zweitrangigkeit in der Welt unerträglich findet, sondern der Ansicht ist, daß das weibliche Prinzip in
diesem Universum das Vorrangige ist, unter anderem auch deshalb, weil wir den Liebesdingen soviel Bedeutung einräumen. Irgendwie war ich entweder mein Leben lang völlig unweiblich,
weil ich laut, kämpferisch, frech, unverschämt, tapfer und domi-
nant war und blieb, oder ich war durch die Maschen des Netzes
gerutscht, mit dem sie die jungen Mädchen einfangen, um sie patriarchal funktionsfähig zu machen, was mir ermöglichte, mehr von
der wahren weiblichen Natur zu bewahren und auszuleben als gemeinhin üblich.

Neuerdings machen sie eine wie mich zu einer Frau, die ihre
männlichen Anteile auslebt. Das beleidigt mich in meiner Weiblichkeit, denn nach meiner Erfahrung sind Attribute wie Feigheit,
Wehleidigkeit, Entscheidungsschwäche und eine gewisse Ein-
dimensionalität in den Lösungsstrategien Bestandteile von Männ-
lichkeit, ganz abgesehen von dem Drang nach Unterwerfung, der
mir so fernliegt wie der Wunsch nach einer behaarten Männer-
brust. Mein wildes Leben als männlich zu bezeichnen, erachte ich
als Akt der Lieblosigkeit oder Weltfremdheit.

Ich halte mich nicht für einen Einzelfall. Ich bin ganz im Gegenteil eher typisch weiblich. Genaugenommen glaube ich, daß in allen Frauen das wahre Selbst nicht ganz umgebracht wurde und früher oder später darauf besteht, ausgelebt zu werden. Wenn es einen Bereich gibt, in dem dieses weibliche Selbst sich bemerkbar macht und immer wieder störend die Regeln der weiblichen Sozialisation durchbricht, dann ist es die Liebe. Der Fluß dieser Energie speist sich aus einer schier unerschöpflichen Quelle und schickt immer wieder aufwühlende Signale auch an vermeintlich begradigte Lebensufer. Von Zeit zu Zeit wird immer mal wieder ein Deich überflutet und ein bis dahin sicherer Damm gebrochen.

Wenn Frauen von Liebe sprechen, ist das stets umfassend und beinhaltet viel mehr als Sexualität. Wenn Frauen in Freiheit und Unabhängigkeit lieben dürfen, dann ist Sinnlichkeit der Begriff, der am ehesten die umfassende emotionale Vielfalt und Fülle beschreibt, die Frauen mit Liebe verbinden. Sinnlichkeit bedeutet hören, sehen, fühlen, riechen, schmecken – oder vielleicht sollte ich besser sagen: vollen Kontakt mit dem gesamten Universum halten. Aus Frauensicht ist Liebe ein kosmisches Gefühl größter Lust und Freude und Sexualität mehr als die Konzentration auf Genital und Orgasmus. Wenn eine Frau liebt, dann stehen Körper, Seele und Geist in Flammen, ihr Blut singt, und sie träumt davon, daß sich Kräfte miteinander verbinden. Diese weibliche Vorstellung von Liebe ist weit entfernt von männlichen Vorstellungen, die Liebe mit Energiestaus und Entladungen in Verbindung bringen und Empfindungen von Druck und „Notstand" kennen.

Die sinnliche Frau ist nicht das hingebungsvoll das Männchen zum Paarungsversuch lockende Weibchen. Oder die bebend vor Sinnenlust ihren Herrn erwartende Magd. Oder die offensive Domina, die sich ihr Liebesobjekt schnappt, wenn ihr danach ist. Diese Erscheinungen entsprechen eher Männerphantasien von einer sinnlichen Frau. Die sinnliche Frau ist eine Frau, die ihr gesamtes Liebespotential in allen Bereichen des Lebens entfaltet. Mit dem gleichen Genuß, mit dem sie einen Orgasmus hat, tanzt sie, singt sie, ißt sie, lacht sie, arbeitet sie, forscht sie, kämpft sie.

Wenn sie schamlos ist, bedeutet das nicht, daß sie alles mit sich machen läßt, sondern daß sie sich ihrer Bedürfnisse bewußt ist und niemals gegen sich und ihre Bedürfnisse handelt. Ich bin der Ansicht, daß sie keiner Moral bedarf, denn ein Moralkodex ist auf einer Weltsicht aufgebaut, welche die Menschheit als verantwortungslos handelnd sieht. Oder um es genauer zu sagen: Gesetze, ob es sich um niedergeschriebene juristische oder ungeschriebene moralische Gesetze handelt, sprechen die an, die sich nur unter Druck dazu bringen lassen, sie einzuhalten. Nur ein Volk von Mördern braucht Gesetze gegen Mord, nur ein Volk von Päderasten ist darauf angewiesen, Strafen für sexuellen Kindesmißbrauch zu ersinnen.

Inzwischen ist es bekannt: Frauen denken anders als Männer. Sie nutzen mehr und andere Bereiche ihres Hirns. Frauen handeln anders. Organisch sich entwickelnde Lösungsstrategien sind ihr Spezialgebiet, darin sind sie unschlagbar. Frauen fühlen intensiver und differenzierter. Ihre körperliche Ausstattung erlaubt es ihnen, mit der gesamten Gefühlspalette in unmittelbarem Kontakt zu bleiben. Und ich behaupte, daß Frauen auch anders lieben.

Das Problem ist, daß sie es in einer Welt von Mördern und Päderasten tun müssen. Es gehört nicht viel Vorstellungskraft dazu, einzusehen, daß dies auf dem Weg zu einem erfüllten Liebesleben ziemlich hinderlich ist und die Entfaltungsmöglichkeiten des weiblichen Liebespotentials dramatisch einschränkt. Es ist sogar noch schlimmer. Nicht die Mörder und Päderasten sind der wahre Alptraum der sinnlichen Frau, sondern die Gutwilligen und Bemühten, aus denen im patriarchalen Endzeitalter sogenannte Experten . wurden.

Nachdem in unserem Jahrhundert unübersehbar wurde, daß weibliche Vitalität auch nach mehreren tausend Jahren Männerherrschaft nicht umzubringen war, wurde gesellschaftlich auch zur Kenntnis genommen, daß das weibliche Liebespotential unaufhörlich nach Ausdruck drängt. Seiner Vielfalt und Fülle versuchte man durch die Erfindung der erogenen Zonen gerecht zu werden und führte den Begriff des Vorspiels ein, um männliche Besteigungen der Weiblichkeit nicht allzu egoistisch aussehen zu lassen. Frauen, denen diese erbärmlichen Zugeständnisse zu mager und die dadurch auch nicht gerade in sinnliche Raserei zu versetzen waren, wurde seelische Unreife vorgeworfen. Die Experten beriefen sich dabei auf den Vater aller Sexualexperten, Sigmund Freud, der behauptet hatte, es gäbe den Orgasmus der seelisch reifen Frau, der vaginal erlebt würde, und den anderen, der nur (!) klitoral sei. Dieser Mann ist verantwortlich für eine große Zahl von Seelenmorden, die von Liebhabern und Psychotherapeuten an Frauen begangen wurden. Generationen von Frauen sahen sich genötigt, im Bett zu lügen, was das Zeug hält, um dem turnerischen Generve bei der vaginalen Orgasmusarbeit zu entgehen.

Die Zeit blieb nicht stehen und ging auch über diese Männer und ihre Ansichten hinweg. Die Liebe der Frauen zur Liebe blieb. Inzwischen bemühen sich viele Männer, weiblichen Ansprüchen zu genügen und gute Liebhaber zu werden. Aber sie wären keine Männer, wenn sie wirklich verstanden hätten, worum es geht. Einmal auf den patriarchalen Weg gebracht, konnte die Liebe nur in der Sackgasse von Funktionalität und Machbarkeit enden, in der sie in unserer Zeit noch immer blind herumirrt. Der dümmste Begriff, den unser Zeitalter geprägt hat, ist „sexuelle Aufklärung". Er bedeutet, herauszufinden, wie es funktioniert, wie es gemacht wird. Aber das sagt über „es" und seine Macht gar nichts aus. Sexuelle Aufklärung hat dazu geführt, daß Frauen sich besser ausgebildeten Sexualtechnikern gegenübersehen, sonst nichts.

Um Mißverständnissen von vornherein entgegenzutreten: Wissen, also auch Wissen über Sexualität ist wichtig. Aber im Versuch, das Leben oder in unserem Fall Liebe und Sinnlichkeit begreifen zu wollen, das Wissen überzubewerten, hat aus Gertrude Steins Hymne an die Vulva ein hohles Zitat gemacht, mit dem zu beweisen versucht wird, daß die Liebe keines Zaubers bedarf, daß dieser geradezu lächerlich ist. Eine Umkehrung, die katastrophale Auswirkungen auf das Seelenleben vieler Frauen hat.

Das sind sehr männliche Vorstellungen von Liebe und Sexualität. Eigentlich sogar ziemlich hilflose. Aber das eigentlich Bestürzende ist, daß es tatsächlich die einzigen Vorstellungen sind, die in unserer Welt existieren. In Wahrheit haben wir außerhalb männlicher Perspektiven nicht die geringste Ahnung von weiblicher Liebesfähigkeit und ihren Ausdrucksformen.

„Einmal wart ihr ein Sieger unter Millionen. Danach nie mehr", begann der Lehrer einer körpertherapeutischen Weiterbildung seinen Vortrag vor einer ausschließlich weiblichen Zuhörerschaft und hielt ihnen die Zeichnung einer überdimensionalen Spermie vor die Nasen. Eine seiner Zuhörerinnen war eine meiner Klientinnen, und so konnte sie nur mit grenzenlosem Erstaunen reagieren. Er wiederum war unfähig zu verstehen, was sie meinte, als sie ihm entgegnete, dies träfe auf sie nicht zu, denn sie wäre die, die vor der Spermie dagewesen war.

Die männliche Perspektive in Liebesdingen ist die einzige, die für beide Geschlechter existiert. Während Liebesdinge Frauensache sind, ist die Perspektive Chefsache, also Männersache. Daraus ergibt sich, daß Frauen ununterbrochen ihnen fremde Vorstellungen mit Leben erfüllen, ohne es zumeist auch nur zu ahnen, denn ihrer Ansicht nach bewegen sie sich in Liebesdingen auf urweiblichem Gebiet.

Ein Problem, mit dem sich nicht nur heterosexuelle Frauen auseinanderzusetzen haben. Auch Lesben müssen damit rechnen, daß patriarchale Strukturen heterosexuelle Strukturen aus Männerperspektive sind, und die finden sich auch in ihren Köpfen, selbst wenn sie der Überzeugung sind, sie hätten nur Frauen im Kopf. Das beginnt bereits bei der Sprache. Es ist ja nicht wahr, daß wir keine Sprache für Sexualität haben. Wir haben eine, und die ist männlich.

„Habt ihr miteinander geschlafen?" lautet die entscheidende Frage an alle Paare, die kundtun sollen, wie es um sie steht. Abgesehen davon, daß „miteinander schlafen" ein unvollkommener Versuch ist, eine sexuelle Begegnung zu umschreiben, ist doch die Frage interessant, was denn damit gemeint ist. Ab welchem Stadium der sexuellen Interaktion kann Vollzug gemeldet werden? Wenn zwei miteinander schmusen, während sie im Bett liegen?

Muß Petting dazukommen? Oder das Vorspiel? Welchem Spiel geht dieses ominöse Vorspiel voran? Und da sind wir schon am wahren G-Punkt. Der Geschlechtsakt ist das Maß aller Dinge und in diesem der Phallus und alles, was an diesem noch dranhängt. Der Geschlechtsakt aber, also die Penetration, ist auf der Hitliste der von Frauen bevorzugten sexuellen Praktiken eher auf den unteren Plätzen zu finden, was sich nicht nur in dem Witz niederschlägt, daß der unsensibelste Teil des Penis der Mann ist.

Unser argloser Umgang mit Begriffen wie „Verklemmung" zeigt, daß es auch eine geistige Missionarsstellung gibt. Sie sorgt dafür, daß Frauen die Verklemmten sind und niemals deutlich wird, wer sie eigentlich wodurch verklemmt. Den Verklemmer kennen wir in unserem Sprachschatz nicht. Der Vergewaltiger ist erst ein richtiger, wenn er die Penetration geschafft hat. Mißbrauchsopfer sehen sich manchmal mit ihren Erlebnissen im Mittelpunkt einer Diskussion, ob ein bißchen Herumgefummle denn schon als sexueller Mißbrauch auszulegen ist oder ob es dazu zum Geschlechtsverkehr gekommen sein muß. Geschlechtsverkehr wiederum ist, wenn eine Penetration erfolgt ist.

Was die relative Bedeutungslosigkeit der Penetration für den sexuellen Frauengeschmack angeht, berufe ich mich dabei nicht auf statistische Zahlen, sondern auf das, was Frauen – Klientinnen und Freundinnen – mir erzählt haben. Die derberen Varianten wie „Bumsen", „Ficken", „Pudern", „Schnackseln" und andere erzählen genau dasselbe. Das wird besonders deutlich, wenn wir daran denken, daß die Formulierung „durchgefickt, -gebumst und so weiter werden" von Chauvinisten beiderlei Geschlechts als klassisches Rezept für die Behandlung von Frauen betrachtet wird, die dazu neigen, sich „unweiblich" zu verhalten, und aus denen ruhige, nette und demütige, vor allem aber freiwillig zweitrangige Lebewesen gemacht werden sollen.

Völlig arglos hantieren wir mit Wörtern wie Heterosexualität und Homosexualität, ohne zu schauen, woher sie kommen, was sie besagen und welche Realität sie schaffen. Das betrifft auch Wörter wie Leidenschaft, Lust, Begehren, Erotik, Orgasmus, Hingabe, Fürsorge und Mitleid. Zu schweigen von modernen Sprachauswüchsen wie Libido, Zweierbeziehung und Bindungsfähigkeit. Noch immer gilt ein Mensch, besonders wenn sie weiblich ist, als therapiebedürftig, wenn sie keine langjährige Paarbeziehung eingeht. Noch immer kennen wir nur eine Alternative zum Dasein als Pärchen: die oder den Single. In dieser Wortschöpfung drückt sich das Fehlen der anderen Hälfte aus. Tun sich mehrere Personen, die nicht in Paarbeziehungen leben, zu einer Gemeinschaft zusammen, so ist dies eine Single-WG. Die in Lesbenkreisen häufiger übliche Gepflogenheit der Paarverbindung für ein paar Monate wird in einschlägiger Literatur als Bindungsunfähigkeit ausgelegt.

Die Dominanz der männlichen Liebesperspektive schlägt auch dort durch, wo wir uns von ihr befreit glauben, denn jegliches Absetzen von herrschenden Normen steht durch ihre Ablehnung noch immer in Abhängigkeit zu ihnen. Das nenne ich eine verzweifelte Lage. Unser Bewußtsein mag mit der Zeit für die Auswirkungen dieser Tatsache geschärft sein, unsere Auswege aus der Misere sind gleich Null. Die Missionarsstellung ist der Maßstab, nach dem sich die Liebe im Patriarchat zu richten hat. Davon erzählen auch alle Abweichungen und alle Distanzierungen.

Die männliche Perspektive der Liebe in ihrem sexuellen Aspekt zeigt sich auch in den im wahrsten Sinn des Wortes herrschenden gesellschaftlichen Normen und Moralvorstellungen. Unsere Vorstellungen von Liebe und Treue, Beziehungen und den Bedingungen, die in ihnen herrschen, werden bestimmt von denen, die ein einziges Mal in ihrem Leben und danach nie mehr der Sieger unter Millionen waren.

Dem Christentum kommt dabei die größte negative Leistung zu, die Sexualität zu einem Problem gemacht zu haben. Nachdem die Kirche außerdem die Liebe für teilbar erklärt und dann auch noch verfügt hat, daß Eros und Agape einander ausschließen, ist die Zeit der Finsternis endgültig da. Die moderne Medizin hat ihren Teil dazu beigetragen, indem sie nicht nur Schwangerschaft und Geburt, sondern gleich das gesamte Sein als Frau zu einer komplizierten und teuren Krankheit gemacht hat.

Im Bereich der körperlichen Liebe diktiert uns die männliche Perspektive, Lust sei dadurch zu erreichen, daß wir gut im Bett sind. Wir nehmen die Häufigkeit sexueller Interaktionen mit der Partnerin oder dem Partner als Gradmesser dafür, ob und wie sehr wir geliebt werden, und erkennen häufig nicht, ob wir nicht statt dessen nur benutzt werden oder selber benutzen. Wir verwechseln Geilheit mit Lust, Verfügbarkeit mit Freiheit. Im Stolz auf unsere sexuelle Leistungsfähigkeit und scheinbare Unverklemmtheit tun wir Körper und Seele Gewalt an, bis wir eines Tages so gefühlsdumm sind wie ein durchschnittlicher Mann.

Mit Anfang Zwanzig, zwar verheiratet und Mutter von zwei Kindern, aber doch noch blutjung, hatte ich eine gefühlsmäßige Abneigung gegen Geschlechtsverkehr während der Menstruation. Da es sich um die wilden 68er handelte, haben mich meine männlichen Kumpels, denen ich dieses Gefühl unterbreitete, als verklemmtes Mäuschen ausgelacht.

Im Gegensatz zu mir waren sie sexuell erfahrene Menschen, getreu ihrem Motto „Wer zweimal mit derselben pennt, gehört schon zum Establishment". Ihr Urteil traf mich tief ins Herz, und ich nahm mir selbstverständlich vor, kein verklemmtes Mäuschen mehr zu sein. Noch zehn Jahre später erklärte auch ich anderen großspurig, wie verklemmt ich solche Haltungen fände. Ich sparte nicht mit plausiblen Argumenten, sprach von der größeren Lustempfindlichkeit der Frau, verursacht durch die bessere Durchblutung des Gewebes. Heute weiß ich, daß ich mir selbst Gewalt angetan habe.

Es gibt viele gute Gründe, die meine damalige Abneigung als natürliche Scheu erklären – angefangen von der größeren Ansteckungsgefahr für große und kleine Geschlechtskrankheiten bis hin zu den psychischen Vorgängen während der Menstruation, die eine Frau zu einer mehr introvertierten Wahrnehmung führen, einer vertieften Konzentration auf innere energetische Erfahrungen, die auf ganz eigene Weise Transzendenz bedeuten. Die extrovertierte Energie des Sexualakts kann da sehr störend wirken. Aber ich hörte nicht auf mein Gefühl, setzte mich darüber hinweg, und weil ich es nicht nur in diesem Fall und auf diesem Gebiet tat, wurden meine Gefühle erst arbeitslos und am Ende durch die anhaltende Unterforderung stockdumm. Aber nun war ich endlich gut im Bett. Gefühlsdummheit verhindert keineswegs Orgasmusfähigkeit, und für Geilheit reichte es allemal. Ich erprobte meine sexuelle Wirkung auf andere Menschen und war entzückt, wenn sie mich sexy fanden. Ich hatte meinen Platz in der geistigen Missionarsstellung eingenommen.

Jetzt, in meinen Fünfzigern angekommen, höre ich einen jungen Mann in einer Fernsehsendung schildern, wie seine Traumfrau sein soll: „Sie soll frisch, frei, fröhlich, natürlich und natürlich gut im Bett sein." Erschrocken höre ich hin und weiß, dieser Vorstellung habe ich viele Jahre meines Lebens zu entsprechen versucht, nur daß ich es dabei weniger mit Frische und Fröhlichkeit hatte, sondern mehr auf die Vamp-Variante setzte.

Erschrocken bin ich aus zwei Gründen: erstens, weil ich noch einmal an die Zeiten erinnert wurde, in denen ich mich selbst verlassen hatte, und zweitens, weil die Welt der Liebe auch Jahrzehnte später offenbar noch immer eine emotionale Wüste ist, in der alle wacker im Kreis marschieren und behaupten, sie verstünden etwas vom Paradies.

Manche merkt irgendwann, daß da etwas nicht rundläuft, weil auch Frauen vergeblich damit beschäftigt sind, der eine Sieger unter Millionen zu werden. Das macht es keineswegs leichter. Die Erkenntnis, daß „gut im Bett sein" die Teilnahme an einem traurigen Rattenrennen bedeutet, öffnet dem Schmerz und Selbstekel Tür und Tor, wenn mit ihr das gesamte Wissen um den Irrsinn, den wir mit uns machen ließen, ins Bewußtsein schwemmt. Und es braucht eine lange Zeit, bis Schmerz und Selbstekel wieder verschwinden, weil es endlich genug ist.

Wann das sein wird, wann es endlich genug ist, kann keine vorher wissen. Es ist ein langer Weg. Ein Weg, der von der „Gut-im-Bett"-Wüste ins Paradies der Sinnlichkeit führt; vielleicht ist es auch ein Wasser von unbekannter Tiefe, das durchquert werden muß. Und es muß durchquert werden, wenn eine das Paradies erreichen will, soviel ist sicher. Unterwegs könnte es scheinen, als bliebest du im erschrockenen Selbstekel stecken. Da mag der Wunsch in dir auftauchen, mit all diesen Liebesdingen nichts mehr zu tun haben zu wollen, weil du nicht glaubst, daß sie jemals in etwas anderes als diese kräfteraubende, seelisch verletzende, energetisch entleerende Perversion führen werden.

Aber ich rate dir, durchzuhalten. Ich habe die Erfahrung gemacht, daß es möglich ist, auf der anderen Seite anzukommen, dort, wo das Paradies ist und die Schatten von Mißbrauch, Preisgabe und Selbstzerstörung dich nicht mehr quälen. Die Abwendung von der Liebe ist nicht die Lösung. Auch die Rückkehr ins vertraute Elend der Funktionalität hilft dir nicht. Du wirst nie mehr gut im Bett sein können. Die Sehnsucht nach der Sinnlichkeit hat dich ergriffen und wird nun zu einem Verlangen. Folge ihm.

Freiheit in der Liebe, sexuelle Freiheit besteht eben nicht darin, Liebestechniken zu erlernen und auf der Suche nach dem Kick originelle Plätze außerhalb des Bettes als Betätigungsfeld zu suchen. Nicht die Erfüllung männlicher Träume von der sinnlichen Frau ist es und auch nicht die Imitation männlicher Gepflogenheiten. Da kauft sich die kultivierte Hetera das Playgirl und schaut sich nackte Männer an, während ihre eher volkstümliche Schwester zum Männerstriptease geht und hinter den Typen herpfeift. Da fesselt die Sado-Lesbe ihre Liebste und haut sie kräftig durch, und ihre nicht in die Gewalt verliebte, frauenbewegte Schwester hält Frauen-Pornos für eine Art erreichter Gleichstellung.

Zur Pornographie jedoch greift nur, wer den Zauber in der Wirklichkeit nicht mehr wahrnehmen kann. Ich verdanke diesen Gedanken Sheila Ortiz Taylor. Sie beschreibt in ihrem Roman „300 Kaninchen, zwei Frauen und ein Erdbeben" eine der aufregendsten Liebesgeschichten, die ich je gelesen habe. Gewisse „Stellen" finden sich nicht in dem Buch. Ortiz Taylor spricht die Leserinnen an: „Sie wünschten sich eine Verführungsszene, die Befriedigung Ihrer kindlichen Neugier, was Frauen zusammen im Bett machen. Und ich biete Ihnen das Bild einer schwangeren Frau über Dreißig, die verzaubert eine Cole Porter spielende graumelierte Frau über Vierzig anstarrt." Diese nicht besonders geile Situation hat den ganzen Zauber eingefangen, der aus der Sinnlichkeit erwächst, der einzigen Form der Liebe, die frei ist. Die Frage ist, was Freiheit in der Liebe, sexuelle Freiheit denn ist. Was findet eine Frau vor, die im Paradies angekommen ist, vorausgesetzt, sie erreicht es überhaupt? Wie kommt der Zauber in die Wirklichkeit zurück? Rezepte dafür gibt es keine. Keine Beckenbodenübung wird dir dabei helfen. Tantra schickt dich eher in die sinnliche Tundra. Nur Trottel können glauben, daß sexuelle Kraft eine Sache von Technik ist. Vergiß die Chakrenarbeit. Ein Mondritual ersetzt dir die Sinnlichkeit auch nicht. Dies ist eine ganz andere Art von Magie.

Die sinnliche Frau zieht sich und ihre Kraft für eine Weile soweit zurück, daß sie fähig wird, eine Wüste als das zu erkennen, was sie ist, nämlich Wüste, auch wenn mittendrin Las Vegas liegt. Sie wird wissen, daß die Glitzerstadt keine wirkliche Oase ist, sondern eine Falle, ein Gefängnis. Sie wird bemerken, daß sie nicht mehr Spielautomaten bedienen muß. Keiner hält sie wirklich fest. Wenn sie mit den Spielchen aufhört, stellt sie fest, daß sie gar nichts versäumt, wie sie immer geglaubt hat. In der Folge wird sie sich damit beschäftigen, in der Wüste zu überleben. Es ist verführerisch, dies schon für das wahre Leben zu halten. Aber nach einer Weile macht sich der Wunsch nach dem Paradies wieder bemerkbar. Dunkle Ahnungen, daß etwas fehlt. Daher läßt sie den Gedanken zu, daß auch ein Walkabout nichts bedeutet. Walkabout ist das Wort, mit dem die australischen Aborigines ihre Überlebenswanderungen durch die Wüste bezeichnen, was für viele Frauen ein Synonym für echtes Leben geworden ist.

Die sinnliche Frau in der emotionalen Wüste des Patriarchats spürt, daß das Leben viel zu kurz ist, um es länger als unbedingt notwendig damit zu verplempern, auf Wüstenwanderungen zu überleben. Von diesem Augenblick an hält sie es für möglich, daß Liebe mehr ist als das, was ihr bisher begegnet ist. Zugegeben, sie beginnt mal wieder bei Null. Aber sie beginnt.

# AMAZONEN SIND WIR ALLE

*Was Lesben und Heteras gemeinsam haben
und was sie unterscheidet*

Sie beginnt bei sich selbst. Der Beginn ähnelt einem Gang ins Labyrinth, wie ich ihn in „Die wilde Frau" beschrieben habe. Das bedeutet, sie besinnt sich auf das Nächstliegende und versucht in der
Einfachheit, vielleicht sollte ich besser sagen: Nacktheit der Essenz
ihres Seins nachzuspüren. Mach eine Bestandsaufnahme, soweit
du es zulassen kannst, und verwechle diese nicht mit einer der an-
klagenden Selbstbeschuldigungen, die wir alle so gut draufhaben.
Es kommt jetzt zuerst darauf an, die Wüste kennenzulernen und
dich sicher in ihr zu bewegen. First things first, wie eine alte Bäue-
rinnenweisheit lautet.

Wir versuchen den weiblichen Blick und werfen ihn zuerst auf
unsere Weiblichkeit. Damit sind wir schon mittendrin in den
Schwierigkeiten, und das ist erst der Anfang.

Eine evangelische Theologin, die von einem katholischen Bil-
dungshaus zu einer Podiumsdiskussion gebeten worden war, um
den Zuhörerinnen von meinem Buch „Mama ante portas!" abzu-
raten, kam ihrer Aufgabe dadurch nach, daß sie mir (und den Zuhörerinnen) erklärte, zwischen mir und einer klitorisbeschnittenen,
hungernden schwarzen Frau in der Sahelzone bestünde weniger
Gemeinsamkeit als zwischen mir und dem Manager eines österreichischen Großkonzerns. Frausein allein, sagte sie, sei noch lange
kein Programm.

Das hoffte ich auch, denn meine Auffassung von meiner Verbundenheit mit allen Frauen dieser Erde wollte ich nicht auf ein
„Programm" reduziert sehen. Aber es war schon klar, worauf sie
hinauswollte. Ihr Blick auf das, was Frauen trennt, machte sie zu
einer echten Männerbeauftragten. Ihre Perspektive war eine Männerperspektive, die davon erzählte, wie gern sie es gehabt hätte,
daß zwischen mir, eigentlich aber ihr und dem Manager eines

Großkonzerns mehr Gemeinsamkeiten wären, als da sind. Das ist nicht unbedingt frauenfeindlich, zumindest, was die Absicht angeht, die hinter diesem Wunsch steht.

Auch das ist ein feministischer Ansatz, sich zu wünschen, die sozialen Unterschiede zwischen Männern und Frauen mögen aufgehoben sein, indem Gleichheit der Geschlechter erreicht würde. In der Tat wird dies immer mal wieder einzelnen Frauen ermöglicht, indem sie (vermeintlich) auf den Status Mann gehoben werden, also scheinbar ihre Zweitrangigkeit verlieren. Der Preis, den sie dafür zu zahlen haben, daß sie die Hoheitsrechte des Mannes erwerben, ist der Verrat am eigenen Geschlecht, der ihnen zuweilen ganz unverblümt abverlangt wird. Es ist eine traurige Erfahrung, daß nicht wenige Frauen diesen Verrat in vorauseilendem Gehorsam begehen, um so die Chance zu bekommen, zu den wenigen Auserwählten zu gehören, denen scheinbare Gleichheit als Lohn der bösen Tat winkt.

So spielt frau das Männerspiel, das eventuell nicht mal schlecht, sondern einfach bloß männlich ist. Die männliche Lebensperspektive zielt auf großes Bemühen um Autonomie und Abgrenzung zur mächtigen Mutter ab. So muß männliches Augenmerk auf Unterscheidung, Abgrenzung, Abtrennung konzentriert sein. Im übrigen eine Dynamik, die Energie in eine völlig andere Richtung fließen läßt als Liebesenergie.

Das Frauenspiel geht anders. Es dreht sich um andere, entgegengesetzte Begriffe wie Nähe und Verbindung. Mein Blick ist darauf konzentriert, was Frauen gemeinsam haben, und das ist sehr viel, wie ich glaube. Manches entpuppt sich als Folge der Gemeinsamkeit, das zweitrangige Geschlecht zu sein. Es ist also eine aus Leid und Herabsetzung entstandene Verbundenheit. Aus diesem Grund zusammenzurücken, fällt Frauen leichter, als wenn es darum geht, Frauenwerte zu finden, zu benennen und als gemeinsam zu erkennen.

Wir alle kennen Beispiele für das solidarische Bestätigen des Negativen. Da beklagt sich eine über ihren Mann, und eine andere sagt, ihrer wäre noch schlimmer. Aber wie wir oft erfahren haben, hält diese Gemeinsamkeit nicht lange an. Besonders wenn es darum geht, aus der gemeinsamen Erfahrung der Herabsetzung zu handeln, fallen auch Frauen schnell von der solidarischen Plattform und folgen dem Weg mit dem Wegweiser „Hauptsache, ich bin nicht betroffen". Da braucht nur der Rausschmiß aus der Welt der Gewinner zu drohen, Einsamkeit kalt unter der Tür hindurchzukriechen und was es sonst noch an Stigmata zu erhalten gibt für das Herz der Wahrheit.

Der Blick auf das, was uns voneinander trennt, ist nicht der Blick auf das, was uns unterscheidet. Das ist von großer Bedeutung. Der trennende Blick teilt uns in „wir" und „die anderen". Er bildet die Basis jeder Art von Diskriminierung, weil er nur den Ausschluß kennt. Er ist daher auch Voraussetzung für Hierarchie. Der Blick, der wahrnimmt, was uns unterscheidet, führt zu Erkenntnis, zu Anerkennung der Vielfalt und erreicht echte Kommunikation, das heißt Austausch.

Meine eigenen Erfahrungen mit dem trennenden Blick sind vielfältig. Meine Kindheit als Griechin in Deutschland war davon bestimmt. Als alleinerziehende Mutter, als Linke, als Feministin, als Lesbe wurde ich damit konfrontiert.

Auch als Autorin erfahre ich ihn. Es gibt Lesben, die sind der Ansicht, meine Bücher hätten ihnen nichts zu sagen, denn ich setze mich darin noch immer auf allen Ebenen, von der politischen bis zur privaten, mit den patriarchalen Taten der Männer auseinander. Sie aber hätten mit Männern rein gar nichts zu tun und interessierten sich nicht für sie. Heteras wiederum finden, daß ich als Lesbe keine ganze Frau bin oder höchstens trotzdem. Sie glauben, daß mein Zorn über die patriarchalen Taten der Männer damit zu tun hätte, daß ich als Lesbe sie nicht anziehend finde oder gar mit ihnen konkurriere, während sie als selbstbewußte, mit Männern lebende Frauen darüber nachsichtig hinwegsehen.

Dieser selektive Blick erwächst aus einer gefährlichen Kurzsichtigkeit. Gefährlich, weil dadurch eine die Übersicht über die Wirklichkeit verliert, die sie erst dann wiedererlangt, wenn sie nicht mehr zu nahe an die Dinge herangeht. Liebesdinge im Patriarchat sind absichtlich so angelegt, daß es einer verlockend erscheint, zu nahe heranzugehen. Manche ist sogar so distanzlos, daß sie sich als Selbst in ihnen auflöst und die Auslöschung der eigenen Identität ab irgendeinem Zeitpunkt in ihrem Leben mit Eifer und freiwillig selber betreibt.

Eine der erwähnten Lesben wundert sich möglicherweise, warum eine heterosexuelle Frau so masochistisch ist, sich von ihrem Mann immer wieder zusammenschlagen zu lassen. Es ist klar, sie würde sich das niemals bieten lassen. Was hat das also mit ihr und ihrem Leben zu tun? Schauen wir genauer hin, entdecken wir, daß die Lesbe einen Vermieter hat, der sie aus dem Vertrag tricksen will. Gibt es Gemeinsamkeiten zwischen diesem Vermieter und dem prügelnden Suffkopf, die uns vielleicht Aufschluß über die Gemeinsamkeit von Frauen geben könnten? Ich will hier nur die wesentlichsten aufzählen. Der Suffkopf behandelt (s)eine Frau wie ein bösartiger Vermieter oder besser: Er führt sich auf, als wäre er der Besitzer der Frau. Während der Vermieter in seinem Verhalten den Mustern heterosexuellen Verhaltens folgt, sobald er mit einer Frau zu tun hat, also in der geistigen Missionarsstellung ganz genau seinen Platz kennt und beansprucht.

Für den prügelnden Suffkopf und den hinterlistigen Vermieter sind wir alle blöde Weiber, die es nicht besser verdient haben. Genauso handeln sie und haben damit Erfolg, denn Frauenaugen sehen nur vereinzelte Männer (am liebsten Ausnahmemänner) und nie das Ganze.

Liebe und Geld haben, wie schon erwähnt, vieles gemeinsam. Unter anderem das, was der Mangel an beidem erzeugt: Abhängigkeit. Frauen kennen den Mangel von beidem, denn nicht nur die Armut ist weiblich. Frauen sind das emotional verhungernde Geschlecht. Weibliche Autonomie – geistige, seelische, emotionale und ökonomische Autonomie – ist in der patriarchalen Gesellschaft eine Rarität. Gerade 22 Prozent aller Frauen in Deutschland haben ein eigenes Einkommen, von dem sie auch leben können. Wieviel Prozent Frauen sind vielgeliebt? Dieser Frage ist nur schwer nachzugehen. Es gibt keine Möglichkeit, statistisch zu erfassen, wie viele Frauen wie wenig geliebt wurden in ihrem Leben. Wir sollten dabei nicht nur die in ihrer Kindheit mißhandelten, mißbrauchten oder vernachlässigten Frauen im Kopf haben. Um zuwenig Liebe handelt es sich auch, wenn eine nicht so geliebt wird, wie sie es braucht.

Wenn ich dem persönlichen Wissen, das ich in meinem Leben gesammelt habe, folge, dann rechne ich mit nicht einmal fünf Prozent Frauen, die sich als emotional autonom bezeichnen könnten; Frauen also, die keine Tendenz entwickeln, sich in Zeiten der Liebe in emotionale Abhängigkeit zu begeben; Frauen, die aus innerer Überzeugung heraus handeln und nicht aus dem Wunsch zu gefallen.

Während Frauen daran gewöhnt sind, keine Liebe zu bekommen, werden sie darauf zugerichtet, Liebe zu geben, vorzugsweise an Männer. Auch hier ist der Unterschied zwischen Lesben und Heteras nur partiell vorhanden, denn die einen Anspruch auf weibliche Liebe und Zuwendung haben, sind nicht nur sexuelle Partner, sondern Väter, Brüder, Freunde, Söhne.

Da saß in einer Fernsehsendung ein schwuler Aktivist neben mir, der sich beklagte, daß nicht über die Liebe gesprochen würde. Nach der Sendung sagte er mir in einem Versuch wohlwollender Annäherung, er habe schon immer dafür geworben, daß mehr Lesben in die Schwulenbewegung eintreten, damit sie sich um die Aids-Kranken kümmern. Ist es Zufall oder Gedankenlosigkeit, daß wir von Krankenschwestern sprechen, wenn es sich um Frauen handelt, und von Krankenpflegern, wenn es Männer sind?

Heterosexuelle Männchenmuster legen Männer nicht nur in der Sexualität an den Tag. Sie werden früh eingeübt und auf jedem Gebiet angewandt, auf dem sich Interaktion zwischen den Geschlechtern ergibt. Auch wenn es manche Frau, die Männer gern hat, nicht gern hört: Die Auslöschung anderer Identität, vorzugsweise weiblicher anderer Identität gehört zum heterosexuellen Männchenmuster dazu. Es ist Ergebnis einer Haltung, die ich das Gesetz der Spermie genannt habe, das besagt, daß Männer determiniert sind, auf alle und alles mit Konkurrenz zu reagieren. Er kommt nicht davon los zu versuchen, noch einmal der Sieger unter Millionen zu werden.

Daß sich das gegen den weiblichen Teil der Art richtet, ist eines der großen Rätsel der Evolution. Das Auslöschen oder Verhindern weiblicher Identität und Vitalität und jeder daraus resultierenden weiblichen Macht geht auf vielfache Weise vor sich, vorzugsweise auf dem Liebessektor. Patriarchale Liebe ist Liebe, die Frauen aus ihrem schöpferischen Aspekt entfernt. Das liegt daran, daß die Frau in der patriarchalen Liebe nicht als Gleiche unter Gleichen gedacht ist, sondern als Objekt, als Liebesobjekt. Sie ist der Preis, der gewonnen wird, niemals die Gewinnerin.

Das führt zu einem schmerzhaften Zusammenprall von Frauen und Liebe mit der patriarchalen Realität. Nicht immer ist eine Frau imstande wahrzunehmen, woher der Schmerz rührt. In unserer heutigen Zeit, in der die Geschlechterrollen nicht mehr so festgelegt sind wie noch vor einigen Jahrzehnten, ist es meines Erachtens schwieriger geworden, das Männchenmuster zu erkennen – wie es auch nicht mehr ganz so klar erkennbar ist, daß wir in der Liebe nicht Gleiche unter Gleichen sind, solange die Welt männerzentrisch ist. Verändert hat sich aber nicht das Männchenspiel, es haben sich lediglich einige Schwerpunkte verschoben.

Für mich war der Zusammenprall von Liebe mit der patriarchalen Realität in meinen früheren Beziehungen zu Männern schmerzhafter als in meinen Beziehungen zu Frauen. Dem gefährlichen Selbstverlust war ich in Männerbeziehungen näher als in Frauenbeziehungen.

Das bedeutet nicht, daß Frauen, die Frauen lieben, davor gefeit sind. Ich kenne genügend Frau-Frau-Beziehungen, in denen es exakt nach heterosexuellem Verhaltensmuster zugeht, und damit ist nicht gemeint, daß die eine mit dem Schraubenzieher umgeht und die andere mit der Abwaschbürste. Dennoch ist die Chance, in einer Frauenbeziehung Gleiche unter Gleichen zu sein, groß – in der heterosexuellen eher gering –, auch wenn wir uns diese Art der Gleichheit schwer erarbeiten müssen, denn patriarchales Handeln liegt uns allen nah. Hier liegt eine bedeutende und für das einzelne Frauenschicksal folgenreiche Unterscheidung zwischen dem Leben einer heterosexuellen Frau und einer Lesbe.

Ich habe Männer als mir gleich geliebt und erwartet, daß ich auf gleiche Weise wiedergeliebt wurde. Das machte mich verwundbar, ohne daß ich es wußte. Männer waren nicht ein Spiegel von mir, sondern anders als ich. Sie bedeuteten Fremdheit, allerdings ohne den Charme der Rätselhaftigkeit. (Dieser Mangel an Faszination mag zugegebenermaßen darauf zurückzuführen sein, daß ich Lesbe bin.) Sie waren aber auch nicht das Gegenstück zu mir, der Frau, die natürliche Ergänzung, wie das Bild von *yin* und *yang* vorgaukelt, wenn wir seine ursprüngliche Bedeutung im Tao einmal vergessen und der konfuzianischen Interpretation folgen.

Was ich erlebte, war eine ununterbrochene Verletzung meines Selbstwertgefühls. Das war nicht auf eine charakterliche Minderwertigkeit der mit mir verbundenen Männer zurückzuführen, sondern auf das auch ihnen nicht bewußte Verhalten, das nicht nur der geistigen Missionarsstellung entsprang, sondern auch dieser Andersartigkeit sowie der Tatsache, daß sie die Gewinner waren und ich der Preis. Mein Selbstwertgefühl ging den Bach hinunter, sobald die ersten Wochen oder Monate der aufgeregten Stimmung verflogen waren und die „Beziehung" begann.

Auf irgendeine Weise verlangten Männer von diesem Augenblick an die unermüdliche Versorgung mit Aufmerksamkeit und Zuwendung und reagierten sofort alarmiert, wenn ich die Aufmerksamkeit zugunsten meiner Arbeit oder der Kinder oder Freundinnen oder allem zusammen zurückschraubte. Was sie mir zurückgaben, stand in keinem Verhältnis zu dem, was sie mit fragloser Sicherheit zu bekommen erwarteten. Die alarmierte Reaktion bestand darin, in Zeiten, in denen ich meine Energie für mich behielt, Streit zu provozieren, fremdzugehen und ähnliche emotionale Erschütterungen zu produzieren.

Patriarchal funktionierende Frauen werden dazu gebracht, sich als Hälfte zu fühlen. Darum funktioniert das Männerspiel. Sie denken Hälfte, fühlen Hälfte, handeln Hälfte. Für Frauen mußte das Handy nicht erfunden werden. Frauen haben ein geistiges Handy, eine Art Herzi-line schon in der Kindheit implantiert bekommen, durch das sie jederzeit erreichbar sind, ganz gleich, wo sie sich befinden, egal, womit sie gerade beschäftigt sind. Es ist durchaus möglich, daß nicht nur Ausnahmefrauen in unseren Zeiten großes Interesse an identitätssichernder Arbeit haben, also nicht mehr ihre ganze Identität und Selbstsicherheit aus den Liebesdingen beziehen, sondern aus ihrer Tätigkeit. Aber wenn es darauf ankommt, wenn es auf der Herzi-line klingelt, sind sie unverzüglich bereit, alles über den Haufen zu werfen für die Aussicht, ein Ganzes zu werden.

Ein Ganzes wird aus einer Frau natürlich niemals, denn sie ist bereits von Geburt an ganz. Entsprechend ihrer Zurichtung wird sie bereit sein, die eigenen Grenzen zu verlieren, wird Sehnsucht nach Auflösung ihres Selbst verspüren. Vorstellungen von Verschmelzung drängen sich ihr auf. Ist ihr Liebespartner ein Mann, dann wird der sowieso unerfüllbare Wunsch nach Einssein schon dadurch ad absurdum geführt, daß sein Anderssein nicht komplementär zu ihrem Sein ist. Ein männlicher Mensch ist nicht daran gewöhnt, die Gefühlslagen anderer Menschen zu erspüren, um auf sie eingehen zu können. Das aber ist exakt das, was eine Frau erwartet, die von Verschmelzung träumt. Während frau fraglose Ergänzung braucht, ist sie gezwungen, Fragen zu stellen, und dazu verurteilt zu ignorieren, daß niemals eine Antwort kommt.

Jane Lazarre, eine heterosexuelle Feministin aus New York, hat einmal beschrieben, wie ihre Schwiegermutter eines Nachts in verzweifelter Trauer bei ihr und ihrem Mann anrief. Sie hatte kürzlich ihren Mann verloren und wurde mit dem Verlust nicht fertig. Sie schilderte Jane laut schluchzend ihr Leid, und als sie geendet hatte, war sie bereit, schlafen zu gehen. Jane legte den Hörer auf und dachte darüber nach, was es für sie bedeuten würde, ihren Mann zu verlieren, ob und wie sie damit fertigwerden würde.

Dann wandte sie sich zu ihrem neben ihr liegenden Mann, der das Telefongespräch mitbekommen hatte und ebenfalls still vor sich hinblickte. Als sie ihn fragte, woran er denke, antwortete er, er denke darüber nach, ob X mit Y nun endlich ins Geschäft käme.

Lazarres feministisches Bewußtsein bewahrte sie nicht davor, in einem Akt der Verleugnung aus dieser Wirklichkeit zu fliehen. In seiner Fähigkeit, sich von den eindringlichsten Ereignissen seines Lebens abzutrennen, sei ihr Mann wie seine Mutter, sagte sie und bemerkte nicht, daß die mit ihrem Anruf gerade das Gegenteil bewiesen hatte. Ihre Angst, das Land der Liebe verlassen zu müssen, war offenbar größer als das Entsetzen über die emotionale Andersartigkeit ihres Mannes, das sie in die unerträgliche Erkenntnis, emotional bereits Witwe zu sein, gestoßen hätte.

Die Frage, ob Liebesdinge für Frauen eine so große Bedeutung haben, weil sie im lebenslangen emotionalen Hungerzustand gehalten werden, oder ob es ein auf weibliches Sein zurückzuführendes größeres Liebespotential gibt, ist eine Frage, die mich tief bewegt. Der Gedanke, daß es nichts als die Sublimierung einer Vernachlässigung in der Kindheit ist, wäre mir mehr als ein Alp, der mir die Brust zusammendrückt. Sind wir durch die Erfahrung steten Mangels an Liebe dazu verurteilt, lebenslänglich nach ihrer Erfüllung zu suchen? Sind wir, wenn wir die Erfüllung finden, frei, uns ohne emotionale, symbiotische Abhängigkeit zu stolzen Frauen zu entwickeln? Ist mein Verlangen, mit einer anderen Person jenseits von mir eins zu werden, die Sehnsucht nach dem verlorenen Paradies?

Im Paradies befanden wir uns schon einmal zu Beginn unseres Lebens, und es war in jedem Fall weiblich. Unsere erste Liebesgeschichte hatten wir alle mit einer Frau. Als Säuglinge erfahren wir von der Mutter größtmögliche Sinneslust in symbiotischer Verschmelzung, wenn wir an ihrer Brust saugen; wenn sie uns im Arm hält; wenn wir ihre geliebte Stimme hören, die uns sagt, wie sehr sie uns liebt; wenn sie uns tröstet, weil uns die Welt zu groß erscheint; wenn wir ihren Duft einatmen, der uns erzählt, daß sie stark genug ist, uns alles zu geben, was wir brauchen.

Später, wenn wir uns in vielen Schritten von ihr gelöst haben, verlagern die einen die Libido von der Frau zum Mann, während die anderen bei der Frau bleiben. Die Frage, wodurch und warum die einen zu den Männern wechseln und die anderen bei den

Frauen bleiben, will ich hier bewußt nicht erörtern. Liebesdinge sind, wie sie sind. Eine Beschäftigung mit den Ursachen führt nicht nur in die Vielfalt zahlloser Ansichten darüber, sondern auch in den Verdacht, es ändern zu wollen. Und das will ich auf keinen Fall. Dann gibt es auch noch die, die sich zu beiden Geschlechtern hingezogen fühlen. Nennt mich altmodisch, aber das halte ich eher für den entscheidungsschwachen Versuch, everybody's darling sein zu wollen. Vielleicht habe ich damit aber auch unrecht. Zumindest tauchen sie nicht als gesonderte Kategorie in meinen Gedankengängen auf. Betroffene Leserinnen mögen sich aus beiden ausführlich behandelten Kategorien nehmen, was auf sie paßt – beinahe wie im richtigen Leben.

Der Zeitpunkt der endgültigen Vertreibung aus dem Paradies ist der Zeitpunkt, zu dem aus einem Mädchen eine Amazone wird, ganz gleich, welche sexuelle Orientierung in ihrem Leben eine Rolle spielt. Amazonen sind Töchter der Erde, das heißt ihre Bestimmung ist es, das Leben in seiner Vielfalt zu entdecken, ohne sich noch allzu viele Gedanken um Verantwortung und Verantwortlichkeit machen zu müssen. Zur Vielfalt der Erde gehört auch die Entdeckung der erwachsenen Liebe. Ob Lesbe oder Hetera, die Liebe wird zu diesem Zeitpunkt stark sexuell gefärbt sein. Sie wird allerdings niemals die enge Fokussierung auf das Genital haben wie bei den Jungen dieser Altersphase, sondern mit größter Sinnlichkeit betören, die ihr Herz tief berührt.

Im Patriarchat hat sie nicht lange Gelegenheit, in ihrer Sinnlichkeit zu schwelgen. Sie ist in eine Welt der Gewalttäter, Mörder und Päderasten hineingeboren worden; eine Welt, in der sie von Geburt an Verrat erfährt, der ununterbrochenen Beurteilung ihrer Person auf dem Weg über ihre äußerliche Erscheinung nur dadurch entkommt, daß sie sich selbst noch strenger beurteilt. Diese Erfahrung von Verrat wird sie ihr ganzes Leben begleiten – der Einfluß, den diese frühkindliche Erfahrung ausübt, ist kein Zufall, sondern Teil der Zurichtung zur Frau, die gut im Bett ist.

Verräterin ist die Mutter, denn von Anfang an muß die Tochter erfahren, daß Mann – jede Art von Mann, ob Vater, Ehemann, Lebensgefährte, Freund, Bruder, Chef – wichtiger für die Mutter ist als sie, die Tochter. Jede Frau hat diesen Verrat in ihrer Kindheit anders erfahren, aber ich habe es noch nie erlebt, daß eine Frau nicht verraten wurde. Nicht jeder Verrat stürzt als granatenmäßiges Trauma über die Tochter herein, mancher äußert sich höchst subtil, aber nicht minder verletzend und nachhaltig.

Heteras bleiben an die Tatsache, verraten zu werden, gewöhnt. Sie suchen den verlorenen goldenen Ball ihrer Kindheit als Erwachsene bei den Männern. Daß sie ihn dort nicht finden, halten Frauen je nach Temperament und Erwartungshaltung für erträglich. Die einen richten sich damit soweit ein, daß sie ein einigermaßen akzeptables Leben führen. Die anderen suchen weiter und weiter oder beschweren sich laut, daß sie ihn nicht finden.

Heteras tappen arglos in die Ehe- beziehungsweise Beziehungsfalle, weil sie buchstäblich keine Alternative haben. Aus der Amazone ist eine Frau mit einem starken Bedürfnis nach Sicherheit und Schutz und einem großen Interesse an der Einhaltung von Regeln geworden. Mit der Abwendung von der Mutter und der Hinwendung zum Mann erkennt sie an, daß die Welt aus Paaren, selbstverständlich gegengeschlechtlichen Paaren besteht. Sie rückt nun ihrerseits wie einst die Mutter den Mann in den Mittelpunkt ihrer Welt. Frauen rücken an die zweite Stelle. Den verlorenen goldenen Ball vergißt sie nun manchmal und oft für lange Zeit. Wenn sie sich an seinen Verlust erinnert, dann verzweifelt sie oft, denn sie befürchtet, ihn niemals mehr zu finden.

Die Lesbe hingegen könnte die freie Frau sein, die sich der Erfahrung hingeben könnte, daß Liebesdinge ihr höchste Lust und Sinnlichkeit bescheren. Sie findet sich mit dem Verrat in der Frauenwelt nicht ab und sucht in ihren Beziehungen die Bestätigung, daß er zumindest der Vergangenheit angehört. Den verlorenen goldenen Ball ihrer Kindheit sucht sie bei den Frauen und gibt die Hoffnung nicht auf, unter ihnen die eine zu finden, die dafür sorgt, daß alles wieder gut wird.

Aber Lesben handeln ebenso patriarchal wie andere Frauen, was nicht weiter verwundert, denn sie wurden in dieselbe Welt der

Mörder und Päderasten hineingeboren wie die an Männern interessierte Frau. Auch sie entwickeln ein Bedürfnis nach Sicherheit und Einhaltung von Regeln als Schutz gegen körperliche, seelische und geistige Übergriffe. Auch sie denken Hälfte, fühlen Hälfte, handeln Hälfte und opfern häufig einen guten Teil ihrer kreativen, sinnlichen Lebensenergie auf dem Altar der Zweierbeziehung. Sie orientieren sich wie alle Frauen an den herrschenden Werten, zu denen sie allenfalls Gegen-Werte entwickeln können. So wird auch bei den Lesben die Welt mit Pärchen bevölkert, bei denen Treue sogar noch eine viel größere Rolle spielt als bei den gegengeschlechtlichen Pärchen, denn schließlich geht es darum, den Verrat niemals zu wiederholen. Einzelpersonen haben keinen Zutritt, es könnte ja die schwarze Wölfin umgehen, die den Frauen das Herz unruhig macht und lasziv davon singt, wie sehr sie sich sehnt, deine Lippen zu berühren.

Dennoch ist das Liebesleben beider Frauengruppierungen sehr unterschiedlich, was die sozialen Auswirkungen der jeweiligen Präferenz angeht. Während Heteras mit Zunahme ihres feministischen Bewußtseins den Seelenspagat lernen müssen, Männer zu lieben und mit ihnen zu leben, ohne gleichzeitig alle Kraft zu verlieren, die es nun einmal kostet, mit ihnen zu sein, haben Lesben mit anderen Schwierigkeiten zu kämpfen. Sie müssen sich die Normalität ihres Seins erobern und haben neue und andere Normen der Subkultur und Frauenszene zu lernen.

Heteras, die viele Jahre mit Männern verbracht haben, sind manchmal selbst überrascht über den Groll und die Feindseligkeit, die sich in dieser Zeit in ihnen aufgestaut hat. Feministinnen wissen, was Männer schon lange befürchten: Die gefährlichste Feindin der Männer ist die, die neben ihnen im Bett liegt – sie kennt seine Achillesferse besser als irgend jemand sonst.

Lesben sind sich der großen inneren Distanz zwischen den Geschlechtern naturgemäß viel bewußter. Ihnen stellt sich das Problem, daß sie als doppelte Feindinnen des patriarchalen Systems betrachtet werden – zum einen als Konkurrentinnen um die Gunst der Frauen und zum anderen als unerreichbar für wirtschaftliche und emotionale Abhängigkeiten, die ihre Kraft genauso binden würden wie bei den Heteras. Daher werden prominente Frauen, die offen als Lesben leben, boykottiert (eine völlig andere Art der Diskriminierung, als Schwule sie zu erleiden haben), denn der Anreiz eines derartigen freien, das heißt unbemannten Lebens könnte einen fatalen Sog auf andere Frauen ausüben.

Um diesen Schwierigkeiten zu entgehen, haben manche Lesben ganz eigene Beschwichtigungsstrategien für Männer entwickelt. Diese enthalten zuweilen eine viel größere Akzeptanz von Männchenverhalten und der geistigen Missionarsstellung, als es eine Hetera jemals für erträglich halten würde.

In diesen Bereichen liegt viel Konfliktstoff in der Interaktion zwischen uns Frauen. Wenn wir lernen, die Unterschiedlichkeit anzuerkennen und gegenüber anders gearteten Lebenskonzepten mehr Achtung zu entwickeln, dann sollte es uns gelingen, unterwerfungsresistente Weiblichkeit zu entwickeln, die viel für uns verändern wird. Wir werden viel davon haben, wenn wir anerkennen, daß wir alle Amazonen sind, Töchter der einen Erde und von dieser willkommen geheißen und geliebt.

Ganz gleich, zu welcher Sorte Frau du dich zählst, du wirst nicht glücklicher dadurch, daß du dich in Ablehnung und Verächtlichkeit darauf konzentrierst, was die andere oder die anderen doch für unakzeptable Lebewesen sind. Mit Sicherheit wirst du das Gefühl haben, daß „die anderen" in diesem Buch weit ausführlicher und aufmerksamer beschrieben sind als du und deine Präferenzen. Vielleicht beruhigt es dich, daß es der anderen Seite ganz genauso geht.

Im Grunde regt dich an der anderen sowieso immer nur das auf, was du selber für dich noch nicht sonderlich gut geregelt hast. Wenn du zuläßt, zur Kenntnis zu nehmen, daß wir alle Töchter dieser einen Erde sind, dann ist es ganz leicht zu akzeptieren, daß wir Schwestern sind. Ich halte mich da immer an den alten Spruch von Robert Gernhardt: „Die schlimmsten Feinde der Elche waren früher selber welche."

# STRAPSE, DILDOS UND ANDERE PROTHESEN

*Wie, warum und vor allem für wen*
*die Erotik erfunden wurde*

Wenn ich noch beim Bild der Wüste bleibe, dann gehören viele
Liebesdinge nach Las Vegas, im Grunde alles zwischen Barbara
Cartland, Rosamunde Pilcher und dem Sexshop an der Ecke. Wir
sind daran gewöhnt, daß nicht nur die Herz-Schmerz-Geschichten,
sondern auch die „Joytoys" von der Heimlichkeit befreit sind, mit
der sie je nach Herkunft der AnhängerInnen in früheren Zeiten be-
legt waren.

Indem wir mit der sogenannten sexuellen Revolution in den
Sechzigern dem Liebestreiben die Heimlichkeit nahmen, hat sich
aber viel weniger verändert, als uns lieb ist. Wir landeten nicht im
Paradies, sondern bei der „Porno-für-alle"-Bewegung.

Das ist trotzdem viel und ist auch wichtig. Aber eigentlich ist es
nichts, worauf wir stolz sein sollten. Das meiste von dem Zeug –
ob es sich um romantische Liebesgeschichten handelt oder um Dildos für Dodo – ist nicht wirklich bekömmlich und hat darin sehr
große Ähnlichkeit mit Junkfood. Man wird schnell satt davon, und
bei weiterem Genuß dauert es nicht lang, und es wird einem
kotzübel. Zum Schluß gibt es nur noch Überdruß. Nichts ist gräß-
licher als der Morgen nach einer geilen Raserei. Was gestern so aufregend schien, ist heute nur noch ein lächerliches Kostüm, das wir
den Motten zum Fraß vorwerfen.

Liebe, sinnliche Liebe ist seelische Nahrung, die uns unbegrenzt
zur Verfügung steht. Sexualität als eine der zahllosen Ausdrucksformen von Liebe und Kommunikation ist mehr als nur ein wenig
Spaß bei der Fortpflanzung, die allerdings ohne diesen Spaß wohl
kaum Anreiz böte, sich der jahrzehntelangen Anstrengung, Kinder
aufzuziehen, zu stellen. Wenn wir den Studien höherentwickelter
Primaten folgen, dann hat Sex auch die Bedeutung, Aggressionen
aufzulösen, den Zusammenhalt der einzelnen Mitglieder einer Ge-

sellschaft zu stärken und die Lebensenergie einer Gruppe oder Gesellschaft im lebendigen Fluß zu halten.

Es ist eine der vielen Möglichkeiten – und beileibe nicht die schlechteste –, Freude zu empfinden und Freude zu geben. Weil es um die Freude geht, oder um einen anderen Begriff für Freude zu nehmen: um die Lust, ist das langweilige Rein-raus-Spiel nur eine von vielen mindestens ebenso bedeutenden Facetten von Liebe. Oder sollte ich sagen, Sinnlichkeit? Ich hatte in meinem Leben sexuelle Begegnungen, die nur in einem einzigen Blick bestanden. Der allerdings hatte eine Intensität, die andere mit der Darbietung einer durchkeuchten Nacht nicht erreichten.

Diese Begegnung in einem Blick, der mir die Knie zittern läßt und mich atemlos macht, mag von vielen mit dem Begriff Erotik in Verbindung gebracht werden. Erotik wird allgemein für eine verfeinerte Form von Sex gehalten – eine elegantere Form der Liebe, die in ihrem direkten, unverblümten körperlichen Ausdruck ja leicht ins Komische rutschen kann und nicht immer sonderlich appetitlich daherkommt, wenn wir nur mal an schwitzende Körper, derangiertes Make-up, verschmierte Körperflüssigkeiten, röchelnde Stimmlagen und verdrehte Augen, zeitweise in Kombination mit einem eher dümmlichen Gesichtsausdruck während des Orgasmus denken. Die meisten von uns sind körperlich nicht so ausgestattet, daß sie in solchen Augenblicken wie ein sich dekorativ räkelndes Model aussehen.

Besonders Männer sind, wenn es erst einmal soweit ist, nicht annähernd so eindrucksvoll, wie sie gern wären, auch dann nicht, wenn sie nicht die Socken anbehalten haben. Wenn du das nicht glaubst, dann stell dir einmal vor, daß alle Männer, die in deiner Abteilung arbeiten oder in deiner Nachbarschaft wohnen, sich nackt mit erigiertem Penis in einer Reihe nebeneinander zur Mister-Wahl aufstellen. Wie du siehst, können nackte Tatsachen manchmal ebenso aufschlußreich wie lustig sein.

Erotik dagegen, so will es der Volksglaube, hat etwas mit Raffinement zu tun. Wir denken an aufmerksame kleine Geschenke, schimmernden Kerzenschein, Samt und Seide, schmachtende Musik, einen betörenden Duft, verliebtes Flüstern, lustgeschwängerte Spannung. Das alles ist wunderbar, aber mit Erotik hat es soviel zu tun wie du mit einer Gummipuppe aus dem Sexshop.

Der Volksglaube täuscht sich; er wird sogar bewußt in die Irre geführt, was wieder einmal beweist, daß Sprache, durch die Vorstellungen, die sie erzeugt, Wirklichkeiten schafft. Manche dieser Wirklichkeiten haben doppelte Böden, ein Umstand, der dazu führt, daß sich auch die Moral auf mehrere Etagen verteilt. Ein Blick auf die Realität bestätigt dies schnell. Das Lexikon weist den Begriff Erotik als Lehre von der Liebeskunst aus. Dann wieder soll er den gesamten körperlichen Aspekt der Liebe bezeichnen. Manchmal dient er als Mittel, um eine Verbindung zwischen romantischen Gefühlen und Sexualität herzustellen. Eros, der griechische Gott der Liebe, wird als kleiner fetter Junge dargestellt, der ziellos mit seinem Pfeil herumspielt. Entsprechend sind die Ergebnisse seiner Bemühungen. Die er trifft, verlieben sich. Wie wir nicht erst seit Shakespeare wissen, ist es Eros ganz egal, wen er mit seinem Pfeil trifft, in wen sich die/der Betreffende verliebt. Wahrscheinlich kommt es im wahren Leben sogar noch häufiger als auf der Bühne vor, daß es ein Esel ist, dem eine ihr Begehren entgegenbringt.

Eros ist Aphrodite als Begleiter beigegeben, die in den Zeiten vor Entstehen der patriarchalen Gesellschaften die ursprüngliche Göttin der Liebe war. Zur Zeit der griechischen Antike war sie bereits entmachtet und zum Preis herabgewürdigt, der gewonnen werden kann, eigentlich sogar gewonnen werden muß. Noch anmaßender wurde der patriarchale Umgang mit der Liebe und ihren matriarchalen Göttinnen durch Paris, den trojanischen Prinzen. In dieser Geschichte haben die Göttinnen Aphrodite, Athene und Hera den Status von Schönheitsköniginnen, die sich streiten, welche die Schönste ist. Dann tritt Paris auf mit einem goldenen Apfel. Die drei Barbie-Puppen streiten, welche den Apfel bekommt, und Paris beendet den Streit, indem er ihn derjenigen gibt, die ihm die größten Versprechungen macht. Den Zuschlag erhält Aphrodite, die verspricht, ihm behilflich zu sein, die schönste Frau zu gewinnen. Hera und Athene dagegen werden als grollende Verliererinnen dargestellt.

Soweit das Weltbild der Liebe derer, die das Leben dazu verurteilt hat, den großen Treffer landen zu müssen. Ob Bock, Bulle oder Menschenmann, das ist ja ihre Bestimmung: herumzuhirschen und so oft wie möglich das Sperma abzuliefern, damit die Gattung erhalten bleibe, wobei nicht nur Spermie mit Spermie konkurriert, sondern auch Platzhirsch mit Platzhirsch.

Das ist wahrscheinlich – als Frau kann ich es nur ahnen – trotz der damit verbundenen Lustgefühle, wenn es endlich zur Sache geht, auf die Dauer recht eintönig. Sobald eine Gesellschaft sich nach dem Gesetz der Spermie richtet, also eine Konkurrenzgesellschaft wird – im Gegensatz zur Solidargesellschaft, in der Sexualität eine ganz andere Rolle spielt –, gibt es außer dem einen oder wenigen Siegern an der Spitze eine breite graue Masse der Mittelmäßigkeit, damit der Sieger etwas hat, aus dem er herausragen kann. Diese eintönige Mittelmäßigkeit braucht Ersatz für den Sieg, den Treffer, den goldenen Schuß. Wenn das Volk zu murren beginnt, wird es eng. Die Römer kannten „Brot und Spiele" als Rezept. Bei uns ist es Ballermann 5.

Die graue Masse der Mittelmäßigkeit braucht aber auch Regeln und Gesetze, um die große, unbändige Kraft der Sexualität zu reglementieren, das heißt den Sieg des einen oder der wenigen zu sichern. Christentum und Justiz sind logische Entwicklungen auf dem Weg der spermazentrischen Gesellschaft, die mit dem gewaltsamen Untergang der matriarchalen Gesellschaften in Griechenland begonnen hat. Denn der simple Druck, der durch gesetzliche Einschränkung erzeugt wird, könnte der Dynamik von Liebe allein niemals standhalten. Sexualität, die uns mittlerweile nur noch als Metapher für andere Dinge dient, ist eigentlich nichts als eine große Kraft. Eine Kraft, die für sich steht und für nichts sonst.

Sexuelle Lust und Orgasmus, der sexuelle Blitz, wie dieses Gefühl in der Antike genannt wurde, sind Ausdruck eines erlesenen Moments unbewußten Seins, eine Erfahrung der Einheit allen Seins durch erfüllte Ekstase. Wenn dieses elementare Lebensgefühl niedergehalten werden soll, müssen die Menschen dazu gebracht werden, es nicht wahrzunehmen und wenn doch, es wenigstens als unangenehm zu empfinden.

Am besten läßt sich Sinnlichkeit kleinhalten, wenn sie gar nicht erst kennengelernt wird. Patriarchale Erziehung setzt dabei nicht erst bei der Verhinderung und Verbiegung sexueller Gefühle an, wie wir noch vor dreißig Jahren geglaubt haben. Es handelt sich bei der Sinnlichkeit nicht um ein genital-sexuelles Gefühl, sondern um eine allumfassende Wahrnehmungsfähigkeit durch Gefühle.

Der Entzug sinnlicher Empfindungen gilt nach landläufiger Meinung als eine Form sadistischer Folter, die gegen die Menschenrechte verstößt. In Wahrheit ist dieser Entzug jedoch alltägliche Praxis patriarchaler Zivilisation. Dies ist uns so selbstverständlich geworden, daß es uns gar nicht mehr auffällt, wenn wir uns durch unseren Alltag bewegen. Längst ist uns die sekundäre Erfahrung der Welt und die Zweitklassigkeit der Dinge, mit denen wir in Berührung kommen, selbstverständlich geworden, ohne daß wir uns als hospitalisiert empfinden.

Mary Daly hat in „Reine Lust" eindrucksvolle Analysen dieser entsinnlichten Erfahrungen erstellt. „Die meisten Einwohner von Städten und Metropolen sind gezwungen, in einer sinnesfeindlichen, in einer künstlichen Umwelt zu existieren. Jerry Mander hält das moderne Bürogebäude für das archetypische Beispiel der künstlichen Umwelt. Es besteht aus kleinen rechteckigen, niedrigen Räumen; die Ausstattung ist streng, eintönig; es hat hermetisch verschlossene Fenster; die Geräusche sind homogenisiert; das Licht ist gleichmäßig. Das hat zur Folge, daß alle Sinne abstumpfen. Um das Ausmaß dieser Wüste der Langeweile zu erahnen, brauchen wir nur an moderne Supermärkte, Kaufhäuser, Krankenhäuser, Universitäten, Wohnblocks, sterile und uniformierte Vorortsiedlungen zu denken."

Und an anderer Stelle: „Was wir von der Welt sehen, hören, schmecken, riechen, fühlen und verstehen, ist für uns künstlich aufbereitet worden. Unsere Welt-Erfahrung kann nicht mehr direkt oder primär genannt werden. Es ist eine sekundäre, vermittelte Erfahrung. Der Mensch wird unter diesen Umständen zu einem Wesen mit verengtem Fähigkeitsbereich – und er nimmt diesen Verlust zugleich kaum wahr."

Wir trinken Wasser aus dem Tetrapack, wir essen Fleisch, das von entsinnlicht aufgewachsenen Tieren stammt. Wir atmen Luft, die stinkt. Noch heute reagiere ich mit romantischen Urlaubsträumen, die mein Herz höher schlagen lassen, wenn ich im Sommer eine Mischung aus sonnenerhitztem Asphalt und Dieselabgasen rieche; ein Gestank, der mir nicht Vergiftung signalisiert, sondern mich an Ferien in meiner Heimat Griechenland erinnert. Diesen Geruch liebe ich seit meiner Kindheit. Unsere Füße bewegen sich auf Asphalt und Pflaster, eingepfercht in Schuhwerk und dem Fühlen von Bewegung auf der Oberfläche unseres Planeten völlig entfremdet. Unsere Hände greifen keine Erde, denn das ist Schmutz, wie wir früh gelernt haben. Unsere Augen sehen Skylines; unsere Haut fühlt Polyester.

Wie wenig unsere Sinne noch mit dem wahren, dem echten Leben verbunden sind, zeigt sich, wenn eine für längere Zeit kein Fleisch ißt. Nach einer solchen Zeit der Abstinenz habe ich einmal herzhaft in eine frische, appetitlich duftende Wurst gebissen – mir ist von dem chemischen Beigeschmack beinahe übel geworden. Meine Geschmacksknospen waren über die längere Entwöhnung von Gift wieder sensibel genug geworden, um zu schmecken, was sie eigentlich nicht schmecken dürfen.

Während sich die Wissenschaft darüber wundert, wie stark in den letzten Jahrzehnten die Anfälligkeit für Allergien gestiegen ist, wundert mich eher, daß nicht weitaus mehr Menschen ihre Sinne beisammen haben und mit alarmierter Unverträglichkeit auf unsere „Um"-Welt reagieren.

Plastik-Gefühle, Gefühle aus zweiter Hand verhindern, daß Lust und Sinnlichkeit als normaler Lebensausdruck erfahren werden. Wenn sich dennoch sexuelle Energie ihre Bahn brechen will, dann gibt es immer noch – sozusagen als letzter Trumpf – eine Instanz, die dafür sorgt, daß dies nicht passiert. Diese Instanz ist über menschliche Belange gestellt und betrachtet sich selbst als überweltlich. Ich spreche von der christlichen Religion, deren Kirchen nur vermeintlich etwas mit Spiritualität, sehr viel aber mit dem Reglement weltlicher Angelegenheiten zu tun haben. Der Mann/die Männer an den Spitzen des Patriarchats haben damit ein System etabliert, das ungehemmt geäußerte Lust mit Schuldgefühlen verknüpft, indem sie die Polarität Gut und Böse und ein dazugehöriges Strafsystem erfunden haben.

Ein Wesenszug des Christentums, der sich durch die ganze christliche Geschichte zieht, ist der Hang, Schmerzen zu erdulden und sich selbst zu erniedrigen. Worauf das letztlich abzielt, ergibt sich aus der sonderbaren Auffassung, Frauen wären durch Evas „Sündenfall" quasi von Geburt an mit der Erbsünde belastet und insofern schuldig, ganz gleich wie sittsam, im christlichen Sinn sittsam, sie leben.

Das System funktioniert katastrophal gut. Es hat unsere gesamte Kultur geprägt und greift auch dann, wenn Menschen nicht zu Christen erzogen wurden. Auf unterschwellige Weise beeinflußt das Christentum die gesamte westliche Welt. Im Grunde liegt der Papst bei allen, die sich sexuell betätigen, unsichtbar mit im Bett. Das Patriarchat hat sich mit seiner Hilfe der Sinnlichkeit bemächtigt. Unser Umgang mit der Liebe ist geprägt von Scham und Angst.

Im Griff haben die patriarchalen Sieger die Lust und Sinnlichkeit dennoch nicht. Ganz im Gegenteil. Aus diesem Umstand erwuchs die Erotik und aus der die Pornographie. Die beiden sind Geschwister, und sie haben viele Väter. Erotik ist eben nicht das Raffinement der Liebe, sondern der neurotische Teufelskreis, in dem sich eine eingesperrte, kleingehaltene und erniedrigte elementare Kraft befindet, die einen Ausweg sucht, um gelebt zu werden. Der Teufel ist aus dem Christentum nicht fortzudenken, genaugenommen ist er seine Erfindung. Um die Liebe vollends in seinen Kreis zu bringen, sind aber außer den monotheistischen Religionen und der Sache mit Schuld und Scham noch ein paar andere Auswüchse des Patriarchats notwendig.

Gemeint sind die monogame Ehe und die Medizin als monokulturelle Wissenschaft. Ein besonderes Merkmal der patriarchalen

Gesellschaften ist die monogame Ehe, was jede andere Form von Pärchenwirtschaft mit einschließt, sogar jede Form der Distanzierung und des Ausbruchs aus diesem Reglement mit einbezieht. Pärchenwirtschaft, heterosexuelle, monogame Pärchenwirtschaft ist die manifestierte und ins soziale Leben übertragene geistige Missionarsstellung. Die monokulturelle Medizin und ihre Auswirkungen auf die Sinnlichkeit der Frauen werden wir im Kapitel „Zyklus klingt so krank" genauer betrachten. Hier bleiben wir vorerst der Ehe und den eheähnlichen Beziehungen, den Zweierbeziehungen treu. Sie führen uns auf direktem Weg zu Erotik und Pornographie. Ich bin der Überzeugung, daß wir ohne Strapse, Dildos und andere Sex-Prothesen, ohne den gesamten Erotikmarkt mit seinen Pornofilmen, ohne Prostitution keine Ehen mehr hätten.

Wenn wir dieses Konstrukt sexuellen Zusammenlebens betrachten, dann fällt ein eigenartiger Widerspruch auf. Ausgerechnet die Männer, also jene, denen die Natur auferlegt hat, herumzuhirschen und sich mit so vielen Weibchen wie möglich zu paaren, haben die Ehe und mit ihr die eheliche Treue erfunden.

Wie unglaublich wichtig diese Form des sexuellen Zusammenlebens für patriarchale Männer ist, zeigt allein die Tatsache, daß der Schutz der Familie, also die staatlich abgesegnete eheliche Verbindung in den Verfassungen von Deutschland und Österreich verankert ist. Je konservativer der patriarchale Mann, um so mehr soll die Ehe geschützt sein, was immer er unter Schutz verstehen mag.

Das hat natürlich seinen Grund. Es basiert auf einem kuriosen Ergebnis des Versuchs, alle Männchen Sieger werden zu lassen. Sollte der Mann doch ein von Natur aus soziales Wesen sein?

Keineswegs. Er wird, wie wir wissen, erst durch doppelte Sozialisation fähig, sich sozial zu verhalten. Den ersten Teil erfährt er durch die Mutter, den zweiten als Heranwachsender durch erwachsene, reife, sozial fähige Männer. Der zweite Teil der Sozialisation wird schon seit vielen Generationen nicht mehr vollzogen. In der uns erinnerbaren Zeit unseres Jahrhunderts mindestens seit dem ersten Weltkrieg nicht mehr. Die Generation dieser jungen Krieger war die erste, die als „verlorene Generation" bezeichnet wurde, weil sie nicht entsprechend sozialisiert worden war. Seither leben junge Männer in vaterlosen Gesellschaften und werden selber zu unfähigen Vätern.

Woher aber dann der noble Zug, daß alle auf einmal Sieger sein sollen? Keine weiß es, und nobel ist dieser Zug ganz und gar nicht. Es ist simples Beuteverhalten. Alle Männchen wollen Sex, also herumhirschen und ihr Sperma verteilen. Üblicherweise ist dies in komplexen sozialen Gefügen, wie sie bei höherentwickelten Säugetieren zu finden sind, nur wenigen Männchen gestattet. Die Frauen nehmen normalerweise nicht jeden. (Bei den Insekten, z.b. Bienen, Wespen und Ameisen sieht es für die Männer genauso mau aus.) Wenn nun aber jeder will, dann geht das nur, indem Frauen vereinzelt und im Verhältnis 1:1 unter den Männern aufgeteilt werden. Auf diese Weise hat jeder eine Chance auf Sex, und Ruhe ist im Karton. Ich halte das Drängen von Krethi und Plethi nach dem Weib für die Ursache der Entstehung von Patriarchaten und des Untergangs der Matriarchate. „Ich *habe* eine Frau", sagt Krethi. Plethi antwortet: „Darf ich Ihnen *meine* Frau vorstellen?"

Die Ruhe im Karton ist trügerisch. Lange hält das sexuelle Glück in der lebenslangen Pärchenwirtschaft nicht an. Sexuelle Attraktion ist ein sehr feines, ein ganz und gar flüchtiges und leichtes Gefühl. Kaum ist es da, ist es auch schon wieder weg. Der Ehe tut das interessanterweise keinen Abbruch, denn dem Mann bleibt noch immer die emotionale Versorgung. Je länger eine derartige Verbindung dauert, um so mehr mutiert er zum Sohn. Alles könnte wunderbar sein, wenn nicht die Sache mit dem Herumhirschen wäre.

Je konservativer der patriarchale Mann, um so höher hält er nicht nur die Ehe samt dazugehöriger Treue, um so häufiger gehört er auch zur Kundschaft im Puff, ist im Sex-Shop zu finden und bevölkert die Erotik-Messen.

Inbegriff der Verbundenheit dieser zwei Sparten des patriarchalen Lebens ist ein Österreicher, der wie kein anderer leidenschaftlich gegen Pornographie kämpft. Der Tugendwächter besitzt die wahrscheinlich größte Pornosammlung Europas, lauter Filme und Hefte, die er kauft, um sie gegen die Hersteller zu verwenden. Und er hat sie alle ganz genau angeschaut. Er muß ja schließlich wissen, wogegen er wettert.

Die Verknüpfung von Lust und Schuld, monogamer Treue und bezahlter Herumvögelei ist untrennbar. Ohne das Odeur des Verbotenen ist es nur halb so geil. Und in jeder Geilheit ist – noch immer – das unterschwellige Spiel mit der Entrüstung enthalten. Das Odeur des Verbotenen gilt seit zweitausend Jahren als ein verläßliches Aphrodisiakum.

So ist auch die weibliche Eroberung von Erotik unweigerlich in diesem Gestrüpp verfangen und muß sich im Teufelskreis drehen. Es hat immer ein wenig davon, daß der gewonnene Preis selbst seine Verpackung aussucht und freiwillig mitmacht, was früher unfreiwillig war. Vergessen wir nicht, daß der Anteil Frauen, die in der Kindheit sexuell mißbraucht und damit sexuell zugerichtet wurden, unter Prostituierten und Pornofilmstars enorm hoch ist. Damit will ich nicht den Berufsstand der Prostitution in Mißkredit bringen. Ich halte Huren für schwer arbeitende Menschen, die weitaus mehr Anerkennung verdient hätten, als ihnen zuteil wird. Es ist der Freier, der unser erbarmungsloses Augenmerk verdient.

Wenn wir Paris, den alten Hurenbock, noch einmal betrachten, entdecken wir nämlich eine weitere Botschaft in der Geschichte. Sie lautet ganz simpel: Erotik ist ein Markt, und wie wir wissen, ein ganz besonders lukrativer. So lukrativ, daß alle mitmachen, von den internationalen Mafiosi bis zum Vatikan und den frommen Mönchen vom Berg Athos. Letztere steckten noch vor einigen Jahren ganz gut im Pornokino-Geschäft. Geld und Liebe bilden also doch ein miteinander verknüpftes Paar.

Das liegt daran, daß Liebe im Patriarchat niemals den ungehemmten, den schamlosen, den lustvollen Ausdruck finden kann, der sie eigentlich kennzeichnet. Die Kraft, die erblühen will, darf sich niemals so entfalten, wie sie könnte, wie eine Pflanze, deren Wurzeln sich in der Enge eines Topfes befinden. Es ist, als füllten wir den weiten Ozean in Flaschen ab, die wir verkaufen. Das meiste, was wir abgefüllt erstehen, stammt im übrigen aus dem Hafenbecken von Genua.

Der Unterschied zwischen Erotik und sinnlicher Lust ist so groß wie der Unterschied zwischen einer auf Nährwatte gezogenen Tomate und einer, die in meinem Garten in der Sonne gereift ist. Eine erotische Frau ist eine, die „gut im Bett" ist. Am besten ist eine, die ein Profi ist, die alle heimlichen Träume und Obsessionen kennt und bedient. Ich kenne eine Menge Amateurinnen, die dem nacheifern, allerdings ohne zu kassieren. Ich frage mich, worauf die eigentlich stolz sind – worauf ich damals stolz war. Eine sinnliche Frau dagegen ist eine, die im Fluß der Energien tanzt.

Indem wir mit der sogenannten sexuellen Revolution in den Sechzigern dem Treiben die Heimlichkeit nahmen, hat sich – wie gesagt – gar nichts verändert. Wir landeten bei Soft-Pornos im Fernsehen, echten Pornos im Pay-TV, Paarungsversuchen in jedem Film und Toy-Shops selbstverständlich auch für Frauen. Ein wildes Treiben wurde es dadurch nie, nicht einmal ein buntes.

Wild bedeutet nicht, so geil und so promisk wie möglich, sondern so sinnlich und so bunt wie möglich. Im Grunde ist Erotik eine ziemlich stereotype Sache, die sich durch ritualisierte Inszenierungen und durch Steigerung von Reiz auszeichnet. Im Grunde sind erotische Spiele die endlose Wiederholung eines verinnerlichten Inzestprogramms und damit ungefähr so gefühlsecht wie ein Kondom aus Loden.

Wenn Sexualität, Lust und Sinnlichkeit nicht wild und bunt sind, sondern patriarchalisiert werden, wird aus Liebesdingen funktionalisierter Reiz, der erstens nach laufender Wiederholung verlangt, und zweitens muß die Dosis der Stimuli laufend erhöht werden wie bei jeder Form von Ausbeutung. Oder sollte ich sagen: Sucht?

Es ist interessant, daß die großen Werke der erotischen Literatur immer dann auftauchten, wenn die jeweilige patriarchale Kultur sich in ihrer Hochblüte befand.

Im ersten Jahrhundert vor unserer Zeitrechnung entstand in Indien das „Kamasutra". „Tausendundeine Nacht" erschien im zehnten Jahrhundert im Orient. Das „Hohelied" im Alten Testament wird auf das fünfte Jahrhundert vor unserer Zeitrechnung datiert, auf jeden Fall aber nach dem babylonischen Exil. China und Japan

(Yanosuke, der dreitausendfache Liebhaber) brachten entsprechende Werke im sechzehnten bzw. siebzehnten Jahrhundert hervor. In der griechischen Antike verfaßte Aristides von Milet um 100 v.u.Z. ein erotisches Werk, auf das sich noch die Römer zu ihrer kulturellen Blütezeit bezogen, z.b. Petronius und Apulejus. Berühmt wurden die Renaissance-Dichter Italiens, zum Beispiel Bocaccio. Im achtzehnten Jahrhundert wird uns De Sade beschert, aber auch Voltaire, Mirabeau und in Italien ein gewisser Casanova. In England erschienen in jener Zeit „Die Memoiren der Fanny Hill". In der Dekadenzdichtung stoßen wir dann auf Schnitzler, Baudelaire und Sacher-Masoch. Für die Zeit nach dem Krieg sollen Nabokov und Henry Miller erwähnt werden.

Was heute erotische Literatur genannt wird, war früher Pornographie und kannte kein anderes Ziel als das Spiel mit der Geilheit. Der Zeitfaktor zwischen Vergangenheit und Gegenwart ist meines Erachtens alles, was es an Unterschied zwischen diesen beiden patriarchalen Liebesdingen gibt. Beide sind Prothesen für müde, gelangweilte und überfressene Hirsche. Der vorläufige prothetische Höhepunkt ist Viagra, die blaue Erektionspille.

Was die Vergangenheit von der Gegenwart unterscheidet, ist lediglich das Odeur des Verbotenen. Wenn um die letzte Jahrhundertwende die Herren noch außer sich gerieten und zu sabbern anfingen, weil sie den Knöchel einer Dame erblickten, macht sich heute nicht trotz, sondern wahrscheinlich weil wir täglich Kopulationen en gros und en detail betrachten können, große sexuelle Müdigkeit breit. Noch nie wurde sich sowenig heterosexuell gepaart wie in den letzten zwei Jahrzehnten unseres Jahrhunderts.

Eben deshalb gibt es die blaue Pille. Und während manche Mutti verstört und verärgert die neue Unruhe im Karton registriert, gibt es Hetären, die wollen auch Viagra schlucken.

„Ich finde, daß wir Frauen auch ein Recht auf so ein Ding haben. Bei der allerersten Viagra-Dosis vibrierte meine Vagina förmlich. Bombiger Sex!" meinte eine New Yorkerin.

Die Zeitschrift, die diese Erfahrungen publizierte, bezeichnete sie als „Viagra-Entjungferung". In der Talk-Show von Oprah Winfrey berichteten Frauen von ihren Erlebnissen mit einer Testosteron-Creme, die, auf die inneren Schamlippen aufgetragen, das sexuelle Verlangen wieder wecken sollte. Die Testpersonen, bis dahin sexuell wenig interessierte Ehefrauen, wurden von ihrer sexuellen Lust förmlich überrollt. Das Problem war, daß die Creme ein Placebo war. Etwas, das alles mögliche enthielt, aber weder Testosteron noch ein Aphrodisiakum. Mit Viagra steht es nicht viel besser. Die Pille macht nicht geil, sondern verschafft Erektionen. Sexualprobleme sind Probleme mit Sinnlichkeit und Lust. Die hat eine aus vielerlei Gründen, aber sicher nicht in Ermangelung von Durchblutung im Beckenbereich. Es ist nicht möglich, Lust zu schlucken, und eine langweilige oder miese Beziehung läßt sich damit auch nicht zum Funkeln bringen. Oder wie eine Wiener Frauenärztin es audrückte: „Einen Mann, den eine nicht will, kann sie sich mit Viagra nicht schönschlucken."

Unser wichtigstes Sexualorgan ist unser Hirn. In dessen Nutzung gibt es einen Unterschied zwischen Männern und Frauen. Ein österreichischer Urologe hat es auf den Punkt gebracht: „Das sexuelle Verlangen der Frau kommt noch immer aus dem Großhirn. Ihr Lustempfinden hängt stärker als beim Mann von emotionalen Komponenten ab. Der Mann ist da weitaus einfacher gestrickt."

Unser Hirn ist auch der Ort, an dem Phantasien produziert werden, und davon haben Frauen nicht zu knapp, wie inzwischen bekannt ist. Shere Hite und Nancy Friday kommt das Verdienst zu, in den siebziger Jahren sexuelle Phantasien von Frauen in größerem Umfang gesammelt und publiziert zu haben. Wenn wir uns die anschauen, machen wir eine interessante, aber wenig überraschende Erfahrung. Da ist alles vertreten, was wir auch von den sexuellen Phantasien von Männern kennen.

Erotik ist also Männer-Ursache, aber nicht reine Männersache. Seitdem das bekannt ist, gibt es auch Erotik-Messen in Frauenzentren. Wenn eine da hindurchwandert, stellt sie dasselbe fest wie beispielsweise in Nancy Fridays Phantasie-Report: Dildos, überall Dildos. Ob Hetera, ob Lesbe – Frauen haben den Phallus im Zentrum ihres Interesses.

Nun muß eine Frau in meinem Alter in bestimmten Dingen vor sich selbst auf der Hut sein. Zumindest bin ich nicht mehr die, die den Finger am Puls der sexuellen Moden hat. Andererseits ist so ein Penis ja eher etwas Zeitloses. Darum bleibe ich dabei, daß da etwas nicht stimmt. Ich will dahingestellt sein lassen, wie es die Heteras damit halten; was die Lesben angeht, setze ich dem die Beschreibung entgegen, mit der Djuna Barnes im „Ladies Almanach" eine der größten Liebhaberinnen unseres Jahrhunderts beschrieb, Natalie Barney, die mehr Frauen eroberte und ihre Herzen brach als Casanova und Don Juan zusammen.

„Zu der Zeit nun, von der ich schreibe, war sie zu einer kundigen, gewitzten Fünfzigerin geworden, und wenngleich von untersetztem Wuchs und keineswegs erfreulich anzuschauen, war sie doch sehr begehrt und so berühmt für ihr Genie, was sie nur in die Hand nahm, dem Gipfel zuzuführen, und weithin so geschätzt für ihre Zungenfertigkeit, daß sie es schließlich bis zur Ruhmeshalle brachte, wo seelenruhig sie neben einer Venus stand..." Nix Dildo, nix Strapse. Unplugged sozusagen. Da zeigt sich wahre Kunst und Kreativität.

Das waren unsere Großmütter. Sie lebten und vergnügten sich, als die Großväter sich mit erotischen Filmchen und heimlichen schwulen Spielchen im Herrenzimmer antörnten, während sie die erheirateten Damen im Salon bei Orangenlikör und heißer Schokolade sicher verwahrt wähnten. Mich, eine heutige Großmutter, prägte meine Zeit mit dem Slogan „make love not war". Heutige junge Frauen, noch nicht meine Enkelinnen, aber doch einer anderen Zeit angehörig, leben mit Aids und Phantasien, die aus Inszenierung, Ritualisierung, Projizierung und Fixierung bestehen. Sie sind sich selten bewußt, was der Unterschied zwischen einer sexuellen Phantasie und einer erotischen Obsession ist.

Auch hier haben wir das Problem, daß wir zuerst durchsetzen mußten: Es ist alltägliche Selbstverständlichkeit, daß auch Frauen Lust und Phantasien, sexuelle Phantasien haben und Obsessionen kennen – quasi auch hier der Kampf, als *homo sapiens* anerkannt zu werden. Da aber sind wir nun stehengeblieben.

Die auf diese Weise hergestellte Gleichheit hat am Ende dazu geführt, daß Frauen es für einen Ausdruck von Selbstbewußtsein halten, wenn sie gezielt und bewußt in die SM-Varianten der Erotik einsteigen. Daß es das gibt, ist unbestritten. Daß es in den Bereich frei gelebter Sexualität gehört, ist mehr als fraglich.

Mary Daly zitiert in „Reine Lust" einen gewissen Stoltenberg: „Um zu glauben, daß Beziehungen zwischen Sadisten und Masochisten befreite Beziehungen sind, müßte man glauben, daß Verachtung gleich Zuwendung ist, Demütigung gleich Achtung und Brutalität gleich Zuneigung und daß Sklaverei Freiheit ist. Die Tatsache, daß viele Frauen das glauben, ist ein Zeichen für das Ausmaß, in dem Männer das Bewußtsein von Frauen zerstört haben."

Frauen gedeihen nicht auf dem Boden von Erniedrigung. Vielleicht können Männer nicht nur damit leben, sondern damit auch glücklich werden, ich weiß es nicht. Mittlerweile verstehe ich viel zuwenig von ihnen, um das beurteilen zu wollen. Es scheint, daß die Spermien-Mentalität zumindest Vorschub leistet. Wer weiß, vielleicht gibt es so etwas wie Freude an hierarchischen Strukturen. Immerhin, die Wüste lebt.

Da sind wir nun stehengeblieben. Von hier will ich dich weiterführen; aus der Wüste heraus, durch das tiefe Wasser in das Land, wo Milch und Honig fließen, ein Synonym für kreative sinnliche Lebensenergie. Deine Obsessionen kannst du nicht mitnehmen. Wenn du versuchst, sie zurückzulassen, wirst du feststellen, daß sie dich verfolgen. Das ist nicht nur ein sicherer Beweis dafür, daß es sich um Obsessionen handelt, sondern der Grund, warum der Wechsel von der Geilheit zur Lust keine simple Grenzüberschreitung ist, wie die Reise von einem Land in ein anderes. Deshalb liegt zwischen der Wüste und dem Paradies das tiefe Wasser, aufwühlend und reinigend, dunkel und unbekannt oder auch tief und beängstigend.

Die Wirklichkeit ist in Wahrheit viel aufregender als jedes erotische Ritual.

# ZYKLUS KLINGT SO KRANK

*Wie frau sich ihren Körper zurückholt*

Es gibt nichts Wirklicheres als den eigenen Körper. Für die meisten Frauen unseres Kulturkreises – ich behaupte: für praktisch alle – ist das eine ziemlich betrübliche Wirklichkeit. Frauen fühlen sich traditionell im eigenen Körper nicht sonderlich wohl.

Ich habe einmal in einem Seminar, das sich mit dem weiblichen Selbstwertgefühl befaßte, die Frauen gebeten, zu beschreiben, was ihnen an ihrem Körper gefällt. Nach dem, was die Teilnehmerinnen benannten, saßen da ziemlich kurios nur einzelne Körperteile herum. Die eine fand ihre Augen und Füße schön, eine andere ihre Beine und das Gesicht undsoweiter. Sie alle waren objektiv gesehen schöne, gesunde junge Frauen. Daran lag es also nicht. Ihr Ideal von der eigenen Schönheit richtete sich nach Vorstellungen, die vielen äußeren Einflüssen unterlagen. Das finde ich noch nicht einmal das Bestürzendste daran. Wirklich bestürzend ist, daß es Frauen möglich ist, den eigenen Körper zu beurteilen, als ob er ihnen fremd ist, ihnen gar nicht gehört.

Und in der Tat, Frauen im Patriarchat gehört der eigene Körper nicht. Das ist eine der Möglichkeiten, sie im Griff zu behalten. Warum das für notwendig erachtet wird, liegt auf der Hand. Männliches Leben im Patriarchat bedeutet, viel Zeit im Kampf um Selbstbeherrschung zu verbringen, während der weibliche Teil der Menschheit seine Emotionen und tiefen Gefühle ziemlich nah an der Oberfläche lagert.

Ich bin überzeugt, daß die Vitalität weiblichen Lebens auf Männer beunruhigend und bedrohlich wirken muß. Da ist so vieles, was wir können und sie nicht. Vielleicht ist es ein daraus resultierender Minderwertigkeitskomplex, der sie dazu bringt, buchstäblich und im übertragenen Sinn ständig das Gerät zwischen ihren Beinen zu greifen und wichtig hin- und herzuschwenken. Ganz sicher aber muß der weibliche Körper beherrscht werden, denn die „Allwettermöse" – wie Erica Jong sie nennt – muß von der angsteinflößenden heiligen Pforte mit unkontrollierbarer sexueller Lustfähigkeit zu einem erträglichen, benutzbaren Objekt verkleinert werden.

Patriarchale Beherrschung und Inbesitznahme des weiblichen Körpers kann je nach Kulturkreis in entgegengesetzten Moralvorstellungen begründet sein. Während bei uns die Beherrschung darin besteht, daß weibliche Körper nackt immer und überall allen Blicken preisgegeben sind, ist es in den islamischen Ländern die strenge Verhüllung weiblicher Körper. Ausschlaggebend ist, daß es nicht aus dem artikulierten Interesse der Frauen rührt, sondern zu Normen mutierter Männerwille ist.

Die Erfahrung, daß mein Körper mir nicht gehört, machte ich bewußt zum erstenmal im Alter von neun Jahren. Es war der Augenblick, als ich zum erstenmal sexuell mißbraucht wurde – ein Augenblick größter Einsamkeit. Er bedeutete das Ende meiner Kindheit und meines Vertrauens in den Zauber der Wirklichkeit.

Ungefähr zur selben Zeit erhielt ich Schwimmunterricht, und für die Erwachsenen völlig unerklärlich weigerte ich mich, schwimmen zu lernen. Ich entwickelte eine große Abneigung gegen unbekannte Gewässer, und dazu zählte ich alle, die tiefer und größer als eine Regenpfütze waren. Gleichzeitig erhielt meine tiefe Liebe zum Meer eine verzweifelte Beimischung unerfüllbarer Sehnsucht, die nur eine verstehen kann, die einmal in einer hoffnungslosen, unerfüllbaren Liebe versunken ist.

Diese Ambivalenz zum Wasser und zu allem, was Wasser bedeutet und symbolisiert, ist geblieben. Es steht für den gesamten Bereich der Gefühle. Sie halten uns mit dem Leben verbunden, leiten uns durch das Leben, und ihre hauptsächliche Botschaft lautet: Du lebst. Fühlen, sinnliche Wahrnehmung ist die lebensnotwendige Verbindung zwischen Körper und Seele/Geist. Du kannst nur fühlen, wenn du ein Körper bist.

Im Wechselspiel zwischen Dasein und Bewußtsein ist dieses Stück verdichtete Materie, die unser Körper darstellt, alles, was wir haben. Unser Königinnenreich, unser Tempel, unser Paradies. Übergriffe, Grenzverletzungen und Beherrschung durch Fremde führen dazu, daß die sinnliche Wahrnehmung mit Angst besetzt ist, von Gefühlen der Unsicherheit begleitet und häufig genug Verwirrung über die innere und äußere Welt erzeugt.

Der Mißbrauch wiederholte sich, und auch die Einsamkeit blieb. Ich lernte zu schweigen. Ich lernte zu ertragen. Ich lernte zu verdrängen. Aber ich lernte noch mehr. Damals wußte ich noch nicht, daß es zu meinem Wesen gehört, nachtragend zu sein. Beinahe kühl, wie ich immer werde, wenn ich etwas Unverzeihliches erlebe, entwickelte ich ein gut funktionierendes Gedächtnis. Ich verdrängte, aber ich vergaß nie. Statt dessen schaute ich genau hin. Das ist bis auf den heutigen Tag so geblieben.

Ich lernte, daß die Enteignung meines Körpers nicht auf den sexuellen Mißbrauch beschränkt blieb. Da waren viele, die Besitzansprüche hatten. In der Kindheit machen wir zahllose Erfahrungen, daß wir nichts als ein Objekt für andere sind und niemand sich jemals Gedanken darüber macht, ob Kinder Demütigung empfinden und wobei.

In meiner Erinnerung gibt es ein derartiges Ereignis, das gerade wegen seiner Banalität zeigt, wie gewöhnlich ein Übergriff ist und wie er sich auswirkt. Eines Abends, als ich dabei war, zu Bett zu gehen, saß eine Nachbarin bei meiner Mutter in der Küche. Ich muß etwa sieben oder acht Jahre alt gewesen sein. Im langen weißen Flanellnachthemd sagte ich meiner Mutter gute Nacht und gab ihr ein Bussi. In dem Augenblick, als ich mich umdrehte, um den Raum zu verlassen, griff die Nachbarin nach meinem Nachthemd und riß es hoch. Dann lachte sie schallend darüber, daß ich nichts darunter trug. Wäre ich erwachsen gewesen, hätte ich sie niedergeschlagen. Da ich aber ein kleines Mädchen war, rannte ich beschämt und wütend aus der Küche.

Menschen grapschen nach Kindern, berühren sie, als wenn sie Puppen wären und keine Würde besitzen. Mit Tieren, z.B. meinen Hunden verfahren viele nicht viel besser, und auch das erzählt davon, daß patriarchale Gesellschaften keinen Respekt vor der

Aura anderer Lebewesen kultivieren. Es ist ebensowenig wie sexueller Mißbrauch oder körperliche Mißhandlungen von Kindern Ausdruck unterentwickelter Barbarei, sondern patriarchale Machtpolitik.

Gewalterfahrungen in der Kindheit sind zahlreich. Vielfach sind sie so erschreckend in ihrer Brutalität und Lieblosigkeit, daß es die Vorstellungskraft vieler übersteigt. Wir sind immer geneigt, sie als Ergebnis persönlicher Tragödien zu werten. Da wird hier ein Kinderporno-Ring ausgehoben, dort ein Serientäter verhaftet, hier hört man ein Kind nach Prügeln weinen, dort sehen wir eine kindliche Seele in Lieblosigkeit erfrieren. Millionen von Einzeltätern und kein Zusammenhang?

Eine mindestens ebenso nachhaltige Erfahrung der Verlorenheit im eigenen Körper war der Augenblick, als ich mit neunzehn Jahren erfuhr, daß ich schwanger sei. Noch bevor auch nur irgendein Gynäkologe mich als Arbeitsgebiet benutzte, wurde ich mir meiner Unwissenheit über das, was da auf mich zukam, bewußt und hatte tiefe Empfindungen von Machtlosigkeit. Ich war froh und erleichtert, einen erfahrenen Gynäkologen zu haben, der sich mit Schwangerschaften und Geburten auskannte. Nicht eine Sekunde dachte ich darüber nach, daß ich dabei war, von einem Nichtschwimmer das Schwimmen zu lernen. Statt dessen hielt ich mich für eine aufgeklärte, verantwortungsvoll handelnde Frau.

Zur Geburt begab ich mich in ein Krankenhaus. Im Kreißsaal arbeiteten sich Ärzte und Hebammen an mir ab. Ich lag wie ein Käfer auf dem Rücken und hoffte, daß sie etwas von ihrem Beruf verstünden. Alles, was ich über Geburten wußte, war, daß in den Filmen immer dann, wenn die Preßwehen begannen, jemand angeschrien wurde, Handtücher und heißes Wasser zu bringen. (Bis heute weiß ich nicht, was die damit eigentlich machen.) Selbstverständlich hatte ich zwar eine Menge über Schwangerschaft und Geburt gelesen und mich brav mit Schwangerschaftsgymnastik auf den großen Moment vorbereitet, aber ich war in Wahrheit völlig ahnungslos. So ahnungslos, wie eine nur sein kann, wenn sie vollkommen von sich selbst und ihrem Körper entfremdet ist. Die Entfremdung drückte sich darin aus, daß ich fraglos bereit war, anderen eine größere Autorität über meinen Körper einzuräumen als mir selbst.

Wie in „Macht und Magie" erwähnt, leben wir in dem Wahn, einen Körper zu haben. Authentisch sind wir aber erst, wenn wir akzeptieren, daß wir ein Körper sind – Königinnen, Priesterinnen unseres eigenen, einmaligen Lebens. Wir selbst sind das Paradies und seine Bewohnerin, und unser Körper ist der Garten, in dem alles blüht und den Gezeiten zyklisch folgt.

Ich erinnere mich noch gut an die Art, wie mein Gynäkologe das Wort Zyklus aussprach. So irgendwie mit spitzen Zähnen. Es klang wie eine Krankheit, eine Art von Behinderung. Das Ganze war unterlegt mit einer unterschwelligen Schwingung, die zum Ausdruck brachte, daß ich froh sein könne, einen Fachmann vor mir sitzen zu haben. Ich glaubte ihm ebenso wie seinerzeit meinen „lebenserfahrenen" 68er-Kumpels. Neidisch betrachtete ich Männer mit ihren unproblematischen Körpern, die immer gleichmäßig funktionierten.

Vollends zum Problem wurde mir mein Körper im Zusammenhang mit der Verhinderung von Schwangerschaft. Die monatlich auftretenden Blutungen erlebte ich als eine Art Zählwerk. In einer Welt, in der alles leicht und unangestrengt zu sein hatte, fühlte ich mich mit meinem zyklischen Frauenkörper manchmal so rückständig steinzeitlich wie eine eierlegende Echse.

Bevor es die „Pille" und die „Spirale" zur Verhütung gab, waren Frauen auf den „coitus interuptus", Temperaturmessen, Diaphragma, Kondome und so unappetitliche Dinge wie Scheidentabletten angewiesen. Pille und Spirale machen es leichter, den zyklischen Körper an das lineare Leben in einer spermazentrischen, das heißt zielorientierten Welt anzupassen, aber sie stellen erhebliche Eingriffe in den Hormonhaushalt dar. Wenn ich mir vorstelle, daß die Spirale eine permanente Form künstlicher erzeugter Entzündung darstellt, läuft mir eine Gänsehaut den Rücken hinunter. Das war die Zeit, als ich es ärgerlich fand, eine Frau zu sein.

Inzwischen haben wir Geburtshäuser, in denen Frauen ihre

Kinder im Wasser oder tanzend auf die Welt bringen können. Unser Körper gehört uns trotzdem noch immer nicht. Für wen oder welche machen wir uns eigentlich zurecht, wenn wir uns „verschönern"? Was beabsichtigen wir mit Make-up-Schichten, gelifteten Brüsten, entfernten Gebärmüttern, gestylten Wangenpartien, gepiercten Schamlippen?

Die große Macht der Frauen wird nirgendwo so sehr in Frage gestellt wie in allen Fragen von Schwangerschaftsabbruch, über den Frauen die alleinige Entscheidung haben müssen, aber nicht haben. Es geht dabei um viel mehr als nur um Querelen über rechtliche Regelungen, das Ganze hat eine Menge damit zu tun, daß wir uns schminken, liften, operieren und piercen lassen. Davon betroffen sind auch alle Frauen, die keine Kinder wollen und deshalb gar nicht erst schwanger werden, denn mit Kindern und Mutterschaft hat das gar nichts zu tun, sondern mit dem Bild von Weiblichkeit, und wer bestimmt, wie es zu sein hat und über welche Macht Weiblichkeit verfügen darf.

Das alles dient dazu, daß Frauen niemals in ihrem Sein wirklich ankommen dürfen. Wie ich in „Die wilde Frau" geschrieben habe, werden Mädchen von Geburt an daran gehindert, weiblich zu werden. Ich könnte auch sagen, gefährlich zu werden – oder eigenmächtig – oder autark – oder authentisch. Es geht um die Macht über die Liebe, das Königinnen-Prinzip des Lebens.

Die dennoch wilden Mädchen wurden – werden – spätestens mit Beginn der Pubertät domestiziert und ihrer wahren Vitalität beraubt. Aus ihnen werden kichernde Teenies, biegsam im wahrsten Sinn des Wortes. Junge Mädchen nehmen häufig eine labile und verwundene Körperhaltung ein, die erkennen läßt, daß sie nicht mit beiden Beinen fest auf der Erde stehen und leicht aus dem Gleichgewicht zu bringen sind. Viele verbleiben auch als erwachsene Frauen in dieser Zurücknahme von Körperlichkeit mit eng am Körper gehaltenen Armen, verschränkten Händen, verknoteten Beinen. (Gitta Mühlen Achs, „Geschlecht bewußt gemacht")

Besonders dramatisch wird es, wenn Frauen dem patriarchalen Wunsch, sowenig Frau wie möglich sehen zu wollen, dadurch nachkommen, daß sie sich zu Tode hungern, weil sich in ihrem Kopf die Vorstellung festgesetzt hat, zu dick zu sein. Anorektische Frauen folgen in morbider Konsequenz einem Schönheitsideal, das wir alle akzeptieren. Die letzte Konsequenz dieses Schönheitsideals ist die Bekämpfung des weiblichen Körpers, also die Bekämpfung von Sinnlichkeit, denn die Ablehnung von Nahrung steht in enger Verbindung mit der Ablehnung sexueller Lust. Das soll nicht bedeuten, daß freßsüchtige Frauen auch lustvolle Frauen sind. Freßsucht ist nur die andere Seite der Entsinnlichung durch Magersucht. Es bedeutet, daß Lust stets alle Sinne erfaßt. Wenn sie gestört ist oder fehlt, betrifft eben auch das alle Sinne.

Was Frauen, die nicht in ihrem Sein angekommen sind, fehlt, ist *Pride*. Das ist mit dem deutschen Wort Stolz nicht ganz umfassend übersetzt. Stolz könnte noch mit Hochmut gekontert werden, um Frauen wieder in die Knie zu zwingen. *Pride* jedoch enthält die Erdung einer Frau, die gerade und harmonisch balanciert, in fließenden Bewegungen geht und atmet und, egal wo sie sich befindet, ihren Raum mit Präsenz und Selbstsicherheit einnimmt. Diese Geradheit und Erdung habe ich in Begegnungen mit Afrikanerinnen kennengelernt, die mir gezeigt haben, daß es keine Frage ebenmäßiger Schönheit ist, sondern aus der Akzeptanz des eigenen Körpers kommt. Darin ist ein selbstverständlicher Ausdruck von Lebensfreude, der es nicht nötig hat, sich demütig bei der Schöpferin für das geschenkte Leben zu bedanken noch künstlich in Wichtigkeit aufzublasen.

*Pride* bedeutet, nur die eigenen Maßstäbe gelten zu lassen. Das ist für viele Frauen deshalb schwer, weil – sie denken Hälfte und handeln Hälfte – sie nicht zu gewinnen wagen, solange es bedeutet, daß jemand anders verliert. Der Wahnsinn, der in dieser Hemmung liegt, ist ebenso offensichtlich wie zuweilen unüberwindlich. Jedoch ist dieser Schritt in das eigene Zentrum lebensnotwendig. Er bedeutet: Frausein ist keine Krankheit, und zyklisches Leben ist das Normale. Es ist so normal, daß mittlerweile sogar Männer sich so etwas wie einen Wechsel zusammenbasteln. Obwohl es so normal ist, wissen wir nicht viel darüber, weil wir unsere Sinne nicht beisammen haben.

Mit dem Begriff Zyklus verbinden wir üblicherweise gerade mal eben den der Jahreszeiten und den weiblichen, wobei wir uns auf den menstruellen Zyklus beschränken. Wir bewegen uns aber in mehrfachen Zyklen, und sie sind allesamt sinnlich zu nennen.

Es dauerte viele lange Jahre, bis mir etwas auffiel. Es gibt Erkenntnisse, die erfährt eine blitzartig wie einen Orgasmus, andere rollen heran wie eine Meereswelle und überfluten dich wieder und wieder, bis sie eines Tages dein Bewußtsein so saubergewaschen haben, daß du es plötzlich und in aller Klarheit weißt. In diesem Fall war es eher eine Frage von Ebbe und Flut, bis ich verstand, und das war kein Zufall, denn was da aus dem dunklen Untergrund vergessener Gefühle an die Oberfläche kam, war das Wissen um die Wirklichkeit zyklischen Lebens. Wenn Frauen zyklisch leben, bedeutet das nicht nur, daß sie durch einen monatlichen Zyklus laufen, sondern es ist eher wie das Drehen einer Spirale in einer Spirale in einer Spirale. Der Monatszyklus dreht sich im Jahreszyklus, und der dreht sich im Lebenszyklus.

Eine kann eben nicht sagen: „Ich habe meine Zeit", wenn sie menstruiert, sondern alles hat seine Zeit, und nur, wenn wir ihr neugierig, offen und wachsam folgen, fließen wir mit dem Strom der Liebeskräfte. Wir sind keine Lachse, drum macht es keinen Sinn, sich flußaufwärts zu kämpfen. Auch Biber sind wir nicht, die an der Idylle bauen. Unser Weg ist es, den Weg von der Quelle durch den Bach in den Fluß ins Delta und hinaus ins offene Meer zu schwimmen, dorthin wo die größten Gefühlsexperten wohnen, die die Erde hervorgebracht hat: die Delphine. Sie sind das Ur-Symbol der sinnlichen Frau. Matriarchal in Tantengesellschaften lebende Tiere mit einem hochentwickelten Sozialsystem. Verspielte Naturen, die sehr kämpferisch sein können, wenn es darauf ankommt.

Die erste Klarheit darüber, wie sehr alles seine Zeit hat, erhielt ich in der psychischen Arbeit mit einer Frau, die zu mir gekommen war, um zu lernen, und mich dabei einiges über Frauen lehrte. Sie war eine meiner Klientinnen und beklagte sich über sexuelle Unlust und Angst, die sie kurz nach ihrer Heirat zu quälen begannen. Da sie katholisch und entsprechend gehemmt war, nahm ich anfänglich an, sie hätte die körper- und liebesfeindlichen Botschaften ihrer Religion so sehr verinnerlicht, daß es ihr deshalb nicht möglich war, ihrem Mann, den sie sehr liebte, sexuell zu begegnen. Zwar war mir zu diesem Zeitpunkt meines Lebens bereits klar, daß der Begriff Frigidität eine patriarchale Benutzerenttäuschung bezeichnet, aber ich führte Gespräche mit ihr, die ihr helfen sollten, ihre Hemmungen langsam abzubauen, um ein Liebesleben zu führen, wie sie es sich wünschte.

Meine Therapeutinneneitelkeit gibt es nicht gern zu, aber damit lag ich völlig falsch. Meine Klientin bewies es mir eindrücklich. Ein Phantom-Scheidenpilz verurteilte sie endgültig dazu, für eine Weile keinen Sex zu haben. Ein Phantom war der Pilz deshalb, weil meine Klientin sämtliche Symptome einer Pilzerkrankung produzierte, ohne daß es einen Pilz gab.

Ich fühlte eine Erkenntnis-Welle heranrollen, aber mir war nicht ganz klar, worin genau die Erkenntnis bestand. Offensichtlich war, daß es um mehr ging als um christlich erzeugte Hemmungen vor der sexuellen Liebe. Ich stoppte also meine sanften Ermutigungen und ließ meine kleinen Schambremsen sein. Statt dessen überließ ich der Klientin die Führung und folgte den Wünschen ihres Körpers. Ich ermutigte sie, solange keinen Sex zu haben, wie sie wollte, und auf keinen Fall den Wünschen ihres Mannes nachzugeben, sondern genau darauf zu achten, was sie fühlte. Lust setzt Lust am eigenen Körper voraus. Um diese zuzulassen, ist es notwendig zu erspüren, was der Körper überhaupt will.

Nach circa drei Monaten berichtete sie mir, daß sie interessante Erfahrungen gemacht hatte, und zwar mit sich selbst. Ihre sexuelle Zurückgezogenheit schien auf sie eine vergleichbare Wirkung gehabt zu haben wie meine, was den Fleischkonsum anging. Sie hatte zu einer enormen Sensibilisierung geführt. So deutlich wie nie zuvor in ihrem Leben erlebte sie, wie es ist, wenn eine aus freien Stücken und ohne Erwartungen zu erfüllen, Lust fühlt. Das bedeutete nicht, daß sie bereit war, ihrem Mann sexuell zu begegnen, denn dieses Gefühl war nicht unbedingt genital zu lokalisieren und auch keineswegs rein sexuell zu nennen. Es bedeutete, daß sie begann, sich selbst und ihre Gefühle anders und deutlicher wahrzunehmen als jemals zuvor in ihrem Leben. Das war jedoch noch nicht alles. Sie stellte fest, daß ihre Lust sich wellenförmig über den Monat hinweg veränderte. Diese wellenförmige Bewegung hatte Einfluß auf ihr gesamtes körperliches Wahrnehmungsgefühl, sogar Einfluß auf ihr Schlaf- und Eßverhalten. Ein Umstand, den ich im übrigen auch bei meiner Sau Lupita beobachten kann. Lupita hat einen Zyklus von einundzwanzig Tagen, das heißt alle drei Wochen wird sie „bärig", wie das in der Region, in der ich lebe, genannt wird. Diese „Bärigkeit", ein Begriff, der sich von „Saubär" als Bezeichnung für das männliche Schwein ableitet, ist der Menstruation von uns Menschenfrauen vergleichbar oder besser noch dem Eisprung. Sie entwickelt dann nicht nur Verhaltensweisen, die als prämenstruelles Syndrom auch bei Menschenfrauen bestens bekannt sind (Nervosität, Unruhe, schlechte Laune, Zärtlichkeits- und Anlehnungsbedürfnis, Auf- und Umräumen ihrer Behausung etc.), sie surft in ihrer monatlichen Befindlichkeit auf Wellen unterschiedlichster Bedürfnisse.

Auf dem Höhepunkt ihrer Bärigkeit schläft sie kaum und ißt praktisch gar nicht. Sobald dieser Zustand abgeklungen ist, schläft sie sich erst einmal tüchtig aus. Dann kehrt langsam ihr Appetit zurück. In dieser Zeit wirkt sie entspannt und interessiert sich nicht viel für uns, die sie als ihre Mitschweine betrachtet und behandelt. Je mehr sie auf den Zustand der Bärigkeit zusteuert, um so geselliger wird sie und um so bedürftiger nach Zuwendung. Kurz vor dem großen Tag schläft sie vierundzwanzig Stunden hintereinander und scheint damit ihre Kräfte zu sammeln.

Der Vergleich mit meiner Sau ist keineswegs ein Anfall biologistischer Vermenschlichung tierischen Verhaltens. Ich halte die säuberliche Trennung zwischen Mensch und Tier sowieso für einen patriarchalen Hirnfurz, der letztlich dazu führt, daß wir vor der Schöpfung keine Achtung empfinden können, indem wir uns über sie erheben. Das, was ich an Verhaltensweisen der Menschenfrauen beobachten konnte, gibt mir recht. Zyklisches Leben beeinflußt weibliches Leben elementar.

Meine Klientin stellte fest, daß ihre Lebenslust etwa zwölf Tage lang intensiv sexuell gefärbt war. Den Rest des Monats ebbte die Welle ab, um dann langsam aus dem Tal wieder nach oben zu steigen. Im Wellental konnte es passieren, daß sie auf Zuwendung von seiten ihres Mannes geradezu ärgerlich reagierte, was ihr völlig unverständlich erschien, sobald sie auf dem Wellenkamm der zwölftägigen Liebeslust surfte. Dort oben war ihr das Essen nicht so wichtig, während es ihr im Wellental eine Art Erdung zu geben schien. Auch die Art der Speisen scheint sich im Wellenfluß des Monats zu wandeln.

Die Monatsspirale dreht sich in der Jahresspirale. Es ist naheliegend, nachzuvollziehen, daß die Qualität unserer Liebesgefühle sich nicht nur mit den Mondumläufen wandelt, sondern sich auf der Wanderung durch die Sonnenzeit das Jahr hindurch immer anders zeigt. Das Jahr wird von den vier Elementen Erde, Feuer, Wasser und Luft bestimmt, die wir den Jahreszeiten zuordnen können. Der Frühling gehört dem Element Luft, der Sommer dem Feuer, Erde ist im Herbst präsent und Wasser im Winter.

Die Liebeskraft und Lebenslust wandert von einem Element ins nächste, was sich bei jeder Frau anders zeigen kann, und doch gibt es Gemeinsamkeiten. Keineswegs laufen die Zyklen der jährlichen Lebenslust so ab, daß eine sie wie ein Rezept betrachten kann. Wesentlicher ist, damit zu beginnen, sich selbst zu beobachten, um die eigenen Wellen und ihre Qualität zu erfahren.

Die Eigenschaften, die den vier Elementen zugeordnet werden, sind, wenn wir bei den Liebesdingen bleiben, erhellend für den Zyklus weiblicher Liebesenergie. Das Element Luft, das für den Frühling steht, ist eine Kraft, die die Haut berührt. Luft steht für Liebeslieder, die mit dem Atem in die Welt geschickt werden. Es bedeutet Ausdehnung, fliegen können, Entdeckung, Austausch, Kommunikation. Es kann bewegt, sogar stürmisch sein oder von intensiver Stille, wie ich sie von windstillen, milden Frühlingsnäch-

73

ten am Mittelmeer kenne. Es gibt den Eiseshauch des Nordwinds. Es gibt spannungsgeladene Luft vor dem großen Gewitter, Blitz und Donner und plötzlichen Sand- oder Schneesturm. Wenn es Sommer wird, beginnen die Feuerkräfte zu wirken. Die Kraft des Feuers ist unruhig, hitzig und immer in Bewegung. Feuer ist weder Materie noch Geist, darum gleicht es dem Tanz. Das kann ein Tango sein, eine wilde Samba oder der vibrierende Bolero. Dabei geht es nicht um den buchstäblichen Tanz, sondern um das Lebensgefühl, das jeweils darin symbolisiert ist. Feuerkraft kennt glühende Sonnenuntergänge und die Kälte erloschener Asche. Feuer ist Verlangen, Begehren und Verglühen.

Die Kräfte der Erde, die für die Zeit stehen, die wir Herbst nennen, sind ruhig, solide und repräsentieren alles Körperliche. Sie sind eine Form der Wirklichkeit, die Verläßlichkeit, Gedeihlichkeit und Beharrlichkeit symbolisiert. Das kann manchmal eine ziemlich morastige Angelegenheit sein, die dich festhält und am Fortkommen hindert. Aber auf der anderen Seite bedeutet sie auch Zugehörigkeit, Wachstum und stundenlanges faules Herumlümmeln wie es nur eine Herde satter Löwinnen kann. Erdkräfte bedeuten Ernte, Nahrung, Sicherheit durch ein Dach über dem Kopf.

Die Kräfte des Wassers sind Symbol für Kommen und Gehen wie Ebbe und Flut. Sie stehen für Tiefe und Unergründlichkeit. Es geht um Fließen, Strömen, reines Gefühl. An der Quelle steht es für Hoffnung, in den Bachläufen für neugieriges Erfassen. Die ruhigen Wasser und die Stromschnellen, die überfluteten Auen und die brackigen Delten, die weiten Meere, brechendes Eis und tobende Fluten stehen für die Vielfalt der Emotionen, die alle mit den verschiedensten Situationen unseres Lebens verbunden sind.

Der Ablauf des zyklischen Jahres muß nicht immer mit den tradierten Vorstellungen konform gehen. Wenn rund um mich alles die besinnliche Zeit beschwört und Bilder von stillem Kerzenlicht, duftendem Tannengrün und knackendem Kaminfeuer imaginiert, ist mein ganzes System darauf aus, Parties zu feiern. Ich könnte mich den ganzen November und Dezember Nacht für Nacht in schrägen Discos und auf rasenden Clubbings herumtreiben und austoben. Dann mutierte ich zur schwarzen Wölfin und bräche täglich fünf Herzen, wenn es nicht so anstrengend wäre. Im Januar, wenn die rauschende Ballsaison beginnt, bin ich wieder bei Sinnen, und Ratio, die Göttin der Vernunft, regiert mich. Kein Flirt könnte mich dann reizen, und Liebesdinge spielen keine besondere Rolle mehr. Kommt Fasching/Karneval herbei, fühle ich mich von dieser Art Frohsinn nur belästigt. Mein Wölfinnenpelz hängt mottensicher im Schrank. Februar bis März ist eine Zeit, in der ich mit Gefühlen von Traurigkeit und Abschied lebe. Es ist die Zeit des großen Aufräumens, und meine Lebenslust wird häufig davon gelähmt, Geduld haben zu müssen. Ich schwelge in Erinnerungen und staube alte Lieben ab. April und Mai ist die Zeit, in der ich alle Qualitäten des Luftelements spüre, während die Feuerzeit, die mich im Juni und Juli noch bezauberte, jeden August mich zu langweilen beginnt. September und Oktober sind für mich Monate, die vor allem meinen Gesichtssinn ansprechen. Stundenlang kann ich den Einfall des Sonnenlichts durch ein Fenster beobachten und die Muster von Spinnweben verfolgen, in denen sich der Morgentau gefangen hat. In diesen Zeiten gehe ich im Anblick einer anmutigen Halslinie verloren und bestaune den Schimmer auf dem Haar meiner Liebsten, wenn der Sonnenuntergang die Schatten der Bäume auf die Hauswand wirft.

Der Jahreskreis, den Frauen mit den großen acht Frauenfesten zelebrieren, dreht sich im Lebenskreis, der zum einen die drei großen Lebenszyklen der Amazonenzeit, der Zeit der Mutterkraft und der weisen Alten kennt, wie ich sie in „Macht und Magie" ausführlich beschrieben habe. Der Lebenskreis kennt aber auch den Zyklus der Septaden, der darauf beruht, daß sich alle sieben Jahre unser Bewußtsein grundlegend weiterentwickelt und das Leben uns vor gänzlich neue Aufgaben stellt. Diese Septaden habe ich eingehend in „Der weise Leichtsinn" beschrieben.

Eingewoben in diese beiden Drehkreise zieht sich der Zyklus der Liebeslust, der mit Einsetzen der Pubertät den Tanz der Hormone beginnt. Interessanterweise sind Frauen zu dem Zeitpunkt, zu dem Männer sexuell am aktivsten und leistungsfähigsten sind, keineswegs so interessiert daran. Junge Amazonen sind verliebt in die Entdeckung und sehnen sich nach Grenzenlosigkeit. Woran sie wirklich interessiert sind, ist der Zauber der Wirklichkeit, der auch Sexualität beinhaltet, aber ein viel weiteres Land darstellt.

Ich habe mit vierzehn Jahren den Hauch der Verheißung gespürt und bekomme noch heute Herzklopfen, wenn ich mich an die Intensität erinnere, mit der ich ein Wunder herbeisehnte, wobei mir nicht ganz klar war, worin das Wunder bestehen sollte; nur daß es das geben würde, davon war ich fest überzeugt; ebenso wie ich wußte, daß die große Lust am Wunder in der aktiven Suche danach bestand und nicht im passiven Erwarten. Heute, im Rückblick, bin ich froh, daß der Mißbrauch meine Seele nicht hat umbringen können. Die Wirklichkeit der Schöpfung war stärker als die Kräfte der patriarchalen Zurichtung.

Sexualität bekommt erst jenseits der Dreißig, wenn eine Frau den Saturn-Return heil überstanden hat, eine große Bedeutung und kann Stadien der Intensität erreichen, die immens sind, und das bleibt bis Anfang der Vierzig so. Danach ebbt die Welle langsam wieder ab, bis sie nach dem Wechsel wieder herangerollt kommt und ab Mitte der Fünfzig sich zu einer ganz besonderen Fähigkeit von Sinnlichkeit und Emotionalität wandelt, die vom Leichtsinn der Weisheit gewürzt ist; eine Lust, die am besten mit dem Begriff Reichtum bezeichnet ist.

Die Rückeroberung weiblichen Territoriums schließt die Rückeroberung unseres Körpers mit ein. Ja, im Grunde muß sie genau hier beginnen. Die Liebe zum Leben kann immer nur uns selbst mit einschließen, sonst hätte sie diese Bezeichnung nicht verdient.

Wie das ist, wenn eine in Liebe entflammt ist, werden wir sehen.

# KÖRPER, SEELE UND GEIST IN FLAMMEN

*Lust statt Geilheit, Freiheit statt Verfügbarkeit,*
*Liebe statt Leidenschaft*

Die Rückeroberung des eigenen Körpers ist der Beginn einer ganz besonderen Liebesgeschichte. Diese Geschichte erlebst du zuerst mit dir selbst und dann mit dem ganzen Leben, oder du erlebst keine wirkliche Liebe im Leben. Niemals wirst du im Außen finden, was dir im Inneren fehlt – wenn du keine Liebe fühlen kannst, wird sie dir auch nicht begegnen. Dies gilt auch umgekehrt. Wenn sie dir nicht begegnet, liegt es vielleicht daran, daß du sie nicht fühlen kannst. Ich finde es nicht unbedeutend, daß wir viel Aufwand betreiben, um geliebt zu werden, aber wenig Aufmerksamkeit darauf verwenden, liebesfähig zu werden.

Eine Frau, die liebt, steht in Flammen. Sie leuchtet und strahlt, und ihr ganzes Sein ist davon erfaßt – Körper, Seele und Geist. Nicht jede mag sich in dem Bild von den Flammen wiederfinden. Einer anderen erscheint dieser Zustand vielleicht wie ein sprudelndes, sprühendes Bad im Meer. Noch eine andere erlebt ihn als glückseligen, vom Wind getragenen Flug durch die Luft oder als die Weite, die eine lange Wanderung über die Erde mit sich bringt. Das, was eine spürt, wenn sie liebt, ist der sogenannte *Flow*-Zustand – so wunderbar kann kein Gefühl der Welt sein, daß es nicht einen wissenschaftlichen Ausdruck dafür gibt.

Der *Flow*-Zustand ist eine Art Ganzheitsgefühl. „Dieser Zustand zeichnet sich dadurch aus, daß Handlung auf Handlung folgt, ohne daß die Handelnde dabei bewußt eingreifen müßte. Dabei ist kaum eine Trennung zwischen ihr und der Umwelt, zwischen Vergangenheit, Gegenwart und Zukunft zu spüren." So beschreibt Verena Kast diese kreative Lebensenergie. Sie ist nicht ganz mit der Verliebtheit zu vergleichen, die eher ein besonderer Ausnahmezustand großer Erwartung ist. *Flow* ist lichterlohes Bewußtsein. Die Energie fließt frei und ungehindert. Nichts blockiert sie, nirgendwo wird sie gestaut und zurückgehalten. Der Puls kann leicht erhöht sein. Eine spürt ihr Herz klopfen, der Atem geht tiefer, und die Verbundenheit mit der ganzen Welt wird als eine Art Beschwingung erfahren. In so einem Zustand werden große Werke geschaffen, Erleuchtungen erlebt, Töne getroffen, Bücher geschrieben, die wahren und echten Feste des Lebens zelebriert und gefeiert, wahrhaft geliebt und gelebt.

Dieses Gefühl hat derart großen Einfluß auf unser körperliches Befinden, daß sein Vorhandensein oder Fehlen mit der Zeit bestimmt, wie wir aussehen, welche Gestalt wir annehmen. Der Einfluß wirkt über die Motilität. Mit Motilität wird eine hochsensible Verbindungsbewegung zwischen Körper und Gefühl bezeichnet.

„Der Mensch besteht aus vielen Schichten: Haut, Sehnen, Muskulatur, Knochen, Organen, Flüssigkeiten. In einem kontinuierlichen Bewegungsmuster dehnt sich die Haut aus und zieht sich wieder zusammen. In einer Symphonie von Anpassungen ändern die Skelettmuskeln ihre Gestalt, um die Aufrechte beibehalten zu können. Im Wechsel der Druckverhältnisse schrumpfen die Knochen und dehnen sich aus. Organe sind eine dynamische Welle peristaltischen An- und Abflutens. Die Körperflüssigkeiten werden durch die Flexibilität der organismischen Pumpen vorangetrieben. Wir schwimmen im Strom einer Umgebung, die wir erschaffen. Wir erweitern uns, sammeln uns und dehnen uns erneut aus; so ist Motilität, innere Beweglichkeit zu verstehen... Sie ist ein innerer Fluß, der sich von den willkürlichen Bewegungen unterscheidet." (S. Keleman, „Verkörperte Gefühle")

Je nachdem, wie sehr wir nun Gelegenheit haben, in Berührung mit unserer kreativen Lebensenergie zu kommen, wird dieser innere Fluß fließen oder nicht.

Der Volksglaube, daß schöne Menschen auch glückliche Menschen sein müssen, rührt möglicherweise daher, daß wir unbewußt Kenntnis davon haben, wie einflußreich Gefühle auf das Werden unserer Gestalt sind. So sind wir wohl dazu gekommen, Menschen mit symmetrischer, ebenmäßiger Erscheinung zu verehren und vom Äußeren auf ihr Inneres zu schließen. Oder – falls wir zu den eher neidischen ZeitgenossInnen gehören – zu hoffen, daß sie wenigstens dumm und doof sind, wenn sie schon schön sind.

Tatsache ist, daß unabhängig von der äußeren Erscheinung ein glücklicher, liebender Mensch stets als schön empfunden wird. Dieses Glück ist nicht von äußeren Faktoren abhängig, sondern eine Frage des *Flow*-Zustands. In diesem kann sich eine erst befinden, wenn sie nicht in ihrem Lebensausdruck gehindert wird, so daß die Motilität ungehindert ihren eigenen, natürlichen Abläufen folgen kann.

Die Masche mit dem positiven Denken ist ein kläglicher Versuch, per Willen und dazu ziemlich eindimensional künstlich zu erreichen, was nur auf natürlichem Wege entstehen kann. Wohl kann eine denken: „Es geht mir täglich besser und besser", aber erstens bedeutet das, daß es ihr jetzt offenbar nicht so gut geht, was der positiven Wirkung entgegensteht, und zweitens hält die Wohltat nur so lange an, wie die Affirmation benötigt, gedacht oder gesagt zu werden. Die Künstlichkeit der Manipulation von außen ist die Grenze der Machbarkeit jeder Form von Therapie, insbesondere jeder Körpertherapie. Nichts wird damit wirklich dauerhaft in Fluß gebracht, denn die Staus und Blockierungen lassen sich auf diesem Weg nicht aufheben. Sie haben ihre Ursache in den gesellschaftlichen und politischen Umständen des Patriarchats.

Das bedeutet nicht, daß sie nur auf der politischen oder gesellschaftlichen Ebene aufgehoben werden können. Im Bereich des menschlichen Bewußtseins läßt sich da viel machen. Von der Lösung der Lebensenergie im einzelnen Menschen ausgehend läßt sich durchaus eine Umkehrung der gesellschaftlichen Liebesströme erreichen. Das ist nicht nur für diejenigen wichtig, die glauben, daß private Befindlichkeiten und Heilspraktiken nichts mit politischer Arbeit zu tun haben, sondern es ist auch ein Hinweis für die Therapie-Hopper, im wirklichen Leben anzukommen, sonst werden keine wirklichen Wandlungsenergien freigesetzt, das heißt neue Wirklichkeiten geschaffen.

Die den Zyklen ihres Lebens folgende Frau läßt es fließen. Sie macht damit Gebrauch von ihrem gesamten Liebespotential, indem sie allem seine Zeit gibt und sich erlaubt, alles sinnlich zu erfahren, was es zu erfahren gibt, anstatt zuverlässig und regelmäßig antizyklisch nach ungeprüften Vorgaben zu funktionieren, wie man es von ihr erwartet, weil Liebesleben im Patriarchat sich nun einmal so abspielt. Es ist ebensowenig möglich, immerzu glücklich zu sein, wie es unmöglich ist, immer geil zu sein, aber es ist möglich, immerzu im Flow-Zustand zu sein. Er kennt Höhen und Tiefen, Freude und Schmerz, Beginn und Abschied. Das alles ändert nichts am lichterlohen Bewußtsein. Es könnte sogar sein, daß alle Empfindungen tiefer gehen, als eine für möglich hält, und doch überlebt sie es leicht.

Das Geheimnis besteht darin, daß alles seine Zeit hat. Die Zyklen unseres Lebens entrollen sich in wiederholbarer und doch unwiederbringlicher Einmaligkeit. Jede Drehung ist also gleich und gleichzeitig anders. Frei fließende Liebe ist sich in aller Intensität jeden Stadiums der Entwicklung bewußt und wird kein Stadium überspringen, vermeiden oder beschleunigen wollen, nur um schneller ans Ziel zu kommen, denn Ziele gibt es in der Liebe nur für Spermien und ihre Träger.

Es gibt Verlangen, Begehren, Bedürftigkeit. Diese Gefühle drängen, kreative Liebesenergie will in eine ganz bestimmte Richtung fließen, die am besten mit Nähe, Berührung und Verbindung umschrieben ist und danach des Loslassens bedarf, um dem Rhythmus des Lebens zu folgen. Wenn statt des Loslassens das Streben nach eigener Auflösung entsteht und Wünsche nach Einssein auftauchen, können wir sicher sein, daß wir zu einer Symbiose unterwegs sind; ein höchst bedenklicher Zustand für alle, die älter als drei Jahre sind. Wann immer es also darum geht, ein Herz und eine Seele zu werden, ist höchstes Mißtrauen angebracht, denn der Ausstieg aus einmal eingegangenen Symbiosen ist langwierig und schmerzhaft.

Eine entflammte Frau ist sich dessen bewußt, daß der Augenblick des Entstehens von Verzauberung, Verlangen und Begehren genauso ausgekostet werden muß wie der Moment der Berührung, denn wenn die Berührung endlich da ist, wird der Augenblick des

Entflammens nie mehr zu erleben sein. Jede Liebesbegegnung –
und hier spielt die sexuelle Begegnung bewußt nur eine Rolle
unter vielen – ist von eigener Einmaligkeit. Jede Phase der Begegnung ist gleich wichtig.

Als ich meinen Verlegerinnen zum erstenmal begegnete, lag
etwas von derselben aufgeregten Neugier in der Luft wie damals,
als ich meiner Liebsten zum erstenmal entgegentrat. Ich habe es
ebenso empfunden, als ich zum erstenmal in k. d. langs Stimme
versank und vor vielen Jahren mein erstgeborenes Kind im Arm
hielt. Als sie alle dann in meinem Leben angelangt waren, hatte
sich die Kraft gewandelt und wird es weiter tun. Und weil jede
Wandlung das Vorhergehende vorübersein läßt, muß es bewußt
und intensiv erlebt werden, solange es da ist. So feiert die sinnliche
Frau das Leben, ohne daß sie sich dafür ein buntes Hütchen auf-
setzen muß oder es hohlen Ritualen opfert.

Wenn wir unsere Gefühle auf einen anderen Bereich verlagern,
sagen wir, auf Lust auf einen Capuccino, dann wird die Sache bei-
spielhaft klar. Ich kann in meinem Durst nach der Tasse greifen
und erleichtert das Gemisch aus Kaffee und Milch hinuntergulpen
und – ahh – fertig. Wenn ich aber im Bewußtsein meines Begeh-
rens die feingeschlagene Milch betrachte, ein wenig daran rieche;
langsam den Schaum vorkoste und dabei von der zarten Schokolade schmecke, bevor ich den ersten Schluck riskiere, der so
schmeckt wie keiner, der nach ihm kommt, dann habe ich nicht
nur den Capuccino und meinen Durst wirklich wahrgenommen,
sondern sinnlich geehrt.

„Vielleicht empfiehlt es sich, dem schäumenden Becher so langsam die Ehre anzutun, daß man es sich auch leisten kann", schrieb
Djuna Barnes in ihrem „Ladies Almanach" und meinte damit keineswegs einen Becher Kaffee.

Der Unterschied zu den funktionalisierten Beziehungen patriarchaler Machart besteht exakt in dem freien Fluß der Lebensenergie,
der nicht aufgehalten und blockiert wird und dadurch ganz von
selbst den zyklischen Entwicklungen folgt. Dieser Idealfall ist
wahrscheinlich keiner von uns möglich, die wir in patriarchale Le-

bensumstände hineingeboren wurden, welche uns mannigfaltige Blockierungen unseres Lebensausdrucks bescherten, bevor wir noch sprechen konnten. Erwachsen geworden stehen wir vor der Aufgabe, zu befreien und zu lösen, was begrenzt und eingeengt wurde, damit es endlich oder wieder fließen kann.

Es ist etwas da, das befreit werden kann und eines Tages wieder fließt, auch wenn es mancher Frau unwahrscheinlich erscheint. Dieses Etwas will ich als Liebespotential bezeichnen.

Das Liebespotential jeder Frau enthält die Möglichkeit zur Entfaltung, und zwar zu jedem Zeitpunkt ihres Lebens. Es ist bei jeder Frau unendlich groß, wenn auch nicht bei jeder gleich. Nicht nur die Jahreszyklen der Liebesenergie fließen mit den Kräften der vier Elemente. Es gibt Frauen, die sind von ihrer Mentalität eher Luftwesen, Feuergeister, Erdfeen oder Wassernixen. Entsprechend verschieden ist die Qualität ihres Liebespotentials.

Diese unterschiedliche Qualität schafft in der sinnlichen Verbindung mit anderen die verschiedensten emotionalen Wetterlagen. Ich denke da an Orkanstürme und Springfluten; Strandwanderungen und Heidespaziergänge; Feuerläufe und Vulkanausbrüche; sommerliche Kahnfahrten und Waldlichtungen im Morgengrauen. Womit und wie auch immer sich eine verbindet, es wird sich ihr Liebespotential auf immer neue und andere Weise entfalten.

Wie groß es aber sein mag, es bleibt so lange verschüttet, wie du dir deinen Körper nicht zurückgeholt hast. Ohne ihn hast du einfach keinen Ausgangspunkt. Bis dahin begnügst du dich mit Plastikgefühlen, die dich davon ablenken sollen, daß dir etwas fehlt. Die Lebenskraft, die eine zu einem großen Teil darauf verwenden muß, zu überleben, also in der Familie, im Job, in der Gesellschaft anerkannt/nicht ausgegrenzt zu werden; Beziehungen zu finden und darin zu existieren; die Diskrepanz zwischen Wünschen und ihrer Nicht-Erfüllbarkeit zu ertragen und so weiter – diese Lebenskraft also steht nach Verlassen der emotionalen Wüste ungehindert zur Verfügung, um zu einer Art Liebesbeziehung mit dem Leben zu werden, die unbedingt bei dir selbst beginnen muß. Das äußert sich nicht nur in deiner Einstellung zum Leben, sondern darin, wie sich diese Einstellung in deinem Umgang mit dir selbst bemerkbar macht. Ökologie beginnt immer bei dir selbst. Wenn sie nicht aus Liebe geschieht, dann endet sie bei der Mülltrennung.

Der Prozeß der Rückeroberung mag lang sein, aber es ist doch zumeist ein einziger Schritt, der zwischen Überleben und Leben, Geilheit und Lust, Verfügbarkeit und Freiheit entscheidet. Es gibt einen Augenblick im Leben jeder Frau, da entscheidet sich, ob sie die volle Verantwortung für ihr Leben übernimmt oder nicht. Selbstverständlich gibt es viele Gelegenheiten, die wir meist nicht nutzen, was der alte Tucholsky mit „we ought to but we don't" umschrieben hat. Aber ich meine jenen magischen Zeitpunkt – der sich bei der einen in jungen Jahren, bei der anderen eher spät, aber doch ereignet –, an dem eine Frau aus tiefster Seele begreift, was sie tut, wenn sie sich zu Tode säuft oder raucht oder krankfrißt oder was auch immer sie sich antut. Es ist dabei gar nicht so wichtig, was es ist und ob, was sie tut oder tat, gleich lebensbedrohlich ist, sondern daß es sich um liebloses Verhalten gegen Seele und Leib der eigenen Person handelt.

Im Bereich der Sexualität kann sich das in der Vorliebe für Praktiken niederschlagen, die ziemlich bizarr sein können. Ich kannte eine Frau, die wollte gewürgt werden, weil sich nur dann ein Orgasmus löste. Auch abseits der S/M-Szene finden sich auf vielfältige Weise die Verbiegungen, denen sich sinnlicher Lebensausdruck beugen muß.

Der Drang nach Selbstzerstörung und Selbsterniedrigung mag einmal seine Ursachen in äußeren Umständen gehabt haben. Die emotionalen Defizite der Frauen sind gewaltig. Jedoch sollten wir uns davor hüten, in der Schuldzuweisung steckenzubleiben. Das macht uns zu lebenslangen Opfern, eine Rolle, die uns genau da festhält, wo sie uns haben wollen. Ich frage mich immer, warum eine Ungeliebte von mir eigentlich zu bekommen erwartet, was sie selbst sich nicht zu geben bereit ist. Und während sie davon ausgeht, daß ich für zwei lieben soll, was mich ganz patriarchal meiner Lebenskraft beraubt, wachsen meine eigenen Defizite, ohne daß sich meine Bedürftigkeit jemals bemerkbar machen darf. So funktioniert der Mechanismus, der Frauen dazu bringt, zu funktionieren. Sich einzugestehen, zu den Ungeliebten zu gehören – und meiner Ansicht nach kriegen Frauen dies aufgrund ihrer Geschlechtszugehörigkeit automatisch mitgeliefert –, ist nicht leicht. Es zu akzeptieren noch viel weniger.

Die Akzeptierung aber ist die Voraussetzung, frei zu werden. Das löst zumeist Abwehr und Schmerz aus. Aber sie bringt große Erleichterung, weil sie unsere Kräfte nicht mehr an die Hoffnung bindet, im Heute zu bekommen, was uns das Gestern verwehrt hat. Was uns hindert, das eigene Ungeliebtsein zu akzeptieren, ist die Unmöglichkeit, die eigene Bedürftigkeit zuzulassen. Bedürftigkeit wird bei uns gern verheimlicht und verleugnet. Nicht ganz ohne Grund glauben wir, uns unkontrollierbaren Kräften auszuliefern, wenn wir es offenlegen.

Dahinter steckt – wie ich meine – die große *Angst,* geliebt zu werden, die aus dem übergroßen *Bedürfnis,* geliebt zu werden, kommt. Destruktives Verhalten – beispielsweise die Sucht, sich zu verletzen, indem eine sich immer wieder die Arme aufschneidet – ist ein trauriger, verzweifelter Versuch, zum wahren Fühlen durchzudringen und sich lebendig zu fühlen. Das betrifft auch weniger spektakuläre Selbstzerstörungen, von denen Frauen zu meinem Erstaunen jede Menge zu erfinden vermögen.

So absurd das scheinen mag, es handelt sich in allen Formen immer um so etwas wie Selbstschutz auf der Gratwanderung, nicht in den Abgrund des Wahnsinns oder körperlicher Krankheiten zu stürzen. Absurd deshalb, weil, was uns schützen und eine Art von Lebendigkeit geben soll, uns letztlich verletzt und umbringt. Einen dramatischeren Ausdruck von Selbstverlassenheit kenne ich nicht.

Wir sind geneigt, uns ständig selbst zu verlassen, wir sind sogar dazu verführt. Verführung ist immer das Ergebnis von Hierarchie, also von Autorität, die andere dazu bringt, Dinge zu tun, die sie freiwillig nie getan hätten. Keine Frau verläßt sich selbst freiwillig, es sei denn, sie hat es in Zeiten von Abhängigkeit gelernt und wird überall und jederzeit belohnt, wenn sie es tut. Die Belohnung für Selbstverleugnung ist vielfältig, aber stets Talmi. Erschreckend viele Frauen sind mit dem Tausch von Gold gegen Glasperlen zufrieden. Verführung zur Selbstverleugnung in Liebesdingen ist eine überraschend einfache Sache. Ein Beispiel mag diese Behauptung erhellen. Da sieht sich eine Frau einem Menschen gegenüber, der sie auffordert, ihm ihre Zunge zu zeigen. Die Frage ist, wird sie es tun und wenn nein, was würde sie dazu bringen, es dennoch zu tun. Es gibt Frauen, die der Aufforderung sofort folgen, wenn es ein Mann ist, der es von ihnen verlangt. Andere würden es tun, wenn es eine Frau ist. In beiden Fällen tun die, die sich weigern, es doch, wenn der oder die ganz bestimmte Dinge tut oder sagt, und die meisten wundern sich, wieso der oder die das Zauberwort kannte oder wußte, auf welchen Knopf man drücken muß.

Es ist auf deprimierende Weise einfach, Frauen dazu zu bringen, sich zu öffnen. Es ist in keinem Fall eine Frage von Magie, sondern stets ein Griff ins Repertoire des Verführers. Weil Frauen gewöhnt sind, der Preis zu sein und nicht die Gewinnerin, die Entdeckte und nicht die Entdeckerin, die Gejagte und nicht die Jägerin, ist ihr Hauptaugenmerk darauf gerichtet, sich des Gewinners würdig zu erweisen.

Weil die Notwendigkeit zu gefallen beinahe überlebenswichtig ist, wird nicht durchschaut, wer aus welchen Gründen die Jury, das Preiskomitee bildet. Lieber lassen wir uns in alle Körperöffnungen hineinschauen als gar nicht gesehen zu werden.

Die Selbstverständlichkeit, die eigene Integrität zu wahren, ist eben keine Selbstverständlichkeit bei uns. Am allerwenigsten wird in Zweifel gezogen, daß das Zeigen der Zunge eine recht harmlose Sache ist. Und das ist beinahe noch entscheidender, denn hier besteht der Trick darin, Frauen dazu zu bringen, nicht als prüde, frigide, spröde gelten zu wollen; als Spielverderberin, als eine, die Schwierigkeiten macht. Das ist ein beinahe vernichtendes Urteil, das keine über sich gefällt wissen will.

So kommt es, daß wir uns in die Verfügbarkeit fügen, ohne daß wir es selbst so bezeichnen würden – höchstens in seltenen Augenblicken, wenn wir dem Herzen der Wahrheit begegnen. Wir nennen uns aufgeschlossen oder unkonventionell und erklären unser Verhalten für frei, sind in Wahrheit jedoch lediglich willig. Es geht mir nicht darum, ein Urteil darüber zu fällen, auf welche Weise eine sich sexuell betätigt. Letztlich ist es für andere unerheblich, ob du mit Männern oder mit Frauen oder mit beiden ins Bett gehst. Es spielt für keine Menschenseele außer für dich selbst eine Rolle, welche sexuellen Praktiken dich ansprechen. Es ist keine Frage der Moral und nicht wirklich durch Gesetze regulierbar. Es macht dich nicht liebenswert oder weniger liebenswert, es erzählt etwas darüber, ob du liebesfähig bist, aber auch das spielt eben nur für dich eine Rolle. Allen anderen Menschen außer dir ist es egal und muß es egal sein. Es macht etwas mit dir, und darauf kommt es an. Du kannst es Freiheit nennen oder Eigenverantwortung. Wenn du dich anderen zuliebe oder weil du nicht als frigide gelten willst, auf Dinge einläßt, die dir nicht guttun, oder auf Dinge verzichtest, die dir gutgetan hätten, hast du nicht nur unfrei gehandelt, sondern dir selbst etwas angetan.

Freiheit ist ein von allen hochgehaltener Wert, der im Zusammenhang mit Liebesdingen dazu neigt zu changieren und zur Verschleierung sehr unfreier Situationen benutzt wird. Das ist so, weil der Maßstab des großen Treffers nun einmal der einzige ist, der im Patriarchat gilt. So haben Liebe und Sinnlichkeit in der emotionalen Wüste immer etwas mit Leistung und Belohnung zu tun, daher auch mit Versagen und Enttäuschung. Ich verweise da auf die mal mehr, mal weniger unterschwellige Haltung, die Häufigkeit sexueller Interaktion als Maßstab dafür zu nehmen, wie sehr eine geliebt wird. Sexualität als Liebesbeweis ist ebenso töricht wie als Leistungsnachweis. Aber beinahe greifbar liegt in unserer Gesellschaft die Annahme in der Luft, daß geliebte und erfolgreiche Menschen sich Nacht für Nacht sexuell betätigen, während die Trottel und LangweilerInnen sich mit weitaus weniger begnügen.

In Wahrheit sind wir eine Gesellschaft von wohlhabenden und gelangweilten Depressiven, voller Hemmungen, Ängste und Schuldgefühle, mit gepanzerten Muskeln, harten, wenn auch gebrochenen Herzen und verschleierter Aura. Diese Seelenzustände schränken die Lustfähigkeit erheblich ein und machen liebesunfähig, auch eine Ausdrucksform von Gefühlsdummheit durch Unterforderung und Beeinträchtigung der Sinnlichkeit.

Ich bin immer wieder überrascht, wie oft ich – meist von männlichen Journalisten – gefragt werde, was der Unterschied zwischen Lust und Geilheit sei. Die Unterscheidung, die der patriarchale Volksglaube im Zusammenhang mit Sexualität kennt, ist die zwischen Heiliger und Hure; die Trennung zwischen wahrer, hehrer, reiner Liebe und rein körperlicher Anziehung. Eine andere scheint nicht bekannt zu sein. Diese Trennung aus unseren weiblichen Köpfen wieder herauszubekommen, war und ist wesentlich, jedoch für die Freiheit in der Liebe noch nicht ausschlaggebend.

Immerhin: Groß war der Schritt, anzuerkennen, daß auch Frauen nicht gleich feste Verbindungen eingehen wollen, wenn sie an Sex interessiert sind. Das Bemühen, die kranken christlichen Vorstellungen von Sex als etwas Sündigem, Schmutzigem aufzulösen und Heilige und Hure sozusagen in jeder Frau wieder zu vereinen, mündete in die Auffassung, es handele sich um Freiheit, wenn Frauen sich den Heiligenschein herunterreißen und sich den Freuden der Sexualität hingeben. Scheinbare Unverklemmtheit führt zum sexuellen Leistungsnachweis, der außerhalb von durch Prostitution erzielten Umsätzen nur wenig Sinn macht.

Die Verwechslung von Verfügbarkeit mit Freiheit ist fatal und folgenschwer. Sie hat damit zu tun, daß unsere Auffassung von sexueller Freiheit durch die männliche Perspektive von Lust geprägt ist. Daß die weibliche verschwunden ist, hängt damit zusammen, daß das Patriarchat seit Anbeginn die Freiheit von Frauen verfolgt und bestraft hat, insbesondere die Freiheit in der Liebe.

Weibliche Liebe kennt eine große Bandbreite von sexueller Liebe über freundschaftliche und schwesterliche bis zur Liebe zu den Kindern. Frauen sind das soziale, das liebende Geschlecht. Der Mann, der sich in der Ehe als ewiger Sohn des Paradieses und absoluter Herrscher über dieses versichern wollte, mußte das eifersüchtig für sich beanspruchen und sich gleichzeitig außerhalb der ehelichen Sichtweite ein Betätigungsfeld für die Herumhirscherei sichern. Der Ausweg aus dieser Situation liegt eben nicht in weiblicher Herumhirscherei, sondern in der Rückkehr zur Bandbreite weiblicher Liebe.

Sich dessen bewußt zu werden, ist Rückkehr zur weiblichen Macht, was gleichbedeutend mit Rückkehr zur weiblichen Freiheit und Unabhängigkeit ist. Vergessen wir nicht, daß matriarchale Gesellschaften – wie in Tibet oder Lateinamerika oder bei den chinesischen Musoa – ausgeglichene Gesellschaften sind und keine Überbevölkerungsprobleme kennen, keine Hungersnöte, keine Gewaltdelikte wie in der patriarchalen Welt.

Erica Jong hat darauf hingewiesen, daß das Patriarchat aus der Angst der Männer vor der Macht der Frauen entstanden ist. Welche Ironie, sagt sie, daß Frauen sich in einer solchen Gesellschaft wie ohnmächtige Opfer verhalten. Die Femophobie des Patriarchats mag kaum eine erkennen, noch seltener führt die Erkenntnis zu machtvollen Handlungen. Aber es sind – wie ich meine – immer wir Frauen selbst, die das verhindern.

Ich erlebe immer wieder, daß Frauen, die ich auf ihrem Weg zu sich selbst begleite, auf zornige Weise verwirrt sind, wenn ich sie darauf hinweise. Es hat wahrscheinlich damit zu tun, daß es auch bequem ist, die Schwierigkeiten im unabänderlichen Außen zu sehen. Vor der Freude über die Möglichkeit der wirklichen persönlichen Unabhängigkeit stehen die Fröste der Freiheit. Jedoch: Keine andere Person außer dir selbst kann das verändern. Keine TherapeutIn, keine PartnerIn, nicht Karriere oder Arbeit, kein erreichbares Ziel werden dir geben, daß du liebenswert, geliebt, anerkannt bist. Nur du dir selbst. Das ist der Unterschied zwischen dir als Kind und dir als Erwachsener.

Wenn du das endlich begriffen hast, beginnt die Zeit der wahren Liebe, und Sinnlichkeit kann sich entfalten. Dies ist die Entscheidung für die Liebe und gegen Destruktion. Das hat nur wenig mit dem christlichen Begriff von Liebe zu tun, auch wenn damit eine umfassende Lebenshaltung gemeint ist, die die Liebe zur Nächsten mit einbezieht. Das darf eine aber auch nicht so verstehen, daß dann mit einem Mal so eine Art Östrogenventil geöffnet ist, aus dem libidinöse Lebensfreude quillt. Es hat eher etwas mit der Arbeit an wirklicher Selbstachtung zu tun; das mittlerweile auch schon wieder arg strapazierte Wort Wertschätzung will ich lieber nicht benutzen, es kommt überdies gar so vernünftig daher. Die Entscheidung für die Liebe sollte darauf hinauslaufen, daß es ein Genuß ist, du selbst zu sein. Der Genuß besteht zunächst einmal darin, ein weibliches Lebewesen zu sein, das sich in den Zyklen dreht und entwickelt, das auf den Wellen der Gefühle surft, bevor es delphinisch verspielt mit anderen durch das Wasser springt, unversehrt in seiner Ganzheit und Vollkommenheit, über die es ungeachtet seiner äußeren Erscheinung, seiner sozialen Stellung und seines Besitzes verfügt.

Von dem Zeitpunkt an, an dem wir die Welt nicht mehr als eine Ansammlung erreichbarer Ziele begreifen, sie nicht mehr verstehen als eine Art Kaufhaus, als Bürohochhaus, in dem sich die besten Räume oben befinden (über denen noch das unerreichbare Penthouse des Oberchefs existiert), von diesem Zeitpunkt an haben wir eine Chance, den Unterschied zwischen Begehrlichkeit und Begehren kennenzulernen. „Ich will dich haben", „Sie will genommen werden" drücken Begehrlichkeit aus. Liebe jedoch kann nur in freien, freiwilligen Begegnungen von Lebewesen erfahren werden, die sich als gleich erkennen und achten. Solche Begegnungen sind zeitlich begrenzt und vertraglich nicht abzusichern.

Gerade die zeitliche Begrenzung von Liebe und die Unmöglichkeit, sie festzuhalten, bringt Frauen dazu, lieber auf den freien Fluß von Liebesenergie zu verzichten. Ich kann da nur zu ein wenig mehr Risikobereitschaft raten. Außerhalb der Pärchenwirtschaft, in der eine schauen muß, ob sie eine oder einen abkriegt, ist es möglich, vielfältige Beziehungen einzugehen, die dich wie ein soziales Netz tragen und die Anwesenheit oder Abwesenheit einer Liebesbeziehung nicht gleich zu einer existentiellen Sache werden lassen. Überdies bedeutet zeitliche Begrenzung, daß es auch ein Leben lang dauern kann, aber eben nicht muß.

Die Substanz, mit der wir es zu tun haben, ist flüchtig und fließend, eine Energie besonderer Art. Wäre sie zu hören, wäre sie

Musik. Sie fließt wie jede Energie immer dahin, wo sie gebraucht wird. In diesem Fall bedeutet es: Liebe, Lust und Sinnlichkeit drängen immer auf Erfüllung, aber die kommt und geht, wie sie es will, und kann nicht gezwungen oder kontrolliert werden.

Sobald wir uns Vorstellungen über die Welt erlauben, die besagen, alles ist Energie und Schwingung, beseelt und bewußt, haben wir nicht nur weitaus weniger Streß und Aggression, wie sie die spermazentrische Sichtweise erzeugt, sondern den Unterschied zwischen Leidenschaft und Lust erfaßt. Leidenschaft bringt dich dazu, dich permanent außerhalb deiner selbst zu befinden und bis zur Raserei der Erfüllung von was auch immer nachzujagen. Eine nicht minder blöde Sache wie Eifersucht, wenn auch von anderer Beschaffenheit.

Beide Begriffe sind sehr ehrlich. Leidenschaft hat etwas mit Leiden zu tun, und unser Umgang damit ist nach zweitausend Jahren Christentum höchst fragwürdig geworden. Wir haben uns angewöhnt, von Leidenschaft zu sprechen, wenn wir zum Ausdruck bringen wollen, daß wir uns einer Person, einer Aufgabe, einer Situation, einer Entwicklung mit intensiver Lust und tiefer Liebe nähern, wobei wir alle Stadien der Zuwendung und Konzentration inklusive Sehnsucht, Zweifel und Ekstase durchlaufen. Davon erzählt dieses Wort aber nichts, sondern eher davon, daß eine mit Eifer sucht, was Leiden schafft. Es ist keineswegs zufällig, daß wir kein adäquates Wort in unserer Sprache haben, das diese Gefühlsqualität erfaßt.

Auch Lust kann das nicht leisten, vielleicht auch nicht die Sinnlichkeit, denn die Höhen und Tiefen, die der Zustand mit sich bringt, sind in diesen beiden Begriffen nicht ausgedrückt. Ebenso packt Liebe es nicht ganz, denn in diesem Wort ist wiederum zuviel enthalten. Dennoch habe ich mich entschlossen, auf das Wort Leidenschaft zu verzichten und es lieber mit variierenden Bezeichnungen zu versuchen, um dazu beizutragen, eine andere, Frauen verträglichere, bekömmlichere Realität zu schaffen.

Verlangen und Begehren verhalten sich zu Sehnsucht und Begehrlichkeit wie Lust und Sinnlichkeit zu Leidenschaft. Letztlich ist

Sehnsucht eine Sucht genau wie die Eifersucht, was eine schon daran merkt, daß sie häufig wichtiger ist als ihre Erfüllung; und Begehrlichkeit empfinde ich als das künstliche Verlangen, besitzen zu wollen, ein durch und durch patriarchales, ich sollte besser sagen: kapitalistisches Gefühl, das haben will, um aufzufressen oder morgen wegzuwerfen.

Geilheit wiederum, ein genital konzentrierter Erregungszustand, der mir wie eine tunnelartige Verengung eines ursprünglich ozeanisch weiten Gefühls wie die sinnliche Lust erscheint, gehört auf die gleiche Seite wie Leidenschaft und Sehnsucht. Allesamt gebremster, verbogener, gehemmter Lebensausdruck, der von der Magie der sinnlichen Liebe unendlich weit entfernt ist und allenfalls eine Karikatur dessen darstellt, was sein könnte. Geilheit läuft auf die verdrehten Riten von Erotik hinaus und reduziert Lust auf Konsumation. Die kostbare Essenz der Lust jedoch verflüchtigt sich und wird am Ende zu einem Gerücht.

Der Unterschied war mir in den Jahren meines Aufenthaltes in der emotionalen Wüste des Patriarchats auch nicht wirklich klar. Und das ist nicht weiter verwunderlich. Zielstrebigkeit gibt dem Erleben keinen Raum, vor allem nicht in Liebesdingen. Sinnliches Erleben besteht im Genuß jeden Augenblicks.

Die Welt als Manifestation von Energie und Schwingung hat dein Ich sich verdichten lassen zu etwas, das wir Körper nennen. Dieser Körper ist notwendig, um Bewußtsein haben zu können und mit diesem in Verbindung, das heißt in Kommunikation mit anderen Körpern zu treten. Damit das möglich ist, hast du deine Sinne entwickelt: deine Augen, deine Ohren, Nase und Mund, deine Haut. Du hast ein Hirn, das als eine Art Relais funktioniert und alles, was deine Sinnesorgane aufnehmen, so umsetzt, daß dein Bewußtsein etwas damit anfangen kann.

So ausgerüstet kannst du dich der besonderen Magie zuwenden, die wir mit dem Wort Liebe bezeichnen. Eine lebt wahrhaftig, wenn sie fühlen und lieben kann. Es bedeutet Fluß statt Schuß und hat stets ein offenes Ende, dem du in deinem eigenen Tempo entgegentreibst.

# ORGASMUS UND DER KARTOFFELSALAT MEINER OMA

*Alles zu seiner Zeit und jeder Liebe, was ihr gebührt*

Wenn eine Frau in ihrer Liebesfähigkeit gestört ist, läßt sich das an vielem, nicht nur an ihrer sexuellen Empfindungsfähigkeit erkennen. Es ist sogar möglich, daß es in allen Bereichen ihres Lebens auffällt, nur nicht im Bett, denn hier hat sie ja gelernt, gut zu sein. Weil weibliche Lust nicht genital konzentriert ist, wird eine in ihrer Sinnlichkeit und Liebesfähigkeit beeinträchtigte Frau auch den köstlichen Kartoffelsalat von Oma nur deshalb essen, weil er ein Nahrungsmittel ist. Er wird ihr schmecken oder nicht, und das war's. Sie wird gut kochen oder nicht, aber sie wird nicht wissen, wie das ist, wenn lustvolle Wonnen sich in bestimmten Bereichen ihrer Mundhöhle entfalten und Zähne auf genau die richtige Konsistenz treffen, um voller Freude zu zerbeißen und zu zermahlen, was anschließend in Entfaltung aller Geschmacksmoleküle die Speiseröhre hinuntergleitet, um endlich im Magen ein köstliches Gefühl von genährter Leichtigkeit und Geborgenheit zu erzielen.

Essen und Sexualität haben etwas gemeinsam. Hunger und Liebe sind menschliche Grundbedürfnisse, die ihr Recht verlangen. Wenn sie befriedigt werden, ist dies mit höchsten Lustgefühlen verbunden. Es ist aber in beiden Fällen keine Frage der Quantität, sondern der Qualität. Als ambitionierte Köchin und passionierte Esserin habe ich bei mir und allen, denen ich aufkochen durfte, die Erfahrung gemacht, daß Liebe auch durch den Magen geht. Ein Essen ist dann ein gutes Essen, wenn es wie eine glückliche und erfüllte sexuelle Begegnung ist.

Manchmal kann der Kartoffelsalat meiner Oma besser als ein Orgasmus sein. Und manchmal ist er sogar wirkungsvoller, weil sinnlich beglückender und damit für dieses eine Mal wichtiger. Die Köchin in mir legt Wert auf die Feststellung, daß Essen zwar kein Ersatz für Sexualität ist, dies aber auch umgekehrt gilt.

Eine Zeitlang lief im Österreichischen Fernsehen zu nachtschlafender Zeit eine Serie, in der ein italo-amerikanischer Koch durch Italien reiste, um in kleinen Gasthöfen und einfachen Bäuerinnenküchen die typischen Speisen seiner Heimat zu finden. Der Kerl war ein derartiger Lüstling und in seiner kulinarischen Wollust so animierend, daß ich mehr als einmal aufgeblieben bin, um hausgemachte Nudeln für den nächsten Tag zu bereiten. Orgiastisch wurde um drei Uhr morgens Teig geknetet, zu langen Laiben geformt, in dicke Scheiben geschnitten, geklopft, gemehlt und gewalzt. Dann wurden die Nudeln geschnitten und auf sauberen Tüchern ausgelegt. Genau wie der Koch griff ich mit beiden Händen in die zum Trocknen bereitgelegten Nudeln und warf sie immer wieder in die Luft. Es war die reine Lust.

Nicht minder wollüstig läuft es bei uns bisweilen ab, wenn im Herbst die Apfelernte zu Saft gepreßt wird. Was da schäumend aus der Presse rinnt und in Flaschen für den zukünftigen Essig abgefüllt wird, muß immer wieder zwischendurch gekostet werden, denn so süß wie am Tag des Pressens schmeckt der Apfelsaft nie wieder. Am schönsten ist es, wenn gleich aus dem Kübel, der den Saft auffängt, getrunken wird, und der Saft nicht nur in den Mund, sondern über den ganzen Körper rinnt. Was macht es da schon, daß uns anschließend die Wespen umschwirren wie die Motten das Licht.

Die entsinnlichte Frau wird nicht nur Essen und Sexualität in keine Verbindung bringen können. Sie wird auch freudlos ihrer Arbeit nachgehen. Über das, was halt getan werden muß, wird sie jammern. Über das, was ihr gelungen ist, verliert sie keinen Gedanken, es sei denn, jemand anderes lobt sie dafür. Befriedigung über das Gelingen zu empfinden, daran zu wachsen und sich auszudehnen, liegt ihr fern. Das Gelingen gar zu feiern, erschiene ihr beinahe obszön und unbescheiden.

Das Leben besteht für die entsinnlichte Frau aus Arbeitszeit und Freizeit. Freizeit ist auch anstrengend und muß durch Termine in Struktur gebracht werden, sonst ist sie nichts wert. Am ruhigsten und ausgeglichensten fühlt sie sich, wenn die Tage, Wochen, Monate, Jahre gleich ablaufen und die Veränderungen sich in Grenzen halten, damit sie ihre Sicherheit nicht bedrohen, denn sie vermag sie nicht als aufregende und anregende Chance zu erkennen. Daß sie in dreißig Jahren das traurige Gefühl haben wird, daß das Leben an ihr vorübergegangen ist, will sie jetzt nicht wahrhaben. Sie hat nur deshalb eine beste Freundin, weil ihr sonst ja niemand zuhört. Diese wird sie benutzen, um sich wieder aufbauen zu lassen. Sie weiß, daß sie durch dieses Aufgebautwerden weitermachen kann wie bisher, und das genügt ihr. Tiere werden ihr fremd sein, Bäume zukünftiges Holz und Spiritualität etwas für Spinnerinnen. Um es gleich klarzustellen: Das bedeutet nicht, daß unter Spiri-Frauen mehr Lust und Liebe als bei anderen zu finden sind und Tierschützerinnen mehr Orgasmen haben. Es bedeutet lediglich, daß Liebesfähigkeit und Sinnlichkeit kosmisch sind oder gar nicht.

Natürlich kann sich mangelnde Liebesfähigkeit auch in der Unmöglichkeit, Orgasmen zu haben, ausdrücken. Ich empfinde diese Unmöglichkeit weitaus weniger wichtig als die üblichen SexualtherapeutInnen, aber doch wichtiger als die, die aus Orgasmus ein Orgas-kann machen wollen. Mir kommt es schon ein wenig wie eine Geschichte vor, deren Ende nicht erzählt wird, wenn der sexuelle Blitz fehlt, aber es gibt auch einige Geschichten, da will ich das Ende gar nicht wissen. So manchen krampfigen Kampf um den Höhepunkt rechtfertigt der gehabte Genuß nicht. Auffallend ist, daß die Unmöglichkeit, einen Orgasmus zu fühlen, häufig eine in tiefen Schichten der Seele liegende Verweigerung ist, aus Geiz (der sich ja stets gegen sich selbst richtet), weil es der Karriere als Leidende, Lustfeindliche zuwiderlaufen würde oder aus anderen Gründen.

Dieser kleine Anriß einer Charakterisierung soll dazu dienen, ein Gefühl dafür zu vermitteln, auf welche Bereiche sich der Mangel oder die Beeinträchtigung von Sinnlichkeit auswirken kann. Selten ist eine von uns in der Zusammenfassung eine derart funktionalisierte Erscheinung. Aber in einzelnen Bereichen werden sich viele wiedererkennen können. Übrig bleibt die Frage, wie es denn aussieht, wenn Sinnlichkeit sich ungehindert äußern kann und darf.

Nach meiner Auffassung drückt sich weibliche Liebe vielfältig aus. Vergessen wir nicht, daß Frauen das vielseitige Geschlecht sind. Wären sie es nicht, gäbe es die obskure Erfindung der Doppelbelastung, die meist eine dreifache ist, nicht.

Patriarchale Realität verlangt von heterosexuellen Frauen, ihre Vielfalt zu unterdrücken, sich zumindest dafür zu schämen. Es wird erwartet, daß der Mann, der eine wahre Prinz, König, Bruder-Zwilling, dem alle anderen Beziehungen nachrangig zu sein haben, im Mittelpunkt ihres Lebens steht.

Ein Umstand, den lesbisches Leben in der Regel ungeprüft imitiert, nur daß statt des Mannes die eine Liebste diesen Platz im Mittelpunkt einnimmt beziehungsweise viel Zeit damit verbracht wird, die eine Liebste zu suchen. Ungebremste Sinnlichkeit jedoch verteilt Liebe auf vielfache, verschiedene und unverwechselbare Weise auf viele verschiedene Personen.

Im Grunde ist es so: Jede Liebe hat ihren Platz und ihre Zeit. Die Vorstellung von zweien als dem „idealen Paar", die einander alles sind, ist eine unhaltbare Illusion. Diese Illusion halte ich sogar für verantwortlich, daß so manche vielversprechende Liebe ein vorzeitiges Ende findet, weil übergroße Erwartungen sie praktisch erstickt haben. Mich erschreckt mittlerweile die Vorstellung, eine Person könnte oder sollte die wichtigste Beziehung in meinem Leben sein, ich erkläre alle Beziehungen für wichtig.

Liebe ist überall und zu jeder Zeit, oder sie ist nirgends. Sie bildet ein feines Beziehungsgeflecht, das wie ein sicheres Netz hält und trägt. Sie richtet sich auf viele Menschen – sowohl gleichzeitig wie nacheinander.

Eine liebesfähige, liebende Frau liebt ihre Mutter; sie liebt ihre sexuelle PartnerIn, also ihre Frau oder ihren Mann, liebt die beste Freundin und die zweit- und die drittbeste auch; sie liebt ihre Katze, ihren Hund, ihr Kind, ihren Garten, ihre Arbeit. Sie liebt für eine Minute die geheimnisvolle vorübergehende Erscheinung, die sie mit einem Blick berührt. Sie liebt eine andere Person vielleicht für eine Nacht; die GefährtIn/die GefährtInnen für eine wichtige Phase ihres Lebens; die HelferInnen auf dem Sprungbrett in eine neue Zeit; ihre Schwestern und Cousinen.

Sie liebt das Leben, und sie liebt es in allen, mit denen sie ist, auch in sich selbst. Sie liebt niemals in Ausschließlichkeit, sondern in Unterschiedlichkeit, was die Qualität und die Intensität ihrer Gefühle angeht. Aber sie liebt. Das sind meine Vorstellungen von Reichtum, Fülle und Sinnlichkeit.

Die Frage, ob sie auch dann liebt oder lieben soll, wenn sie nicht wiedergeliebt wird, ist nicht unwichtig. Sie führt uns zu der guten alten Selbstlosigkeit, die Frauen abverlangt wurde und wird. Dorthin wollen wir selbstverständlich nicht gelangen. Wenn eine sich in lieblosen Verhältnissen befindet, sollte sie diese schleunigst verlassen oder beenden und nicht etwa mit Liebe beantworten.

Das Verharren in lieblosen Situationen oder Verbindungen ist immer ein Anzeichen für einen Mangel an Eigenliebe. Es ist also gar nicht möglich, auf Lieblosigkeit mit Liebe zu antworten, denn wenn ich mich selbst sowenig liebe, daß ich mich Destruktion aussetze, liebe ich gar nicht.

So führt weibliche Liebe zu einer weitverzweigten und bunten Verbundenheit. Verbundenheit ist gut für Frauen. Sie hilft durchs Leben, macht Dinge leicht, die allein zu schwer sind. Sie ist das einzige und wahre Mittel gegen Einsamkeit. Sie ist etwas ganz Natürliches, das uns in unseren Kulturkreisen verlorengegangen ist, seit unsere Ahninnen auf den Scheiterhaufen endeten und uns durch ihre grausamen Erfahrungen die Angst vor Sichtbarkeit, Wohlhabenheit, Unabhängigkeit und Freiheit vererbten.

Begriffe wie Solidarität und Frauengemeinschaft sind Ausdruck von Versuchen, wieder zur Verbundenheit unter Frauen zurückzufinden, aber sie erzählen vor allem vom Verlust. Solidarität klingt nach Anstrengung und der bemühten Absicht, gut zu sein. Was wir dagegen brauchen, ist selbstverständliche Leichtigkeit, mit der wir Verbindung aufnehmen zu denen, die wir lieben wollen. Verbundenheit zurückzuholen, ist möglich, aber nur durch Anerkennung der Gleichwertigkeit aller Liebe, die eine fühlt.

Ich möchte gar nicht wissen, wie viele beste Freundinnen auf dieser Welt den scharfen Schmerz der Zurückweisung erfahren mußten, weil sie plötzlich angesichts der großen Liebe, der die andere begegnete, für unwichtig erklärt wurden. Dieser Schmerz ist besonders groß, weil dem gebrochenen Herzen einer besten Freundin in unserer Welt auch noch die Anerkennung verweigert wird, denn selten kommen wir auf den Gedanken, die Beziehungen zwischen besten Freundinnen könnten die existentiell bedeutendsten sein, die eine Frau oft ein halbes Leben lang begleiten und sie sicher durch manches wilde Wasser geleiten.

Wir sind gewöhnt, in der Liebe nicht nur dem Mittelpunktdenken verpflichtet zu sein, sondern auch die Dauer einer Liebe zu bewerten. Je länger eine Liebe geht, um so wichtiger erscheint sie uns. Wir halten uns nicht etwa für ein wenig einseitig, sondern für zuverlässig, wenn wir uns ein Leben lang nur auf eine einzige Person konzentrieren, mit der wir in Liebe verbunden sind. Je kürzer eine Liebe, eine Beziehung, um so weniger wertvoll erscheint sie uns. Das finde ich nicht richtig.

Ich glaube eher, daß jede Liebe ihre eigene ihr zubemessene Zeit hat, in der sie beginnt, sich entfaltet und wieder vergeht wie eine Geschichte, die erzählt wird. Manche dauert ein Leben, manche nur eine Sekunde. Die vielen langjährigen Beziehungen, die aufrechterhalten werden, obwohl keine Liebe mehr da ist, legen beredtes Zeugnis davon ab, daß Liebe ein Ablaufdatum haben kann. Meist ist es nichts anderes als die Angst vor Veränderung, die uns hindert, die Leichen dorthin zu bringen, wo sie hingehören, auf den Friedhof einer nicht mehr aktuellen Vergangenheit.

Es ist auch möglich, daß sich die Qualität einer Liebe innerhalb einer Beziehung verändert. Vor allem lesbische Beziehungen kennen die Neigung, sich von sexueller Liebe zur Freundinnen-Liebe zu wandeln. Aber nicht nur Lesben schleppen ihre Ex weiter mit. Mir sind auch einige Heteras begegnet, deren Ex zu ihrem besten Freund wurde, der auf jeden Fall seine Vertrauensstellung behielt.

Schwierig wird es wohl erst, wenn wir uns der Frage zuwenden, ob denn die These, jeder Liebe ihre Zeit zu geben, auch im

Bereich der sexuellen Liebe gilt. Das heißt, wie hält es die sinnliche Frau mit Monogamie, Treue, Promiskuität? Darf eine sinnliche Frau eifersüchtig sein? Oder gar neidisch? Ist sie frei von mißgünstigen Empfindungen, wenn sie „betrogen" oder verlassen wird? Soll sie lügen und verheimlichen, wenn sie einmal vom Weg abkommt und sich vergißt? Kann denn Liebe Sünde sein oder nicht? Wir wissen ja, wie das ist, da gibt es den alten Spruch aus „Herodes und Mariamne" von Hebbel, der deutlich macht, worin exakt das Problem besteht: „Tun kann man's wohl, doch nicht erleiden."

Ich habe damit – wie vermutlich die meisten – meine Schwierigkeiten, ich gebe es zu. Der einzige Mensch, dem es je gelungen ist, mich zu verlassen, war der Vater meiner Kinder, der mit einer Freundin von mir anbandelte. Ich war tief verletzt, bis ins Mark getroffen und schwor Rache. Die stellte sich von selber ein. Zur Strafe mußten die beiden dreizehn Jahre miteinander verheiratet sein. Die beiden Langweiler per Vertrag aneinandergebunden zu sehen, war mir Genugtuung genug. Als diese Dinge passierten, war ich noch sehr jung, noch nicht einmal mein Saturn-Return war in greifbarer Nähe. Heute habe ich höhere Ansprüche an mich und mag solch kleinliche Empfindungen nicht mehr in meinem Herzen bergen. Aber das ist gar nicht so einfach.

Darf, kann oder gar soll eine Frau, die in festen Verhältnissen lebt, eine Geliebte respektive einen Geliebten haben? Soll sie lernen, den Mann ihres Herzens herumhirschen zu lassen? Ist es ein Akt liebevoller Selbstverständlichkeit, der Liebsten eine weitere Liebste zu gönnen? Können wir in Zeiten von Aids solche Gedanken überhaupt noch unbelastet erörtern?

Wie schwerwiegend diese Fragen sind, merke ich schon daran, daß ich – während ich mich ihnen zuwende – von rasenden Kopfschmerzen befallen werde, was sehr ungewöhnlich ist, denn ich leide normalerweise so gut wie nie unter Kopfweh. Was ist so beängstigend an der Tatsache, daß wir mehr als eine/einen lieben können? Was ist so schmerzhaft daran, daß die Person unseres Herzens selbst über ein so großes Herz verfügt, daß darin noch andere Platz haben? Vor allem wohl, daß wir uns unserer Einmaligkeit beraubt fühlen, wenn die oder der andere es ist, dessen Herz größer ist, als wir gedacht haben.

Ich denke, daß auch in solchen Momenten ein altes, verstaubtes, aber uns geprägt habendes Inzestprogramm abläuft, das uns augenblicklich in eine vergangene Zeit zurückkatapultiert, als wir noch nicht mal zur Schule gingen. Das ist ein Hinweis darauf, daß mit der Treue im Patriarchat etwas nicht stimmt. Jenseits der elementaren Gefühle von Zugehörigkeit und Nähe, fern von sozialer Loyalität kennt Treue neurotische Verfärbungen, die uns dazu bringen, nicht im Einklang mit den Lebensenergien zu fließen, wenn wir sie akzeptieren, wie das Patriarchat sie uns eingebleut hat.

Wenn wir ein paar Schritte zurücktreten und die Sache nicht mehr von so nahe betrachten, daß sie das ungeliebte, verletzte Kind in uns berühren kann, dann ist es ganz einfach. Die Liebesenergie fließt immer dahin, wohin sie fließen will, da kann eine gar nichts machen. Ich könnte auch sagen, daß jeder Tanz, also auch der Tanz mit den Energien, einem bestimmten Rhythmus folgen muß, der aus Begegnung, Berührung, Beziehung und Loslassen besteht, also ununterbrochen in Wandlung sein muß, sonst ist es kein Tanz, sondern ein starres, totes Bild. Besser sollte ich sagen: leblos wie das Kunststoffgehäuse eines Computers, denn Totsein, Tod ist immer noch Teil des Lebens und durch Akte der Auflösung in Bewegung, auch wenn nun die Maden den Tanz aufführen.

Wenn wir außerdem bedenken, daß Beziehung – jede Beziehung – der Spiegel unseres unbewußten, nicht erwachten, nicht akzeptierten Selbst ist und damit jede Person, die uns wirklich begegnet, ein Helfer auf der Bewußtseinsreise, dann ist es geradezu sträflich, in Selbstbeschränkung zu leben. Aus diesem Blickwinkel wird deutlich, warum die andere Menschen ausschließende Pärchenwirtschaft dafür sorgt, daß so viele Menschen in ihrer persönlichen Entwicklung stehen-, wenn nicht steckenbleiben.

Treten wir wieder ein wenig näher, dann melden sich viele Gedanken – die allerdings eher Gefühle sind, die uns lediglich in einer Art geistigem Kleid entgegentreten. Sie haben etwas mit Chaos zu tun, signalisieren Angst vor Verlassenheit, Schrecken vor zerbrochenem Vertrauen, Furcht vor Verrat, Eifersucht, Neid, Verschwörung, Wahnsinn, Anfälle von Wertlosigkeit und den in Hoffnungslosigkeit mündenden Schmerz der Zurückweisung.

Eine gewaltige Welle rollt heran und droht, alles mit sich zu reißen, das Nähe, Geborgenheit, Freude, Glück und Heiterkeit bedeutet hat. Das sind die Zeiten, wenn Dämonen, Grottenolme und Lemuren aus dem Untergrund des aufgewühlten Wassers auftauchen und keine weiß, ob sie nicht von ihnen verschlungen wird.

Es könnte aber auch sein, daß sich die dunklen, zerstörerischen Kräfte von ganz woanders her melden, sozusagen aus den Kellern unserer idyllischen Biber-Liebeslauben. Vergessen wir nicht, daß Dämme die Flut brauchen, sonst wäre ihre Existenz sinnlos. Wenn das aber so ist, dann wird das Wasser sich immer einen Weg bahnen. Ist der Damm so hoch, daß er nicht überflutet werden kann, wird der Fluß so reißend, daß er von unten an den Befestigungen zu nagen beginnt. So werden aus Bedürfnissen heimliche Phantasien und aus diesen eines Tages kranke Obsessionen.

Wir müssen uns die ehrliche Frage stellen, wann es Untreue genannt werden darf. Genügt schon der Gedanke? Der Wunschtraum? Der heimliche tiefe Blick? Oder erst der Vollzug? Wieder sehen wir, daß in unserem wichtigsten Sexualorgan, dem Kopf, der Phallus als Eckpfeiler unseres libidinösen Weltbildes dient, weil es naheliegend ist, den vollzogenen Geschlechtsverkehr als Tatbestand zu nehmen. Ein Penis jedoch ist keine Säule. Eine kann darauf wohl kaum den Tempel ihrer Moralvorstellungen errichten.

Ach! Es ist wohl so: Wir entkommen der Tatsache nicht, daß auch wir Luder sind, schamlos auch wir, gewissenlose schwarze Wölfinnen mit einem großen Revieranspruch. Göttinnen, die auf Liebespfaden wandeln und selbst mit den goldenen Äpfeln spielen, die nicht darauf warten müssen, bis einer kommt, der sie ihnen nett überreicht, wofür sie dann auch noch dankbar sein sollen. Vestalinnen, Hetären, Piratinnen. Das kann und darf ein wenig erschrecken, daß auch wir „eine gerissene wegelagernde Schlampe im Dunkeln (sind), die Schlingen legen und mich schnappen will...", wie Djuna Barnes im „Ladies Almanach" schreibt.

Wir können auf unserem Weg in die Sinnlichkeit mit denen, die wir lieben und die uns lieben, sicherlich nicht so umgehen, daß wir uns über alle Ängste und Blockierungen hinwegsetzen, aber wir können auch nicht riskieren zu erstarren, weil wir dann emotional sterben. Auch die Ängste, die Zweifel gehören zur Liebe, sind Bestandteil des Lebens. Es darf nicht sein, daß wir unser Leben den Ängsten unserer PartnerIn opfern oder den eigenen Ängsten zum Fraß vorwerfen.

Wenn wir uns die Unterscheidung zwischen neurotischer Getriebenheit, die aus der Unfähigkeit zu lieben rührt, und Bereitschaft, mit dem Fluß von Liebesenergie zu schwimmen, gestatten, dann haben wir bereits die Antwort, wann es gut ist, nein zu sagen, und wann wir uns auf unserer Reise nicht aufhalten lassen dürfen. Was damals, als wir Kinder waren, so schmerzhaft war, daß wir es nicht ertrugen, ist heute, da wir erwachsen sind, nicht nur erträglich, sondern Teil unserer Entwicklung. Damit fertigzuwerden ist auch eine Frage der Reife. So kommt es also darauf an, einander in dieser Entwicklung liebevoll und achtsam zu fördern und nicht zu behindern. Und uns dabei im Tempo anzugleichen. Auch Geduld ist Teil der Liebe.

Reife bedeutet, in der Angemessenheit des Entwicklungs- und Bewußtseinsniveaus auf Dinge, die uns geschehen, zu reagieren. So hat nicht nur jede Liebe ihre Zeit, sondern auch jede Zeit ihre Liebe. In den verschiedenen Phasen unseres Seins wandeln wir uns und mit uns die Liebe und Sinnlichkeit, die wir brauchen.

Die großen Wandlungszeiten unseres Lebens sind die Pubertät, der Saturn-Return, eventuelle Mutterschaft, der Wechsel, das Alter und letztlich der Tod. Dies ist der Lebenszyklus, in dem sich die kleinen Zyklen, der monatliche und der jährliche, drehen und vollenden, was wir erfahren müssen, damit wir etwas haben, wovon wir etwas verstehen. Das ist – wie ich meine – der Grund, warum wir uns manifestiert haben.

Darüber gehen Zyklen, die größer sind als die für Menschen faßbaren, die wir als Teilnahme an Epochen wahrnehmen können, die im Grunde aber in Jahrtausenden gemessen werden müssen, wie das Zeitalter der Fische, das gerade zu Ende gegangen ist, und das der Wasserfrau, das gerade beginnt. Das ist deshalb wichtig, weil Liebe in den Zeiten der Wasserfrau sich ganz anders zeigt als in den vergangenen Jahrtausenden.

Die Jahrtausende der Wasserfrau sind getragen von großer geistiger Kraft und Ideenreichtum. Sie hat große Traum- und Visionskraft. Wasserfrau-Kraft pflegt Freundschaften, ist kommunikativ und philosophisch. Die Zeiten des schrecklichen Christentums sind endgültig vorüber, die einen häßlichen Mißbrauch der Liebe gebracht haben.

Die sinnliche Frau als mit den Zyklen sich wandelnde ist sich bewußt, daß sie es leichter hat, wenn sie sich freiwillig wandelt, also mit dem Fluß schwimmt und nicht wie ein Lachs flußaufwärts zieht oder wie ein Biber Dämme bauend herumplantscht. Im Klartext heißt das, daß sie sich den Lieben stellt, denen sie aufgrund ihrer Entwicklung gewachsen ist.

Vor dem Einsetzen der Hormonstürme in der Pubertät gibt es natürlich schon längst ein Liebesleben. Kinder lieben heftig, mit einer Intensität, die wir später kaum je wieder erreichen. Diese Liebe ist elementar und bewegend, aber sie ist nicht sexuell. Der Kanal, durch den diese Form der Energie strömt, darf erst geöffnet werden, wenn die Kinder erwachsen genug und seelisch bereit dafür sind. Das ist ja die große Katastrophe des sexuellen Mißbrauchs, der so vielen Mädchen später die Liebe verdunkelt, daß dieser Kanal zu früh und gewaltsam geöffnet wird von Menschen, mit denen es keine sexuelle Verbindung geben darf. Und gewaltsam ist auch der Mißbrauch, der bei den Kindern scheinbar auf wenig oder gar keine Gegenwehr stößt.

Die Lieben der Kindheit, die die Eltern, die Geschwister, andere Familienmitglieder und FreundInnen zum Objekt haben, sind prägend für die zukünftigen Lieben. Darum sollen wir sie nicht geringschätzen oder als Kinderkram abtun. Eltern sollten sich gewiß sein, daß Kinder von ihnen lernen, wie und was Liebe ist.

Es geht mir darum, die Zeiten der Liebe erst mit dem Übergang in die Welt der Erwachsenen beginnen zu lassen. Nach den bewegten Jahren der Pubertät wird eine Frau wieder in eine Wandlung geworfen, wenn sie am Ende ihrer Zwanziger angekommen ist, dem berühmten Saturn-Return, der sich als gewaltige Krise zeigen kann oder als kleinerer Sprung in eine neue Zeit. Das ist der Zeitpunkt, an dem viele ihre alten Lieben der jungen Jahre hinter sich lassen und allein zu neuen Ufern aufbrechen. Andere wandeln sich gemeinsam und schaffen den Übergang, ohne die/den PartnerIn zurückzulassen. Auch Mutterschaft kann Beziehungen auf der Hitliste weiter nach unten rutschen lassen, denn die Liebe zwischen Mutter und Kind ist eine der besonders totalen Formen des Daseins, die nur wenig Raum für andere läßt, zumindest für einige Jahre. Wechsel, Alter und Tod bringen ebenfalls andere Qualitäten in die Liebe. Im zweiten Teil dieses Buches werde ich ausführlich darauf eingehen, wie sich das äußert und wie die sinnliche Frau damit umgeht.

Hier soll es zunächst um eine besondere Qualität in der Liebe gehen, die ganz eng mit unserer Kindheit verbunden ist, der Zeit, als wir noch mit dem goldenen Ball spielten. Der goldene Ball symbolisiert dieses unglaubliche Strahlen und Leuchten, das jedes Kind umgibt, solange es noch nicht erfahren mußte, was Erziehung vermag und wie wenig bedingungslose Liebe es im Patriarchat gibt. Solange wir den goldenen Ball haben, ist der Zauber in der Wirklichkeit keine Frage von Weihnachtsmann, Christkind und Osterhase. Kinder, die den goldenen Ball noch haben, wissen, daß das Leben ein Wunder ist und viele Wunder birgt. Die Durchgänge in die unsichtbare Welt stehen weit offen, sie gehen mühelos zwischen dieser und der anderen Welt hin und her, ohne jemals die Wirklichkeit zu verlassen.

Wenn wir erwachsen geworden sind, haben wir den Ball irgendwo verloren, und es ist gar nicht so einfach, ihn zurückzubekommen. Sorgen, die uns das Über-Leben aufdrückt, lassen uns häufig vergessen, was das Schönste auf der Welt ist.

# DER ZAUBER IN DER WIRKLICHKEIT

*Du stehst da und bemerkst, wie schön die Welt schon immer war*

Das Schlimmste an meiner Kindheit war die Langeweile. Dieses Gefühl war die Reaktion auf den Geruch von Ödnis, der aus Kindersicht die meisten Menschen umgibt und ausdrückt, wie wenig an Träumen und Lust sie im Inneren haben. Am größten war die Fadheit, wenn Erwachsene mal so richtig Zauber in die graue Wirklichkeit bringen wollten und dabei weder Kosten noch Mühen scheuten. Dann waren Zirkus, Clowns, Zoobesuche, botanische Gärten, Weihnachtsmärchen im Theater angesagt. Ich litt unerträglich unter diesen Erlebnisangeboten und versuchte sie mit Anstand hinter mich zu bringen. Ich habe als Kind nicht ein einziges Mal über einen Clown lachen können. Und ich weiß, daß die meisten Kinder über Clowns lachen, weil es von ihnen erwartet wird. Clowns sind die Erfindung von Erwachsenen, entstanden aus einem Gefühl von Tragik. Der dumme August stammt aus den schrecklichen Zeiten der Pest.

Was mir fehlte, was den meisten Kindern noch immer fehlt, ist echtes, aufregendes Leben, der wahre Zauber, für den man nicht in die Karibik fliegen muß und den weder der große Houdini noch ein anderes Spektakel bieten kann.

All dies Zeug – Zirkus, Theater, Erlebnisparks – ist der Versuch von Erwachsenen, die die Erinnerung an den Verlust ihres goldenen Balls nicht verloren haben, eine Art Ersatzritual zu schaffen. Auch dies der Versuch, zum wahren, echten Fühlen durchzudringen. Auch dieser vergeblich. Irgendwann muß ich beschlossen haben, entweder ein echtes, ganz und gar nicht langweiliges Leben zu leben oder lieber tot sein zu wollen.

Es ist nicht ganz einfach, vom Zauber in der Wirklichkeit zu sprechen. Eigentlich ist es sogar so, daß darüber zu sprechen bedeutet, ihn zu verscheuchen. Das Schwierige am Zauber in der

Wirklichkeit ist, daß er sich nicht erzeugen, sondern nur erfahren läßt. Es ist ein wenig wie mit dem Orgasmus. Beileibe nicht jede Klimax, geschweige denn Ejakulation ist auch ein Orgasmus, ein sinnlicher, energetischer Höhenflug, welcher dich in einem einzigen Augenblick dazu bringt, das Einssein mit allem Lebendigen zu fühlen. Der Zauber ist immer im Unbestimmten und Unvorhergesehenen zu finden, aber die Suche danach ist der sicherste Weg, fehlzugehen und nichts zu erfahren. Es ist doch klar, das Wunder ereignet sich niemals an Weihnachten, sonst wäre es ja kein Wunder. Allerdings wäre es auch kein Wunder, wenn es sich nicht trotz Weihnachten auch zu diesem Zeitpunkt ereignet oder so auf der Theaterbühne passiert, daß die Zuschauer es miterleben und nach Hause tragen können.

Wir kennen verschiedene Formen von Magie, eigentlich ebenso viele wie es Energien gibt. Eine erfahrene Magierin des Lebens ist in den Unterscheidungen geübt und weiß, wann sie welche Unternehmungen startet, um in den Fluß der vielen Ströme einzugreifen und sie zu lenken. Mit der Liebe geht das jedoch nicht so, wie sie es aus anderen Lebensbereichen gewöhnt ist.

Das Dümmste, was sie machen kann, ist ein sogenannter Liebeszauber. So wie Pornographie vielleicht die Geilheit erhöht, aber keine Lust erzeugt, kann ein Liebeszauber dir höchstens eine Art Zombie in dein Bett bringen, aber keine Person, die mit dir in den Tanz der Liebesenergien einsteigt, denn das kann nur freiwillig geschehen.

Weil es sich so schwer erklären läßt, was es mit dem Zauber in der Wirklichkeit auf sich hat, will ich es in Form einer Geschichte erzählen. Diese Geschichte hat ihre Ursprünge in verschiedenen Märchen, die ich gut gemixt für Frauen aufbereitet habe.

In dieser Geschichte gibt es eine Höhle, von der die Leute sagen, daß eine wilde Frau darin haust, eine alte Hexe, böse Vettel, die kleine Mädchen frißt, wenn sie so leichtsinnig sind, in die unbekannte Höhle zu klettern. Die Höhle liegt nicht in der Wildnis tief im Wald, sondern ganz nah beim Königinnenhof, in dem eine kleine Prinzessin lebte, die jeden Tag mit ihrem goldenen Ball spielte. Der Hof ist durch ein großes eisernes Tor geschützt, das fest versperrt ist. Eines Tages, es war gerade so ein schönes Wetter, spielte die Kleine wieder einmal mit ihrem goldenen Ball. Und wie sie ihn so vor sich hinwirft, rollt er davon, holpert den Hügel hinunter, rollt weiter und verschwindet in der Höhle der wilden Frau. Die Prinzessin eilt ihm bis an das große Tor hinterher in der Hoffnung, ihn noch rechtzeitig zu erwischen, aber er ist in die Höhle gerollt und verschwunden. Eine Weile bleibt die Prinzessin vor dem Tor stehen, weil sie damit rechnet, daß der Ball wieder herausgerollt kommt. Aber er bleibt verschwunden.

Ohne ihren Ball ist sie ein ganz gewöhnliches kleines Mädchen von sechs, sieben, acht Jahren, das in die Schule geht, zum Ballettunterricht, vielleicht ist es auch Karate, wenn nicht gar Wen Do. So gehen die Jahre dahin. Eines Tages ist sie dreizehn, vierzehn, fünfzehn Jahre alt, da wird sie von einer merkwürdigen Unruhe befallen. Sehnsucht schneidet ihr scharf in den Bauch, daß sie sich krümmen muß. Von nun an sitzt sie häufig in dem alten Schloßturm am Fenster und schaut in die Ferne. Im Hof spielt sie kaum noch. Alle Straßen und Wege, die von ihrem Hof wegführen, erscheinen ihr verheißungsvoll und vielversprechend. Sie weiß nur, daß es besser wäre, den goldenen Ball bei sich zu haben, wenn sie sich auf den Weg macht. In dieser Zeit vermißt sie ihn sehr.

Manchmal hätte sie große Lust, in die dunkle Höhle hinabzusteigen, um den Ball zurückzuholen. Aber meistens sucht sie ihn auf dieser Seite des Tors, bis sie eines Tages überhaupt vergessen hat, daß es die Höhle gibt. Nun hat sie sich schon einen von den vielen Prinzen ausgesucht, die auf dem Hof herumhängen, oder sie hockt in einem Seitenflügel des Schlosses, wo die anderen Mädchen sind, die sich mehr für Prinzessinnenspiele als für Prinzen interessieren. Die verheißungsvollen Wege hat sie nie beschritten, den Hof nie verlassen; sie bestreitet heftig, daß es Abenteuer, Verheißung, Wunder geben könnte. Was sie statt dessen hat, sind Sicherheit und Regeln. Dazu vielleicht Schnaps und Schokolade. Oder Shopping, Skifahren und Chakrenarbeit. Sie spielt Doppelkopf und bastelt sich ein Mondritual.

Viele Jahre vergehen, bis der Prinzessin wieder einmal die Sehnsucht den Bauch zerschneidet, daß sie sich krümmen muß. Sie wandert in unruhigen, schlaflosen Nächten ans Tor und versucht es zu öffnen. Aber es ist versperrt, und sie weiß nicht, wo der Schlüssel ist. Es kann viel Zeit vergehen, manchmal Jahre, bis sie herausgefunden hat, wo sich der Schlüssel befindet.

Der Schlüssel ist natürlich im Besitz der großen Hüterin aller Regeln, der Mutter der Prinzessin. Und die rückt ihn nicht heraus, denn die oberste Regel für Prinzessinnen ist, diesseits des Tors zu bleiben und der Mutter nicht den Schlüssel zu stehlen. So ist es also ganz klar, worin die Aufgabe für die Prinzessin besteht, wenn sie hinaus auf die verheißungsvollen Wege will, auf denen der König und alle Prinzen sich bewegen, als wären sie für sie gemacht. Sie muß es wagen, die Regeln zu brechen. Sie muß der Mutter den Schlüssel stehlen.

Wenn eine sich das traut, dann ist sie schon sehr mutig, und so manche Prinzessin wird geneigt sein, sich mit dem gestohlenen Schlüssel als freie Heldin zu fühlen. Sie wird die verheißungsvollen Wege hinunterstürmen, und ein paar Jahre später sehen wir sie wieder, gekleidet in ein elegantes Managerinnenkostüm, wie sie lacht, wenn einer blöde Witze über Frauen macht. Oder mit wundgelaufenen Füßen am Wegrand sitzt und weint, zwei Kinder neben sich und kein Dach über dem Kopf. Kann auch sein, daß sie auf einem anderen sicheren Königshof herumhängt mit Schnaps, Schokolade und Chakrenarbeit.

Die Prinzessin in dieser Geschichte hat es geschafft, den Schlüssel vom Gürtel der Hüterin aller Regeln zu stehlen wie viele andere vor ihr. Auch sie sperrt das Tor auf und tritt hinaus ins Freie. Aber bevor sie losstürmt, schaut sie leicht nach links und sieht dort aus den Augenwinkeln eine merkwürdige Gestalt stehen, die spöttisch lächelnd in ihren Händen eine goldene Kugel hin und her rollt. Die Prinzessin spürt ein heftiges Verlangen nach dem goldenen Ball und läuft auf die Gestalt zu.

Aber als sie sie um den Ball bittet, sagt die geheimnisvolle Erscheinung: „Du kannst diesen Ball nicht haben, er gehört mir. Aber du kannst dir deinen eigenen Ball zurückholen. Er ist in der dunklen Höhle bei der wilden Frau."

Es gibt Prinzessinnen, die in einem solchen Augenblick beschließen, daß es reichen muß, wenn sie sich mit der geheimnisvollen Erscheinung fotografieren lassen. So haben sie ein Bild, auf dem ein goldener Ball zu sehen ist. Das können sie später herumzeigen und erzählen, daß sie auch etwas über goldene Bälle wissen. Für die meisten Frauen reicht es, gesehen zu werden, um ein Gefühl von Bedeutung zu bekommen.

Die sinnliche Frau jedoch schaut selber hin und handelt. Unsere Prinzessin erinnert sich an ihren verlorenen Ball, und ihr Verlangen richtet sich nun darauf, ihn zurückzuerlangen. Sie sagt sich: Die Wege müssen warten, ich steige in die Höhle hinunter.

Es kommt in dieser Geschichte nicht darauf an, was die Prinzessin bei der wilden Frau erlebt. Darüber habe ich andere Bücher geschrieben. Hier geht es um etwas anderes. Wichtig ist, daß die Prinzessin in die Höhle gestiegen ist und am Ende mit ihrem goldenen Ball zurückkehrt. Es ist ein Hinweis darauf, daß der Zauber immer aus dem Unbestimmten, Unvorhergesehenen kommt und Bewegung bedeutet, nicht etwa Geschenk. Ganz gleich, wo sie sich von da an befindet, egal was sie tut, sie wird immer ein Strahlen und Leuchten um sich haben, das ihr einen geheimnisvollen Zauber verleiht. So kommt der Zauber wieder in die Wirklichkeit jeder einzelnen Frau.

Wir sind häufig versucht, den Zeitpunkt, an dem wir uns verlieben, für den wahrgenommenen Zauber zu halten. Manchmal ist es so, manchmal nicht. Es gibt Verliebtheiten, die sind wie ein Rausch. Das kann toll sein, hat aber den Nachteil, daß es so etwas wie einen *hangover*, einen Kater gibt, wenn es vorbei ist. Da wissen wir dann, wir sind einer Sphinx ohne Geheimnis begegnet. In anderen Fällen war es tatsächlich erfüllt von dem Zauber.

Aber im Grunde geht es um etwas viel Umfassenderes. Solange eine ihren goldenen Ball nicht zurückgeholt hat, kann sie sich verlieben, soviel sie will, es wird niemals etwas mit dem Zauber in der Wirklichkeit zu tun haben.

Es gibt nichts Kostbareres für ein Kind als Gestalten, die ihm versprechen, daß es möglich ist, sich den Ball eines Tages zurückzuholen, indem sie sich im Glanz ihres eigenen zurückerhaltenen Balls zeigen. In meinem Leben sind mir einige Menschen begegnet, allen voran mein alter Lehrer, der mir vorführte, daß Regeln gebrochen werden müssen, um das Kreative, das sich dann entfaltet, zu entdecken. Die Botschaft, die er für mich hatte, lautete: Sei eigen, und darin sei eigensinnig. Eines Tages, da war ich zwar erst zweiundzwanzig, aber schon Mutter von zwei Kindern, besuchte er mich, und mit ihm kam eine schöne, geheimnisvolle Frau. Ihr Name war Sarah Schumann, und sie war Malerin. Ich schenkte ihr eine alte Kamera, die ihr gefiel, und sie schenkte mir die gesamte feministische Frauenbewegung, als sie mir von „Brot und Rosen" erzählte, zu deren Gründerinnen sie gehörte.

Diese Erscheinungen aus der Zeit, in der wir unseren goldenen Ball verloren und noch nicht zurückerobert haben, sind deshalb so wichtig, weil wir Anleitung brauchen, um zu entdecken, was wir schon immer wußten. Und es ist von großer Bedeutung, daß auch wir eines Tages zu diesen verheißungsvollen Erscheinungen werden. Besonders unter LehrerInnen sind sie leider wenig anzutreffen, was mich um so mehr schmerzt, als ich erfahren habe, welch Glück es für ein Kind bedeuten kann, gerade bei LehrerInnen auf Verheißung zu stoßen.

Aber eigentlich ist es ganz gleich, wer uns etwas über vielen Möglichkeiten in der Zukunft zeigen kann. Ich kenne eine junge Frau, die im Rahmen eines Projekts gemeinsam mit einem jungen Schwulen durch die Schulklassen Pubertierender ging und sagte: „Ich bin Kerstin. Ich bin Lesbe. Gibt es irgendwelche Fragen?" Es ist keine Frage, daß sie nicht wenigen Mädchen ein Stück Verheißung auf ein authentisches Leben geschenkt hat.

Das ist ja das Problem, daß wir in den Bereichen des Lebens, die für uns existentiell sind, keine wirkliche Anleitung bekommen. Sheila Ortiz Taylor schreibt: „Aber wann in meiner langen Geschichte des Lernens hatte man mir beigebracht, den ersten Schritt zu tun? Ich meine nicht die bloße Ausführung des Schritts, sondern das Gefühl von Angemessenheit und Berechtigung, das den Schritt rechtfertigt." Das ist das Problem der Frauen, daß die patriarchalen Geschichten Helden kennen, vielleicht sogar Heldinnen, aber keine Amazonen, das heißt auf ihre Weise, nach ihren Regeln handelnde freie Frauen, die etwas von der Angemessenheit verstehen, mit der eine den ersten Schritt tut und dann alle weiteren.

Wir haben alles, was es innerhalb der Grenzen, die unsere Regeln setzen, aufzubieten gibt, um nicht durch das soziale Netz zu fallen. Aber was dabei herauskommt, ist gutgemeintes sozialarbeiterisches Denken. Ich habe einmal eine Frau kennengelernt, die beriet Frauen, die von ihren Gatten geprügelt wurden. Sie beklagte sich bitter über die Hoffnungslosigkeit dieser Frauen und die Unmöglichkeit, ihnen Hoffnung zu machen. Mit meiner Frage, was sie ihnen denn zu bieten habe, konnte sie nichts anfangen. Ich fragte weiter, was sie den Frauen über ein Leben ohne die Abhängigkeit von prügelnden Männern zu erzählen wisse. Sie selbst war Demut und Hoffnungslosigkeit und glaubte nicht an die Wonnen, die es bedeuten kann, sich die eigene Würde zurückzuholen. Sie kam überhaupt nicht auf die Idee, mit der eigenen Person dafür einzustehen, daß es sich lohnt, aus destruktiven Liebesbeziehungen auszusteigen. Vielleicht lag es daran, daß auch ihr niemals jemand erschienen war und erzählte hatte, daß es möglich ist, den goldenen Ball wiederzuholen.

Was tun, wenn eine auch beim besten Willen keine Gestalt in ihrem Leben erspähen kann, die ihr Verheißung versprochen hat? Wird es in ihrem Leben den Zauber der Wirklichkeit nicht geben? Das mag ich nicht glauben. Selbstverständlich wird es ihn geben, denn sie trägt ihn in sich. Vielleicht dauert es ein wenig länger, bis sie ihn spüren, sehen, schmecken und riechen kann, aber daß er ein Leben lang ausbleibt, gibt es nicht. Da müßte eine schon so sehr blind sein, wie nur eine es ist, die nicht sehen will. Oder nicht zu sehen wagt.

Einmal saß in einem Seminar zum Thema „Macht und Magie" eine Frau, die sagte, sie interessiere sich für Spiritualität und Magie, aber so recht glauben könne sie eigentlich nicht, daß das funktioniert. Nach einigen Stunden, in denen ich sie beobachtete, war mir klar, was mit ihr los war. Sie war diejenige unter uns, die sich am allermeisten wünschte, daß es das Wunder gibt. In Wahrheit hatte sie nicht das Problem, was zu tun ist, wenn der Zauber sich nicht einstellen will, sondern eher, was tun, wenn er plötzlich da ist. Sie war die wahrhaft Suchende, die sich nicht mit billigen Tricks zufriedengibt und sich vor der Hohlheit der Pseudo-Rituale fürchtet. Alles, was ihr noch fehlte, um eine echte Magierin des Lebens zu werden, war, die Grenze zum eigenmächtigen Handeln zu überschreiten.

Das Patriarchat ist eine Gesellschaft mit einem mechanistischen Weltbild. Es kennt und akzeptiert nur maschinelle Systeme und kann auch Lebendiges nur auf diese Weise erkennen. In einer solchen Gesellschaft zu wissen, was wie zu tun ist, ist relativ einfach, und so kann in der Regel auf die Weisheit und Erfahrung der Älteren verzichtet werden, was ja auch geschieht.

Wenn es aber um Liebesdinge geht – dieser Begriff ist hier mit Absicht sehr weit gefaßt –, dann können wir mit diesem Weltbild gar nichts mehr anfangen. Das alte, blöde Rezept „verliebt, verlobt, verheiratet" entpuppt sich dann als ebenso unbrauchbar wie der Versuch, mit Hilfe von poetischem Zirkus und animateurisierten Ferienclubs etwas Besonderes ins Leben zu bringen. Auch Romantik als Waffe gegen die Banalität des Alltags hilft nicht weiter.

Die Mysterien von Geburt, Liebe, Trennung und Wiederkehr sind eine spirituelle Erfahrung, die sehr irdisch, sehr kosmisch, sehr körperlich und vor allem sehr persönlich ist. Du findest es manchmal im Aufeinandertreffen von Augen. Manche SängerInnen haben es, können TrägerInnen des Zaubers sein. In Sonja Renners Bildern ist es. In k. d. langs Stimme ebenso. In Gedichten habe ich es selten gefunden, aber das ist vielleicht Geschmacksache.

In der wunderbaren Liebesgeschichte „Patience und Sarah" von Isabel Miller gibt es eine Beschreibung, die zeigt, worum es sich handelt: „Ich sah weiter in ihre Augen und hielt ihrem Blick stand und dachte, sie würde gleich weggehen, und dann, als ich wußte, daß sie es nicht tun würde, fing der Silberfaden, der unsere Augen verband, zu summen an wie ein ferner Bienenschwarm. Ich fühlte meine Seele schmelzen und an ihm entlangströmen. Ich fühlte mein Herz schmelzen und aus meinen Fingerspitzen tropfen."

In Liebesdingen brauchen wir tatsächlich die Älteren, die wissen, wie eine aus der Wüste heraus und sicher durch das Wasser gelangt, um im Paradies anzukommen; die uns die Angemessenheit lehren; uns die Geschichten erzählen, in denen Heldinnen und Amazonen sich aufmachen und Abenteuer bestehen, damit sie wachsen, klug und reich werden und sich zu stolzen Frauen wandeln, die *pride* haben, einen goldenen Ball, der ihnen auf ewig gehört. Ein Grundbedürfnis von Frauen ist, besonders zu sein und als besonders wahrgenommen zu werden. Ein weiteres Grundbedürfnis ist, aus diesem Gefühl heraus zu handeln.

In uns allen leben widerstreitende Teile unseres Selbst. Meist gewinnt der Teil, der von der Anerkennung der Gesellschaft abhängig ist. Dann hat die nette Mutti aus der Waschmittelwerbung in uns die Oberhand. Sie kann uns in trostlose, folgenreiche Lebenssituationen manövrieren, die uns auslaugen durch Anpassung und Angst. Das ganze Leben eine Tupperware-Party, ein Sparverein, eine Doppelkopf-Partie. Das ist der Tod für den Zauber in der Wirklichkeit.

Die andere, das Luder, die Wölfin, die genießende Schlampe weiß mehr von Dingen wie Zauber und Magie, zumindest was die aufregenden, abenteuerlichen Situationen angeht. Was aber die kreative Lebensenergie angeht, die dir eine Liebesgeschichte mit einem Baum, einem Stern, einem Bild, Lied oder Buch schenken kann, muß auch sie sich schrittweise öffnen, um sich erfassen zu lassen – bis dein schmelzendes Herz dir aus den Fingerspitzen tropft.

Auf dem Weg, eine sinnliche, liebesfähige Frau zu werden, kann eine den Zauber nicht suchen, geschweige denn in Kursen einüben. Sie kann allerdings daran arbeiten, fähig zu werden, sich selbst die Erlaubnis zu geben, das Wunder wahrzunehmen, wenn es sich einstellen sollte. Erfahrungen der Sinnlichkeit machen wir am besten in der Langsamkeit und Einfachheit. Es geht darum, Farben, Bilder, Landschaften zu sehen; Töne, Stimmen, Geräusche, Geschichten zu hören; zu essen und zu trinken; Düfte zu riechen; Stoffe und Formen zu berühren, Berührungen zu fühlen. Träume kommen dann ganz von allein zu dir. Das Lachen fliegt dir dann zu. So offenbaren sich die Augenblicke, in denen du dastehst und merkst, wie schön die Welt schon immer war. Es geht um dieses Flirrende, Schwirrende, Lichterlohe. Dann bist du von einer Durchlässigkeit, die dich befähigt, intuitiv zu sein, also hellhörig, hellfühlig, hellsehend.

Wenn diese Energie zu fließen beginnt, dann bist du in jedem Augenblick mit dem verbunden, was ist. Phantasien sind dann kein Ersatz für nicht gelebtes Leben, sondern ein Weg, neue Wirklichkeiten zu schaffen. Lust ist dann bezogen auf die, mit denen du bist. Liebe ist dann befreit von der Last der Gebote, von Schuld und Moral.

# ZWEITER TEIL

„Gesegnet sei mein Hirn,
auf daß ich meine eigene Kraft erkenne;
gesegnet sei meine Brust,
daß sie jenen Nahrung gebe, die ich liebe;
gesegnet sei mein Schoß,
daß ich es schaffe, was ich erschaffen will;
gesegnet seien meine Knie,
damit ich mich beugen kann, ohne zu brechen;
gesegnet seien meine Füße,
daß ich auf dem Weg meines höchsten Willens wandeln kann."
(Robin Morgan, *Geflecht der imaginären Mutter*)

„Gesegnet seien auch alle meine Sinne und meine Lust,
daß ich mir selbst eine Freude bin
und mich drehend wandle
auf dem großen Fest des Lebens."
(Angelika Aliti)

# 1. WENN DIE SINNLICHE FRAU JUNG IST

Das Element Luft, das für den Frühling steht, ist eine Kraft, die die Haut berührt. Luft, das sind Liebeslieder, die mit dem Atem in die Welt geschickt werden. Luft bedeutet Ausdehnung, fliegen können, das Entzücken der Entdeckung, Austausch, Kommunikation. Es kann bewegt, sogar stürmisch sein oder von intensiver Stille wie in windstillen, milden Frühlingsnächten am Mittelmeer. Es gibt den scharfen Eishauch des Nordwinds. Es gibt spannungsgeladene Luft vor dem großen Gewitter, Blitz und Donner und plötzlichen Sand- und Schneesturm.

Dein Zeichen ist die Doppelaxt.

# DER TANZ DER HORMONE

*Mädchen vor dem Übergang, Frauen vor dem Saturn-Return*

Im Grunde verhält es sich mit den Altersphasen so: Die junge Frau weiß alles und kann nichts. Die Frau in den Jahren der Verantwortung kann alles und weiß nichts (mehr). Die alte Frau weiß alles und kann alles, aber leider zu spät.

Natürlich ist es in Wahrheit nicht ganz so kraß – oder krasser, je nachdem. Es gibt junge Frauen, die können schon ganz schön viel. Sie sind tatkräftig und ungebremst auf ihrem Weg unterwegs zu den Gestalten, die sie einmal werden wollen. Es gibt alte Frauen, die wissen noch immer nichts, und andere, die haben so lange nichts getan, daß sie jetzt, wo sie anfangen, die Power von jungen Frauen entwickeln (Modell „Spät-aber-doch"). Aber eigentlich sagen alte Frauen übereinstimmend, daß sie viele Dinge anders, besser gemacht hätten, es in anderen Dingen auch leichter gehabt hätten, wenn sie damals schon gewußt hätten, was sie im Alter wissen. Für vieles bleibt auch dann eine Chance, wenn wir alt geworden sind. Darum ist es letztlich ganz gut so, wie es ist.

Zu früh gemachte Erfahrungen können dem Leben zuviel Gewicht geben, denke ich. Diese Jahre gehören der Leichtigkeit und Ausgelassenheit, der frechen Nonchalance. Das Element Luft kennzeichnet diese Entwicklungsjahre. Das kann, darf und soll noch nicht so festgelegt sein wie in späteren Zeiten. Auch die Doppelaxt, das Zeichen, das diese Altersphasen begleitet, erzählt davon. Es ist die amazonische Zeit, da sollte eine seelisch viel unterwegs sein und viel entdecken, wenn nicht gar erobern.

Die Zeitspanne, die ich hier mit „Jungsein" meine, umfaßt etwa vierzehn Jahre. Ich setze den Beginn bei ungefähr vierzehn Jahren an, wenn Mädchen mitten im hormonellen Übergang sind, und lasse die Jugend vor dem Saturn-Return enden, der etwa mit achtundzwanzig Jahren einsetzt. Da sind Frauen ja eigentlich schon ganz schön erwachsen – es erscheint mir trotzdem angemessen. Wir haben zwar eine immer früher einsetzende Adoleszenz, also körperliche sexuelle Reife, jedoch eine erheblich prolongierte Jugend aufgrund länger währender Ausbildungen und anderer sozialer Verschiebungen.

Wohl liegen Welten zwischen dem Sein einer Vierzehn- und einer Achtundzwanzigjähren. Ich hatte mit achtundzwanzig beispielsweise eine achtjährige Tochter und bereits eine Scheidung hinter mir. Wenn ich auch imstande war, verantwortungsvoll für mein Kind zu sorgen, war ich doch seelisch noch so unreif (und leider auch von Älteren unbeschützt und unbegleitet), daß ich unvorbereitet in einen völlig verpatzten Saturn-Return eierte. In dem Alter hätten die Augen, mit denen ich eine Vierzehnjährige angeschaut hätte, schon länger einen mütterlichen Glanz gehabt. Menschen, die vierzehn Jahre älter gewesen wären, wären mir viel näher gewesen. Aber dessen ungeachtet bildete mein Sein den Schluß einer Entwicklung, die nun einmal mit etwa vierzehn angefangen hatte. Von diesen vierzehn Jahren weiblicher Entwicklung handelt dieses Kapitel.

Das sind zwei ganze Septaden, die eine da durchläuft. Die beiden, die eine dann schon hinter sich hat, also die von Null bis Sieben und von Sieben bis Vierzehn, sind die, die wir gemeinhin als Kindheit bezeichnen. Diese Kreise sind nun mehr oder weniger geschlossen. Der neue Zyklus bringt viel Aufregung mit sich, Unruhe und Veränderung. Manche Leute sind der Ansicht, daß eher die Eltern pubertieren, weil sie nicht damit fertigwerden, daß sich die Kinder zu verändern beginnen, wenn der Tanz der Hormone beginnt, aber das ist vielleicht eine etwas übertriebene Vorstellung.

Der Anfang eines weiblichen Erwachsenenlebens ist geprägt von unbändiger Ausbruchsstimmung. Es gibt keinen Ort der Welt, der zu dieser Zeit weniger anregend ist als die Familie. Alles ist so eingeschliffen, so festgefahren, so entsetzlich langweilig. Immer dasselbe. Die Fürsorge der Mütter wird als belästigende Nerverei und unakzeptable Kontrolle empfunden. Lebenshunger entsteht. Mädchen in diesem Alter wollen wissen, wie sich die Welt *anfühlt*.

Du hast ein Recht darauf. Das Kinderzimmer ist dir zu klein geworden. Es ist Zeit, dich auszudehnen. Das Leben atmet dich tief ein. Was du jetzt brauchst, ist die große Welt. Was die Welt dir schuldet, ist die sichere Anleitung, um die aufregenden Welten von Liebe und anderen Abenteuern zu entdecken. Lebenshunger muß gestillt werden. Erwachsene – damit sind nicht nur Eltern gemeint, aber die auch – müssen dir helfen, ihn mit echtem Leben und nicht mit dem Tralafitti der Erlebnisparks und Ferienclubs zu stillen.

Zu diesem Zeitpunkt sollte ein Mädchen die erste Initiation hinter sich haben, die hilft, richtig mit der Tatsache umzugehen, daß sie für die nächsten fünfunddreißig bis vierzig Jahre menstruieren wird. Dies ist in der linearen Funktionalität des Patriarchats für das Selbstwertgefühl eines weiblichen Wesens besonders wichtig.

Nach dem Verlust des goldenen Balls in der Kindheit ist das Einsetzen der ersten Menstruation der zweite große Einschnitt, der im Fall von Fehlreaktionen der Erwachsenen dazu führt, daß das Mädchen sich zweitrangig zu fühlen beginnt, auch wenn ansonsten ihre Umgebung sie in ihrer geistigen und seelischen Entwicklung zu fördern bereit ist.

In diesem Zusammenhang kann ich Mütter nur eindringlich warnen, den gravierendsten Fehler zu machen, den sie machen können, nämlich die Menstruationsinitiation so zu betreiben, wie eine selbst hätte behandelt werden wollen, als sie zum erstenmal menstruierte. Sie sollte nur Vorschläge machen und das Mädchen selber auswählen lassen, wie der Übergang zelebriert wird. Vielleicht schwebt dir das große Fest in Rot vor, aber die Tochter hätte lieber einen Kuschel-Tag mit ihrer besten Freundin in der Geborgenheit ihres alten Kinderzimmers. Hier ist eine besonders große Feinfühligkeit der Mütter gefragt.

Wer hat je behauptet, es wäre einfach, Menschen aufwachsen zu lassen? Spätestens jetzt wissen Mütter, was die Leute meinen, die kritisieren, daß die biologische Fortpflanzungsfähigkeit in unserer Gesellschaft schon befähigt, ein Kind aufwachsen zu lassen.

Wenn der Zeitpunkt gekommen ist, an dem das Mädchen vom Lebenshunger erfaßt wird, ist die Initiation der Menstruation schon

Vergangenheit. Jetzt führt das Mädchen einen Befreiungskampf, und sie wird ihn mit allen Mitteln und auf eine Weise führen, die ihre Eltern an den Rand ihres Belastungsvermögens bringt. Vom Standpunkt der unbeteiligten Beobachterin läßt sich sagen, daß das gut so und ein Grund zum Feiern ist. Mädchen und Eltern sehen das nicht ganz so enthusiastisch.

Der Lebenshunger führt nicht nur zum pubertären Befreiungskampf, sondern auch zu einem großen Bedürfnis, einer mächtigen Sehnsucht, gesehen und wahrgenommen zu werden. Was in späteren Lebensphasen hinderlich und bei weitem nicht ausreichend für die volle Entwicklung von Selbstbewußtsein ist, ist hier der Entwicklung gemäß haargenau richtig. Mädchen, junge Frauen in der Septade von vierzehn bis einundzwanzig wünschen sich Bedeutung und benötigen dazu nicht nur den nötigen Freiraum, sondern die entsprechende Beachtung, damit sie sich als Mittelpunkt der Welt erfahren können. Die Eltern sind es jetzt nicht mehr, die ihnen das geben können. Denen bleibt nichts als der sichere Hafen zu sein, in den die junge Fregatte immer dann einlaufen kann, wenn draußen auf hoher See der Wind zu stürmisch bläst.

Jetzt sind andere gefragt, die geeignet sind, Rollenvorbilder abzugeben: Wahlmütter, die nicht durch eine gemeinsame Vergangenheit und allzuviel Nähe und Gluckenverhalten belastet sind; Frauen, die ein kraftvolles, eigen-mächtiges und unabhängiges Leben gelebt haben und leben. Ich muß nicht besonders hervorheben, daß wir da nicht soviel Auswahl haben, wie benötigt wird. Bei intensiverer Suche läßt sich jedoch feststellen, daß es inzwischen mehr Frauen gibt, die sich als Rollenvorbilder eignen, als die meisten für möglich halten.

Wenn Mädchen in diesen Jahren noch nicht zu sehr mit den Rollenerwartungen an Weiblichkeit belästigt worden sind, dann findet sich in ihren jetzt sehr intensiven und für die Entwicklung notwendigen Tagträumen kein Held, der sie auserwählt, kein Prinz, der sie aufs Pferd hebt, um mit ihnen in eine goldene Zukunft zu reiten, sondern sie selbst sind die Heldinnen; Retterinnen der Enterbten, die alle Abenteuer erfolgreich überstehen und denen der Beifall und die Bewunderung aller zuteil wird. In diesem Alter halten Mädchen es durchaus noch für möglich, selber Elvis zu werden, anstatt Elvis anzuhimmeln.

Daß das umschlägt in die hysterisch-kreischende Anhimmelung von Retortenbands, ist eines der traurigen Zeichen dafür, daß die gesellschaftliche Gehirnwäsche bereits gegriffen hat. Die unglaubliche Sinnlichkeit und Gefühlstiefe junger Mädchen wurde in patriarchale Kanäle umgeleitet. Einer der zahllosen Versuche, den weiblichen Geist zu unterdrücken, indem er um die eigene Kreativität und Unabhängigkeit betrogen wird. Eine weitere Generation domestizierter Frauen hat Las Vegas erreicht und fällt über die Spielautomaten her.

Was eine beachtliche Zahl von Mädchen dazu bringt, nicht in diese Falle zu tappen, ist der altersgemäße Zustand der Wahrhaftigkeit, in dem sie sich befinden. So sehr wie niemals wieder ist eine junge Frau damit verbunden und davon beseelt. Wahrhaftigkeit entspringt aus dem glühenden Wunsch, die Welt möge ein Ort der Liebe und Klarheit sein. Kompromisse erscheinen unerträglich. Die junge Frau ist eine tapfere Amazone, eine mutige Diana, Persephone vor ihrem Abstieg in die Unterwelt.

Ich habe, als ich mit ein paar Jahren Verspätung die Zeit der Pubertät nachholte, mir mit Leonhard Cohen ein Schreiduell geliefert statt ihn zu interviewen, wie ich sollte. Weil ich den Eindruck hatte, daß er nicht mehr lebte, was er in seinen Songs vortrug. Wobei anzumerken ist, daß ich mit der Schreierei angefangen habe. Ich hatte es nicht mal für nötig befunden, mich dafür zu entschuldigen, daß ich ihn am Morgen nach seinem Konzert in aller Frühe unangemeldet aus dem Schlaf geholt hatte. So etwas tun Mädchen in dem Alter, in dem sie die Wahrhaftigkeit über alles andere stellen.

Die Liebe zum Leben kommt aus dem Herzen der Wahrheit. Wahrheit oder besser gesagt Wahrhaftigkeit ist dir in diesem Alter noch eigen. Es kommt darauf an, sie nicht zu verlieren, wenn der Tanz der Hormone dich auf Reisen schickt. Erhalte dir die Abscheu vor den Notwendigkeiten des Lebens und wehre dich, wenn sie dir als Sinn des Lebens und als Ziel für die Zukunft verkauft werden.

Lerne, dich sicher in der Welt zu bewegen, damit du nicht Schiffbruch erleidest, aber nimm es nicht wichtiger, als es ist. Es ist keineswegs originell, sich danebenzubenehmen. Aber laß deine Fähigkeit, dich zu benehmen, niemals so ausarten, daß du ein angepaßtes Wesen wirst. Folge deinem Herzen, folge deiner Lust, bleib dir treu. Sei eigen, und darin sei eigensinnig.

Es ist keine ganz einfache Zeit, die da beginnt. Es ist wirklich nicht leicht, jung zu sein. Für ein Mädchen im Patriarchat insbesondere nicht. Wenn die ersten sieben Jahre Jugend überstanden sind, wenn die Betreffende also über die Zwanzig gekommen ist, wird es leichter. Aber zu Beginn sind da das Chaos der Gefühle und eine Form der körperlichen Veränderung, die ein Mädchen zutiefst verunsichern können.

Mir war peinlich, so jung zu sein. Das lag daran, daß ich es immer damit verband, zu jung zu sein. Es erschien mir immer wie eine Art Behinderung, ein Stigma der Ohnmacht. Denn obwohl unsere Gesellschaft einerseits Jugend zum Maß aller Dinge macht, läßt sie andererseits junge Leute immer im Gefühl der Unzulänglichkeit und Unwichtigkeit.

Das Ärgste am Jungsein ist, daß du auf soviel hereinfällst, ohne es zu merken. Nur selten bist du schon von solchem Scharfblick, daß du andere wirklich durchschaust. Diese anderen, Erwachsene, bestimmen über dich, und du kannst dich nie darauf verlassen, ob sie auch gescheiter sind als du oder nur mächtiger. Ich kenne allerdings auch sehr junge Frauen, die finden Altsein peinlich, eigentlich finden sie alles peinlich, auch sich selbst. Sie machen sich unendliche Sorgen darüber, richtig angezogen zu sein, das Richtige zu sagen, zu denken, mit den richtigen Leuten zu verkehren und vor allem nicht aufzufallen.

Dennoch ist die Zeit der jungen Frau etwas Wunderbares, wie Hunger, wie ein Faß, das mit Leben angefüllt werden will. Das sollte im Grunde die Quelle einer großen Lebenslust sein, aber es verursacht auch gewaltige Probleme. Einige davon sind so etwas wie eine patriarchale Tragödie, andere sind quasi hausgemacht, das heißt sie gehören einfach zur Entwicklung dazu. Ein Umstand, der die Dinge nicht leichter macht, aber unser Verständnis dafür verändern kann.

Zu den Problemen, die eine patriarchale Tragik in sich tragen, gehört die Zerbrechlichkeit eines beginnenden Lebens als Frau. Mädchen haben im Patriarchat keine Chance, sich so frei zu bewegen, wie sie es ihrem Alter entsprechend sollten, ohne damit rechnen zu müssen, daß sie sich in Gefahr begeben. Wir leben, wie schon gesagt, in einer Welt der Mörder und Päderasten, und die ganz jungen Mädchen sind die leichte Beute. Üblicherweise läuft es darauf hinaus, daß ein Mädchen mit der Zeit und beinahe unmerklich beginnt, sich immer weiter zurückzunehmen. Plötzlich ist aus einem wilden Kind ein introvertiertes, verunsichertes, passives Mädchen geworden. Und alle fühlen sich mal wieder bestätigt: Weiblich ist gleich passiv. Passives weibliches Verhalten ist aber nur die resignierte Reaktion darauf, daß jemand anderes den Part der Aktivität an sich gerissen hat. Es bedarf in diesen Lebensjahren schon eines geradezu überirdischen Charismas, um sich nicht die Butter vom Brot nehmen zu lassen.

Das ist keine natürliche, sondern eine gesellschaftlich gemachte Hürde. Viele Mädchen verhalten sich, wie von ihnen erwartet, und scheuen brav zurück. Aber es gibt andere Hürden, und die gehören in diese Jahre wie die Mondin in die Nacht. Eine davon will ich mal das Problem der großen Klappe nennen.

Es geht um Folgendes: Als junge Frau bist du genauso intelligent, wie du als alte Frau sein wirst. Sobald du das mitbekommen hast, könnte es dich verleiten zu glauben, du wüßtest schon alles. Aber so schlau du auch bist, noch bist du eine junge Füchsin. Das Größte an dir ist deine Klappe. Sie ist größer als dein Wissen. Das heißt nicht, daß aus dir nichts wird (aus mir ist ja auch was geworden). Was dir fehlt, ist Erfahrung. Darum dein Lebenshunger, der in dieser Zeit ein natürliches Bedürfnis ist und so große und unaufhaltsame Kraft entwickeln kann wie echter Hunger.

So wie mit jungen Mädchen in unserer Welt umgegangen wird, erleben sie diesen Mangel an Erfahrung als Zurücksetzung und fühlen sich von denen, die älter, also erfahrener sind, kleingemacht. Andererseits fühlt ein Mädchen in sich eine große Kraft rumoren (die, aus der Lebenshunger und Träume kommen) und stellt fest, daß den Älteren diese Kraft zumeist abhanden gekommen ist. Sie wird sich also als die personifizierte Zukunft fühlen und würde am liebsten die Oldies in einen abgelegenen Rentnerpark stecken, wo sie nicht stören und keinen Platz wegnehmen. Die Trennung der Generationen ist im Patriarchat beinahe unüberbrückbar. Das hat seinen Grund. Es ist Ausdruck der alten Lebenshaltung „Teile respektive trenne und herrsche". So lernen wir es, und danach handeln wir auch alle. Auf diese Weise ist jede Frauengeneration gezwungen, ohne Hilfe der Älteren das (Liebes)-Rad neu zu erfinden. Das ist der Grund, warum jede Generation immer wieder auf den gleichen alten Schmäh hereinfällt.

Wenn die junge Frau in die vierte Septade ihres Lebens wechselt, also Anfang zwanzig ist, wähnt sie sich häufig schon auf die andere Seite zu den Alten, zumindest zu den Verantwortungsträgerinnen übergewechselt. Ich kam mir mit einundzwanzig wesentlich erwachsener vor, als ich mich heute fühle. Aber im Grunde ist es immer noch der luftige Unernst, der das Leben bestimmt, und der Spaß an der Provokation, der Bewegung in alles bringt. In diesen Jahren bist du ganz sicher, daß du alles ganz anders als die Alten machen wirst, und glaubst, daß du es bereits tust.

Nun bist du auf Ekstasensuche, und je weniger du an Ich-Stärke entwickeln durftest, um so leichtsinniger bist du in der Wahl der Mittel, sie auf schnellstem Wege zu erreichen. Wenn dir jetzt eine Gestalt erschiene – eine von denen, die ihren goldenen Ball in den Händen rollen lassen –, die dich wissen ließe, daß Ekstase – also die Spitze des Flow-Zustandes – eine Sache von gelebtem Leben ist, könnte es sein, daß du sie auslachst, bevor du die nächste Pille einwirfst, den nächsten Joint rauchst, Champagner, wahlweise Rotwein trinkst oder mit der nächsten Person ins Bett steigst. Von härteren Drogen ganz zu schweigen.

Die Chance, daß dir in diesen Jahren der zweiten Erwachsenenseptade eine solche Gestalt erscheint oder du sie erkennst, ist sowieso sehr gering. In dieser Phase neigen Menschen beiderlei

Geschlechts dazu, ausschließlich mit Menschen ihrer Altersklasse zu verkehren. Die einen sind ihnen zu kindisch, die anderen zu alt. Von goldenen Bällen will eine dann nichts wissen. Den Begriff Krise verbindet sie eher mit Nervenschwäche. Sie hat den Eindruck, daß es im Leben immer und ewig so weitergeht. Alles ist jetzt eine Frage von „nächstes Jahr mehr Geld, weitere Reise, teurere Kleidung, größeres Auto".

Frauen dieses Alters finden sich in der Öffentlichkeit – soweit Frauen überhaupt vorkommen – breit repräsentiert. Film, Fernsehen und Werbung akzeptieren nur Frauen in den Zwanzigern. Das verführt Mittzwanzigerinnen dazu, anzunehmen, daß sie allein es sind, auf die es ankommt.

Das ist besonders fatal, wenn wir daran denken, daß weibliches Leben zyklisches Leben ist, das seinen Schwerpunkt in der Wandlung der verschiedenen Lebensabschnitte hat. Der Frau zwischen einundzwanzig und achtundzwanzig wird vorgegaukelt, Wandlung, Veränderung seien etwas Negatives. Leise wird ihr jetzt schon Angst vor der Zeit des Alters gemacht. Der Tanz mit den Lebensenergien wird nicht gelernt, was sich in ein paar Jahren als großer Fehler herausstellen wird und TherapeutInnen fett werden läßt.

Was dir jetzt bewußt ist, sind die vielen Möglichkeiten, ein Leben zu leben. Du rennst hinter beruflichen und privaten Chancen her, weil etwas in dir ausprobieren möchte, was du alles kannst oder können könntest, wenn man dich ließe. In diesen Jahren fühlst du Furcht vor endgültigen Entscheidungen und zugleich Sehnsucht danach, endlich mitzumischen. Visionen deiner Zukunft fallen dir schwer, weil du von den vielen Möglichkeiten eher eingeschüchtert, gelähmt und verwirrt bist. Es könnte sein, daß du vor lauter Angst, dich zu verzetteln, dich ganz schnell in einem Lebensentwurf niederläßt und nicht mehr nach rechts und links zu schauen wagst.

Dies sind auch die Jahre, in denen du zum erstenmal erfährst, was es bedeutet, Liebe und Beruf nicht vereinbaren zu können. Jetzt sind es nur noch wenige, die an sich den Anspruch stellen, beides miteinander zu vereinbaren wie ein Mann, der dem Beruf

Priorität gibt und eine geduldige PartnerIn sucht, die an der Karriere durch emotionales Coaching mitbastelt. Wenn du dich für männliche Partner entschieden hast, kannst du sowieso lange suchen, bis du jemanden findest, der dazu bereit ist. Die meisten Frauen sind nun schon in der Korrumption gelandet, die eine bestimmte, sehr bequemliche Form von Weiblichkeit mit sich bringt. Durchsetzungsvermögen ist dann kaum noch da. Unterwerfung wird automatisch geleistet. Manchmal meldet sich noch die gute alte Wahrhaftigkeit, aber meistens nur, um an anderen mäkelnd zu entdecken, was eine bei sich selbst beunruhigt.

Probleme werden als einmalig erlebt, Schwierigkeiten als persönliche Unfähigkeit genommen. Die Überlebensstrategien laufen auf vollen Touren. Wir treten in Filmen auf, die unser Kopf produziert; wir lassen unsere PartnerInnen, FreundInnen ahnungslos mit auftreten. Die wissen nicht nur nicht, wie ihnen da geschieht. Sie haben zumeist ihre eigenen Kopf-Filme laufen, in denen wiederum andere unwissend auftreten. Meist ist uns das in diesem Alter gar nicht bewußt; nur daß es nicht so toll läuft, wie wir uns das gewünscht haben, nicht einmal dann, wenn wir die Ziele erreichen, die wir uns gesteckt haben, das wissen wir insgeheim ganz genau.

Doch eines Tages trägt dich der Wind in die heiße Wüste hinaus. Was immer es auch war, vielleicht eine achtlos weggeworfene brennende Zigaretten, aber plötzlich steht alles in Flammen, und du weißt, etwas Merkwürdiges und keineswegs nur Angenehmes geschieht. Die Unbeschwertheit entzieht sich immer weiter. Der Saturn-Return steht vor der Tür. Auf einmal ist nichts mehr leicht, und Zweifel machen das Leben auch nicht unbedingt einfacher.

Damit ist dieser Zyklus abgeschlossen, du trittst in eine neue Lebensphase. Doch bevor wir uns damit beschäftigen, möchte ich dir zeigen, auf welche Weise du diese Zeit erlebst, je nachdem ob du mit Einsetzen der Pubertät festgestellt hast, daß du Frauen liebst oder deine Gefühle Männern entgegenbringst. Es sind jeweils ganz andere Schwierigkeiten zu bewältigen und völlig unterschiedliche Abenteuer zu bestehen.

## WIE EINE STARK BLEIBT,
## OBWOHL SIE AUF MÄNNER STEHT

Wenn Mädchen erwachsen genug sind, um wissen zu wollen, wie sich die Welt *anfühlt*, dann schließt dieser Wunsch für viele mit ein, wissen zu wollen, wie Männer sich anfühlen. Damit steht eine vor einem Dilemma besonderer Art. Die Frage ist nämlich, was will sie fühlen, den echten, lebendigen Mann, so wie er ist, oder den Mythos Mann. Die zweite Frage lautet: Wen wird sie wahrnehmen, den Mythos oder den echten Mann.

Zu Anfang wird ihr der Unterschied nicht sonderlich klar, geschweige denn wichtig erscheinen. Was sie spürt, ist ihr Innerstes, das danach verlangt, daß sie in den Tanz der Liebesenergien einsteigt. Da sie nicht dumm ist, wird sie sehen, daß ihre Mutter den Part der Zweitrangigkeit in der Beziehung zu ihrem Vater, im Beruf und im sozialen Leben akzeptiert hat. Sie wird sich schwören, daß ihr das nicht passieren wird. Aber sie wird es möglicherweise auf die persönliche Unzulänglichkeit ihrer Mutter zurückführen und sich weigern, das System, das dahinter steht, zu erkennen. Sie empfindet sich als Ausnahmefrau. Sie ist jung, sie ist stark, was soll ihr schon passieren?

Eine Frau, die heutzutage ins Erwachsenenleben startet, hat bessere Voraussetzungen als die Frauen, die vor Jahrzehnten die Neue Frauenbewegung ausgelöst haben. Obwohl die Medien seit den achtziger Jahren nicht müde werden, die Frauenbewegung für mausetot zu erklären, hat sich das, was wir damals wollten, in den Köpfen und Herzen der Frauen aller sozialen Schichten festgesetzt. Heute haben es ganz bürgerliche junge Frauen, die eigentlich mit der Bewegung nichts zu tun haben, klar im Bewußtsein, daß „Kirche-Küche-Kinder" kein akzeptables Lebensziel sein kann.

Das mag eine junge Frau verleiten, anzunehmen, daß die geistige Missionarsstellung nicht mehr existiert, es also nur einzelne dumme Frauen sind, die den klassischen Unterwerfungsweg gehen. Weil sie sich selbst als Ausnahmefrau sieht, macht sie sich auf die Suche nach dem Ausnahmemann.

Sie wird auf ziemlich verunsicherte junge Männer treffen, denen ihre Rolle nicht mehr annähernd so klar ist wie noch ihren Vätern. Das mag sie weiter in ihrer Ansicht bestätigen, daß es ohne Anstrengung möglich ist, eine partnerschaftliche Beziehung zu Männern haben zu können, sie also als ihr gleich zu lieben und mit Recht zu erwarten, ebenso zurückgeliebt zu werden.

Sie wird beginnen, zwischen Männern wie dem Bundeskanzler und den Top-Managern der Multi-Konzerne einerseits und ihrem Traum-Mann auf der anderen, der privaten, ihrer Seite zu unterscheiden, denn sie kann unmöglich ihre Augen vor den patriarchalen Taten der Männer verschließen, aber sie kann und will auch nicht auf das Zusammensein mit Männern verzichten.

Das ist eine Art Super-Spagat, den eine da vollführen muß, um einigermaßen in der Balance zu bleiben. Das Dilemma besteht darin, daß es selbstverständlich zwischen den patriarchalen Tätern beiderlei Geschlechts und dem Mann, den eine junge Frau in ihr Herz schließen will, tatsächlich immense Unterschiede geben kann, aber leider eben auch Gemeinsamkeiten. Alle Männer haben etwas ganz Bestimmtes gemeinsam, und das sollte eine Frau im Auge behalten, wenn sie an Geist, Körper und Seele stark bleiben will, obwohl sie Männer als Liebesobjekte mag.

Nicht lange nachdem sie sich in einen Mann verliebt hat, wird sie einen bemerkenswerten und unerfreulichen Verlust an Kraft und Lebensenergie verspüren. Dieser Verlust an Lebenskraft hat damit zu tun, daß ihr Liebster mit den berechnenden Multi-Managern dieses gewisse Etwas gemeinsam hat. Es hat damit zu tun, daß jedes männliche Wesen von Geburt an die Botschaft dieser Gesellschaft empfängt, er gehöre zum vorrangigen Geschlecht, während Frauen das nachrangige seien. So umfassend und fundamental sind diese Botschaften Teil jeder, aber wirklich jeder Interaktion im Patriarchat – dagegen kann eine Sohnes-Mutter gar nicht anerziehen.

Bevor wir aber nun den Fehler machen, den unsere Mütter gemacht haben, nämlich den Mann in den Mittelpunkt zu stellen, schauen wir erst einmal, was mit den Frauen passiert, sobald sie angefangen haben, einen Mann zu lieben. Wie auf Knopfdruck schnurrt ein Programm in ihnen ab, das kaum aufzuhalten zu sein scheint. Plötzlich ist sie nur noch eine Hälfte. Sie denkt Hälfte, sie handelt Hälfte. Das ist ebenfalls das Ergebnis der gesellschaftlichen Botschaften.

Darüber sind bereits viele Bücher geschrieben worden, auch von mir. In „Die wilde Frau" habe ich mich ausführlich damit befaßt, daß wir wie ferngesteuert der Maxime des neunzehnten Jahrhunderts folgen: Ohne Mann kein Leben. Das Patriarchat in seiner Endzeit ist so strukturiert, daß es der direkten und brutalen Unterwerfung der Frauen gar nicht mehr bedarf, weil sie inzwischen nur zu leicht bereit sind, ohne fremden Druck ihr Selbst aufzulösen, wenn sie dafür die Hoffnung haben können, von einem Mann geliebt zu werden.

Sie selbst sind Auslöser ihrer psychischen Abhängigkeit, niemand sonst. Das ist zwar praktisch für das patriarchale System, aber einer sinnlichen Frau nicht würdig. Einem glücklichen, weil sinnlichen Leben steht es allemal im Weg. Die Frage ist, wie eine junge Frau unter diesen Umständen dahin kommt, ein reiches, schönes, erfülltes Liebesleben zu entwickeln, ohne sich dem System zu beugen.

Wenn es sich um Liebe handeln soll, dann ist es nur möglich, sie zu erleben, wenn Frau und Mann Be-Gegner sind. Du kannst aber keine ernsthafte Be-Gegnerin sein, wenn du dich – absichtlich oder unbewußt – wie der Preis verhältst, der zu gewinnen ist, und nicht wie die Gewinnerin. Du kannst dich schmücken wie einen Weihnachtsbaum, aber auch wenn alle fasziniert drumherum stehen und bewundern, wie schön bunt du leuchtest, darfst du nie vergessen, daß in ein paar Tagen sich alle wieder ihrem Lebensmittelpunkt zuwenden und du in der Mülltonne landest.

Die Sache umzudrehen und den Mann deiner Träume mit Lametta zu behängen, ist auch nicht viel gescheiter. Um Be-Gegnerin zu sein, mußt du Position beziehen, Stehvermögen entwickeln und darfst keine Sorge haben, ob du auch attraktiv genug bist, um seine Aufmerksamkeit zu erregen, denn sich sorgen tun Preise, aber nicht Gewinnerinnen.

Das ist noch nicht alles. Frauen werden bereits im Kindergartenalter daran gewöhnt, als sozialer Stabilisator für Jungen eingesetzt zu werden.

Wenn du Liebe willst, sinnliche Liebe, widersteh! Du mußt dich statt dessen daran gewöhnen, daß Frauen das Gelbe vom Ei sind und Männer das Weiße. Das heißt, du bist der Mittelpunkt deines Lebens, Männer sind das Drumherum. So ist es nun mal aus Frauensicht, und die ist mindestens so ausschlaggebend wie Männersicht, wenn nicht ausschlaggebender. Wenn du nicht zentriert bleibst, wenn du nicht das Gelbe vom Ei in deinem Leben bist, bist du keine Partnerin, sondern eine Dienerin. Oder Herrin. Auf jeden Fall aber wirst du in einer Beziehung landen, die hierarchisch ist und die Herrschaftsverhältnisse widerspiegelt, die du im gesellschaftlichen Außen auch findest. Wenn du nicht selbst beanspruchst, Partnerin zu sein, kannst du nicht erwarten, daß andere dich als solche sehen.

Wenn du das bisher nicht gelernt hast, dann lern es jetzt. Wenn du nicht weißt wie, dann probier aus. Sei vorsichtig, unterschreibe nichts, ohne das Kleingedruckte gelesen zu haben, und laß dir Zeit, bevor du handelst.

Wenn du zentriert bleibst und dich nicht selber auflöst oder auch nur verläßt, dann wirst du allerdings ertragen müssen, daß der Mann deines Herzens das unter Umständen nicht packt. Nicht daß er ein mieser Kerl wäre, aber sorge probeweise einmal dafür, daß du wichtiger bist als er, und er wird verduften wie Aftershave an der Luft. Nicht alle Männer verflüchtigen sich, aber alle haben Probleme damit, nicht im Mittelpunkt zu stehen.

Vergiß nicht: Auch noch die unscheinbarsten pickeligsten, dickbäuchigsten Nichtse sind daran gewöhnt, daß man zuerst sie anspricht, ihnen mehr Aufmerksamkeit schenkt, ihren Worten mehr glaubt, ihnen die besseren Entscheidungen zutraut und so weiter.

Man hat ihnen von Geburt an die fraglose Unterstützung der Frauen versprochen, und nun wollen sie sie auch haben.

Einer meiner Ehemänner aus vergangener Zeit, ein begabter versoffener Literat, hat mal vor mir die Hosen heruntergelassen, im übertragenen Sinn. Anfangs schwamm er in Seligkeit, daß er eine Frau gefunden hatte, die sich auch literarisch betätigte. Kein Jahr später, in einem Streit, in dem es um irgend etwas ging, das ich an ihm kritisierte, schrie er mich an, wie wenig ihm die Gedichte, die ich schrieb, gefielen, daß sie völlig unbrauchbar, lächerlich und kitschig wären. Der Fehler, den ich in seinen Augen begangen hatte, war, daß ich meinen Gedichten nicht nur die gleiche Bedeutung beimaß wie seinen, sondern munter ihre Veröffentlichung betrieb, statt ihm die Angst vor der Veröffentlichung seiner Gedichte zu nehmen, wie er mir hinterher gestand. Darauf reagierte er mit dem Versuch der Auslöschung der Literatin in mir. So funktioniert das Gesetz der Spermie.

Wenn du eine Be-Gegnerin bist und keine von diesen „Ich-kann-ohne-dich-nicht-leben"-Frauen, dann ist es nicht möglich, ausgelöscht zu werden. Darin besteht dein Schutz. Das ist aber auch die dir zumutbare Eigenleistung, um eine freie und liebende Frau zu sein. Die Entwertung der Frauen in der Beziehung zu liebesunfähigen Männern benötigt auch die Zustimmung der Frauen, um zu funktionieren. Das ist der Preis, den eine Frau dafür zu zahlen hat, daß sie ihr Ich durch die Beachtung aufpoliert, die sie durch ihren „Freund" findet, statt selbst eine beachtliche Identität zu entwickeln.

Dieser Prozeß geht schleichend und unmerklich vor sich, so daß eine kaum mitbekommt, wie es geschieht. Die Tricks der Energieräuber sind zahlreich und gefinkelt. Sie werden ausschließlich in intimen Situationen eingesetzt. Und sie funktionieren alle nur deshalb, weil eine Frau den Bezug zur Wirklichkeit verloren hat. Anders ausgedrückt: Sie liebt den Mythos Mann und nicht den realen, wirklich und leibhaftig anwesenden.

Wenn du nicht lernst, sein Potential Potential sein zu lassen und dich nicht daran abzuarbeiten, daß es doch endlich von ihm angewendet werde, dann steckst du in ernsten Schwierigkeiten. Deine Kraft verschwindet ersatzlos in seinem weiterhin ruhenden Potential, und deine Lebensfreude stirbt stetig vor sich hin in deinem Bemühen, nicht wahrhaben zu wollen, daß er viel kleiner ist als dir erträglich.

Du mußt wissen, daß die sprichwörtliche Angst des Mannes, sein Penis könne zu klein sein, in Wahrheit nur die auf dieses Organ projizierte Angst ist, als Mann, als Mensch, als Partner für zu klein befunden zu werden. Frauen fangen diese Angstschwingung auf und versuchen dann, ihn größer zu machen, als er ist. Das tun sie allerdings nicht nur seinetwegen, sondern auch um sich selbst vor dem Bewußtsein zu bewahren, daß es gar kein Prinz ist, den sie da erwischt haben.

Plötzlich, mitten in der zeit- und kraftraubenden Arbeit, das Potential deines Partners endlich zum Blühen zu bringen, merkst du, daß du dich viel weniger von deiner Mutter unterscheidest, als dir lieb sein kann. Das ist der Augenblick, an dem du beginnen solltest, mehr auf die Taten als auf die Worte deines Partners zu achten. Wenn du auch noch lernst, konsequent zu handeln, dann bist du soweit, eine ernstzunehmende Frau zu sein, derer ein Mann sich würdig zu erweisen hat.

Die größte Sorge, die eine daran hindern kann, ist die, keinen Partner zu finden. Der Mythos vom Männermangel ist aus der Sicht meiner distanzierten Bedürfnislosigkeit, was diesen Punkt angeht, geradezu amüsierend. Noch nie hat es so etwas wie einen Männermangel gegeben, nicht einmal in Kriegszeiten. Dieser Mythos ist auch so eine Erfindung des Patriarchats, das von der künstlichen Verknappung lebt, um Begehrlichkeit zu wecken. Liebe jedoch hat gar nichts damit zu tun, einen abzukriegen. Das kann nur von Bedeutung sein, wenn eine darauf angewiesen ist, sich versorgen zu lassen. Ansonsten nimm zur Kenntnis, daß mehr von dieser Sorte herumläuft, als eine Frau verkraften kann. Selbst wenn wir alle aussortieren, die nicht in Frage kommen, weil ja nicht jeder in Frage kommt, bleiben immer noch genug übrig, um den Tango zu beginnen.

Wenn Liebe zu und mit Männern Begegnung sein soll, dann muß eine Frau sich rechtzeitig kümmern, und zwar nicht um seine Liebesfähigkeit oder ihre Attraktivität, sondern darum, daß sie nicht in diesen Pärchenrummel gerät. Das heißt, sie muß sich beruflich und sozial ihre Autonomie bewahren. Das ist gar nicht so einfach, denn ab irgendeinem Zeitpunkt beginnt sich eine Art Sog zu entwickeln: Sobald die erste aus einem Freundinnenkreis in den Pärchenzoo abgewandert ist, ziehen die anderen nach. Später läuft dann noch einmal das gleiche in punkto Kinderkriegen ab.

Die Vermischung von Liebe mit anderen Dingen wie Ehe oder Elternschaft, die eigentlich nichts miteinander zu tun haben dürften, und ihre Auswirkungen auf die Sinnlichkeit einer Frau werden wir im nächsten Abschnitt dieses Buches, in dem es um die sinnliche Frau und die Jahre der Verantwortlichkeit geht, ausführlicher betrachten.

Hier bleiben wir noch eine Weile bei der ganz besonderen unbändigen, wilden, expandierenden Lebensenergie der jungen Frau, die sie nicht nur dazu bringt, durch intensives hormonell bedingtes Desinteresse an schulischen und anderen Ausbildungen mit den Erwartungen der Gesellschaft zu kollidieren. Sie hat auch noch andere Möglichkeiten, an Grenzen zu stoßen, wenn die Liebe ruft.

Die schwarze Wölfin in ihr ist erwacht, das Luder, das schamlose, schlingenlegende Biest.

Die hat keine Probleme mit ihrer Autonomie. Nehmen wir an, daß sie wirklich Autonomie meint und nicht Distanz. Sie erlebt Leben in größter Intensität und sucht nach dem Raum, um sie entfalten zu können – eine königliche Amazone, die erobern will. Sie wird lernen müssen, wo die Verbindungen zwischen Autonomie und Intimität liegen, wo die zwischen Sexualität und Macht.

Denn sie wird schnell die Lektion erteilt bekommen, daß das Patriarchat Frauen in der Liebe zu Männern keine wirkliche Freiheit zugesteht. Es macht aus königlichen Amazonen traurige Eintagsköniginnen. Das Patriarchat kennt Mittel und Wege, um junge Frauen auf die passende Größe schrumpfen zu lassen, damit sie keine Eigen-Macht entwickeln.

Entblößung, Preisgabe und Funktionalisierung können die Waffen sein, mit denen eine dabei verletzt wird. Das sind Schmerzen, die Jahre, Jahrzehnte anhalten und große Macht über eine Frau gewinnen können. Darum ist es notwendig, daß andere da sind, vorzugsweise Frauen und vorzugsweise solche, die bereits gelernt haben, furchtlos und stark zu sein, um einer jungen schwarzen Wölfin soviel Rückhalt zu geben, daß sie nicht blind in ihr Unglück rennt. In den seltensten Fällen kann dies die eigene Mutter sein. Die ohnehin komplizierte Verbindung zwischen Mutter und Tochter verträgt das nicht ohne weiteres.

Gegen Gefahren wie Aids kann eine sich leicht schützen lernen. Gegen die Gefahren, draußen vor den Toren der Konventionen in die Fallen von Verachtung, Entwertung und Selbsterniedrigung zu treten, weniger. Es braucht Hilfen, die sie unbeschwert und seelisch unverletzt aus ihren Abenteuern, Erkundungsausflügen und Eroberungsritten wieder auftauchen lassen, was keine Absage an die Notwendigkeit der Erfahrung von Liebeskummer sein soll. Es braucht Gemeinschaften, die einer jungen Frau Sicherheit geben. Ich bin überzeugt, allein schon das Wissen, eine junge Frau wird von anderen als ihren Eltern beschützt, trägt dazu bei, daß Männer nicht wagen, mit jungen Frauen schlecht umzugehen.

Diese Gemeinschaften existieren im Patriarchat nicht. Die Ödnis, die eine auf Zweierbeziehungen und Kleinfamilie reduzierte soziale Landschaft verursacht, ist besonders folgenreich, wenn junge Frauen sich in der Liebe üben wollen. Und junge Frauen müssen sich in Liebe üben, um zu erfahren, wie eine liebt, ohne den Boden unter den Füßen total zu verlieren.

In dieser Zeit müßte eine ausprobieren können, wie Männer sind, damit sie sich ein Urteil bilden kann und jene aussucht, die gut für sie sind. Es ist nicht leicht, die richtige Wahl zu treffen.

Du wirst dich deinem Selbstwert zuwenden, ihn benennen und wissen müssen, daß die interessanten Wege, die ins Freie führen, von dir selbständig beschritten werden können. Es ist nicht notwendig, Begleiterin eines Mannes zu werden, um in die Freiheit des erwachsenen Lebens zu gelangen.

Der Schutz, den dir der Mann an deiner Seite gibt, ist natürlich sehr bequem. Darauf zu verzichten hat seinen Preis, der auf lange Sicht jedoch kleiner ist als der für den Schutz. (Oder hast du geglaubt, du könntest bei den Männern sein, ohne Schutzgeld zu zahlen?) Freie Frauen haben wenig Unterstützung und Protektion in einer männerdominierten Welt. Sie können kaum darauf rechnen, daß sie als Konkurrentinnen um gute Jobs und interessante Karrieren auch noch die Galanterie in Männern hervorlocken, die diese in der guten alten Zeit an den Tag legten, als ihnen die Welt allein gehörte und Frauen schmückendes Beiwerk waren.

Das Leben wird damit für eine heterosexuell orientierte Frau härter, die Kommunikation in den Beziehungen der Geschlechter direkter, unverblümter, aber, wie ich finde, auch offener und klarer. Die Definition, was weiblich und was männlich ist, ist dagegen nicht mehr so klar.

Frauen sind als das willensstarke, offensive, konfliktfähige und führungskräftige Geschlecht entdeckt. Das macht den jungen Frauen weniger Angst als den älteren. Was ihnen Sorge bereitet, ist die Tatsache, daß die Strukturen der Liebesbeziehungen zu Männern hinter dieser Veränderung herhinken. Neue Strukturen können nach meiner Ansicht nur dadurch entstehen, daß wir Älteren den jüngeren Frauen Unterstützung in Form von Gemeinschaft bieten, um ein Beziehungsfeld außerhalb der Kleinfamilie zu schaffen. Auf diese Weise wird es jungen Frauen ermöglicht, standfeste Positionen zu entwickeln, die eine braucht, wenn sie Männer lieben will.

Es geht ja nicht nur darum, daß eine Frau lernt, sich nicht die Butter vom Brot nehmen zu lassen. Sie muß auch lernen, auf neue Weise zu beurteilen, was angemessen ist und was nicht, wenn es darum geht, eine liebende, sinnliche Frau zu sein. Um sich nicht in destruktive Beziehungen zu begeben, braucht sie die anderen – Freundinnen, Schwestern, Cousinen, Co-Mütter und unabhängige Tanten. Um neue Liebeswelten entstehen zu lassen, braucht sie Kreativität, Mut und Kraft zur Konsequenz. Auch dabei braucht sie Anleitung, denn allein das Rad neu zu erfinden, ist schwer.

# AMAZONEN UNTER SICH

*Lesben lieben anders, aber lieben sie auch besser?*

Wenn du bemerkst, daß Männer dich nicht interessieren, Frauen hingegen sehr, wird dir natürlich auch auffallen, daß die anderen es damit üblicherweise anders halten. „Üblicherweise" bedeutet nicht „normalerweise". Dieser Unterschied ist für eine Lesbe lebenswichtig. Was üblich ist, muß noch lange nicht normal sein, und nur weil eine Mehrheit rechtshändig ist, muß es nicht heißen, daß Linkshändigkeit ungewöhnlich oder gar unnatürlich ist. Anders als die anderen zu sein, ist besonders schwer, wenn du jung bist. Auf eine mir nicht ganz verständliche Weise scheint es jungen Mädchen und jungen Frauen besonders darauf anzukommen, sich nicht von den anderen zu unterscheiden. Ich verstehe es deshalb nicht, weil ich durch meine Herkunft und meinen sozialen Werdegang in meiner Kindheit niemals auch nur die leiseste Chance hatte, keine Außenseiterin zu sein.

Ich war von Geburt an gewöhnt, Außenseiterin zu sein, wie andere daran, Füße zu haben. Aber nicht nur deshalb bin ich niemals auf die Idee gekommen, wie die anderen sein zu wollen. Es war eine unwiderstehliche Kraft in mir, die das verhinderte. Versuche meiner Mutter, aus mir ein Mädchen wie alle anderen zu machen, quittierte ich mit körperlichen Reaktionen bis hin zu Übelkeit und Erbrechen. Aber ich habe den Wunsch nach Konformität bei meiner Tochter und ihren Freundinnen in ihren Teenagerjahren sehr ausgeprägt erlebt, und wenn ich auch nicht verstehe, wozu das gut sein soll, glaube ich doch, daß Mütter nicht versuchen sollten, es zu verhindern.

Wenn du nun aber in deinem Inneren weißt, daß du anders bist, weil dir beim Anblick von Frauen das Herz höher schlägt, während beim Anblick von Jungen und Männern allenfalls die Kumpelseite in dir antwortet, dann hast du wenig Chancen, wie andere Mädchen sein zu können. Genaugenommen sind deine Chancen auf ein Mainstream-Leben sogar ziemlich mau. Was du am Hals hast, ist kein privates oder gar persönliches Problem. Du stehst ja nicht vor modischen Strömungen der äußeren Aufmachung, sondern vor einer dichten Verknüpfung gesellschaftlicher Gewohnheiten in der Geschlechterzuordnung und dem absoluten Tabu der sexuellen Orientierung. Ohne Frage weißt du, daß du darüber zu schweigen hast, wenn du Frauen mehr als schwesterliche Gefühle entgegenbringst.

Welch ein Glück, wenn es in deiner Familie vor dir Lesben gegeben hat oder wenigstens eine unverheiratete Tante, die keine alte Jungfer, sondern eine freie Adlerin geworden ist. Dann können deine Leute nicht gar so sehr aus allen Wolken fallen, wenn sie es erfahren. Aber auch dann kannst du sicher sein: Die Wahrscheinlichkeit, daß deine Eltern eine Flasche Sekt aufmachen, wenn sie herausfinden, wen sie da aufgezogen haben, ist relativ gering. Du weißt, daß du von Glück sagen kannst, wenn sie dich trotzdem lieben. Schöne Aussichten das.

Du stellst fest, daß alle Varianten der äußeren Aufmachung von Frauen dazu dienen, Männer auf sich aufmerksam zu machen. Nichts liegt dir ferner als das. Eine Boutique, in der du eine Auswahl an Lesbenchic findest, hast du aber nicht entdecken können, vorausgesetzt du traust dich da überhaupt hinein. Also, was könntest du anziehen, um zu erreichen, daß deine Englischlehrerin dich endlich anschaut, irgend etwas Tolles, das gleichzeitig dafür sorgt, daß dir die Männer vom Hals bleiben? Kleidung hat viel mit der Geschlechter(zu)ordnung zu tun, soviel steht fest. Daß eine wie du diese Ordnung durcheinanderbringt, steht auch fest. Wärest du nicht so isoliert, wäre es vielleicht sogar eine ziemlich lustige Angelegenheit, die der Lust an der Provokation, die jungen Frauen eigen ist, sehr dienlich wäre.

Keine Frage, in dieser Isolation kann keine bleiben, ohne langsam verrückt zu werden. Es ist schon schwierig genug, eine Frau zu werden. Sich einzugestehen, eine Frau zu sein, die Frauen liebt, ist noch schwieriger. Zumindest in einer Welt, die so tut, als hätten

Frauen nur das eine im Kopf: Männer. Es gibt viele Möglichkeiten, sich als Lesbe zu verstecken. Keine davon ist wirklich zu empfehlen. Du mußt hinaus in die Welt.

Der erste Schritt besteht darin, zu wissen, daß du lesbisch bist, was gleichbedeutend damit ist, daß es der Welt eben nicht egal ist, mit welcher Sorte Mensch du ins Bett gehst, wie wir Freigeister es uns ja immer wünschen.

Bis du aber weißt, daß du lesbisch bist, kann viel Zeit vergehen. Die eine wußte es immer schon, eine andere liegt selig mit einer im Bett und ist der festen Ansicht, daß sie nicht lesbisch ist, sondern nur zufällig diese eine bestimmte Frau liebt. Für den Schritt in ein sinnliches Leben läßt sich sagen: Je früher du dir eingestehst, daß du Frauen liebst, und nur wenig Kraft damit verplemperst, dich selbst zu belügen, um so besser.

Kaum weißt du, daß du Lesbe bist, wüßtest du natürlich gern, wo die anderen sind. Das Dumme ist, daß du dazu als Lesbe in der Welt sichtbar werden mußt. Comingout wird so etwas inzwischen genannt, wie wir alle wissen.

Jede lesbische Identität beginnt mit einer Mischung aus Angst und Stolz, ich sollte besser sagen, einem Anflug von *pride*. Und einem starken Gefühl von Alleinsein. Das hat nicht nur Nachteile. Diese frühe Isolation kann die Fähigkeiten zur Autonomie fördern und zu einer bemerkenswerten Ich-Stärke verhelfen, die viel ausgeprägter sein kann als bei heterosexuellen Frauen. Eine junge Lesbe weiß, daß sie von Anfang an auf den Schutz ihrer Person durch den Mann neben sich verzichtet. Dadurch entwickelt sie schon früh eine Selbständigkeit, die sich weit über den Durchschnitt erhebt.

Sobald eine herausgefunden hat, daß es andere Lesben gibt und wo sie sind, wird es leichter. Ich hatte vor Jahren eine junge lesbische Klientin, die zu mir in Therapie kam, weil sie der Überzeugung war, lesbisches Leben müsse immer ein eingeengtes Leben sein. Nur aus diesem Grund wäre sie lieber keine Lesbe gewesen. Die feministische Frauenszene gefiel ihr nicht. Die organisierte Lesben- und Schwulenszene auch nicht, und eine interessante Sub-

kultur war in Wien nicht vorhanden. Dazu kam noch, daß eine Hetera ihr das Herz gebrochen hatte. Ich überlegte schon, sie zu einer
Freundin nach Oregon zu schicken, die ihr hätte helfen können,
sich unter den dortigen zahlreichen Gruppierungen umzusehen,
da fand sie ohne Hilfe, was sie suchte, und plötzlich empfand sie
ihr Sein alles andere als einengend. Sie, die damals große Probleme hatte, die Flügel auszubreiten und mit dem Wind zu fliegen, ist
heute eingebettet in ein reges soziales Leben.

Was zwischen ihr und einem befriedigenden sozialen Leben
stand, war ihr Comingout. Das ist keine ganz einfache Sache. Es ist
eine Frage des richtigen Zeitpunkts, und ein wenig Unterstützung
von anderen schadet auch nicht dabei. Ist es passiert, ist es meist
nicht annähernd so wild, wie deine Ängste dir vorher vorgegaukelt
haben. Leicht ist es aber, wie gesagt, auch nicht. Das Patriarchat hat
Lesbischsein niemals so wütend und gnadenlos und vor allem
nicht so offen verfolgt wie männliche Homosexualität. (Wenn wir
einmal von denen absehen, die als Hexen in den Inquisitionen er-
mordet wurden, und denen, die in Hitlers Konzentrationslagern
landeten.) Aber es hat genügend Möglichkeiten, eine allzu offen
auftretende Frauen-Frau vor allem im Berufsleben mit sozialer Hin-
richtung zu bedrohen. Das geht meist sehr subtil vor sich.

Lesben müssen erst dann mit unverhohlenen Demonstrationen
männlich-patriarchaler Macht rechnen, wenn sie es wagen, als Lesben und nicht etwa als Frauen zu Ruhm und Ansehen kommen zu
wollen. k. d. lang hatte es immer schwer, ihre Musik bei den ameri-
kanischen Radiostationen unterzubringen. Auch wenn es geleug-
net wurde, lag es daran, daß sie – die auch vor ihrem öffentlichen
Comingout durch ihr Aussehen unschwer als Lesbe zu identifizie-
ren war – keine Männer-Frau war. Als sie dann öffentlich dafür
warb, kein Fleisch zu essen, wurde versucht, sie nicht nur zu boy-
kottieren, sondern zu diffamieren. Es gab Gegenanzeigen in Zei-
tungen, in denen stand: Eßt Rindfleisch, damit ihr nicht so werdet
wie k. d. lang.

Der private Bereich, also Familie und FreundInnenkreis, ver-
kraftet das Comingout einer jungen Lesbe meist besser, als sie vor-

her befürchtet hat. Das heißt nicht, daß alles bleibt, wie es war, nur daß du nun als Frauen-Frau unterwegs bist. So manche Freundin wird sich immer weniger bei dir melden. Manche andere wird dir mit ihren Interessen und Problemen immer fremder werden, sobald du die dir gemäße Frauenszene gefunden hast und neue Beziehungen aufzubauen beginnst.

Jetzt bist du von Herzen anders und stellst fest, Lesben lieben auch anders. Natürlich gibt es bei den Lesben nichts, was es nicht auch in der Mann-Frau-Welt gibt. Die Lebensformen lesbischer Frauen reichen von bürgerlich-traditionellen Existenzen, die sich von einer konservativen Ehe in klassischer Rollenaufteilung in fast nichts unterscheiden, bis zu radikal-separatistischen Gemeinschaften, die das Patriarchat unverhohlen bekämpfen und genauestens darauf achten, daß Beziehungen untereinander egalitär sind.

Es gibt brave Häuslebauerinnen, Spiri-Frauen, Lederlesben, Cross-dresserinnen, Projektfunktionärinnen, geistige Diätassistentinnen, spezielle Sportvereine, Machos im Kostümrock, exklusive Rentnerinnenvereine, Männer- und Frauenhasserinnen, Christinnen, Psychopathinnen, Karrierefrauen, engagierte Politikerinnen, Gender-Ritterinnen, intellektuelle Schwätzerinnen, schlaue Powerfrauen, Grüne, Rote, Schwarze, Reiche, Arme, einsame Herzen – kurz: viele Möglichkeiten und Formen, ein lesbisches Frauenleben zu leben. Lesben haben eigene Reiseorganisationen, es gibt exklusvie Frauen-Hotels oder Ferienhäuser, eigene Abteilungen in den Frauenbuchläden, das heißt eine Unzahl von eigenständig entwickelten Plattformen sozialen und kulturellen Lebens. Auch in den Leben von Lesben spiegelt sich das ganz normale Patriarchat wider.

Dennoch ist es ein anderer Einstieg ins Liebesleben als bei einer Männer-Frau. Es ist für eine Frauen-Frau nicht unbedingt einfach, eine geeignete und geneigte Person zu finden, mit der sie den Tango endlich tanzen kann. So manche Anfängerin schmachtet ihre beste Freundin oder eben jene Englischlehrerin heimlich und unerhört an, nicht wenige ziehen das jahrelang durch und beweisen dabei das Frauen so typische Durchhaltevermögen. Eines

Tages jedoch hat sie begriffen, daß es hoffnungslos ist. Sie läßt los, klebt ihr gebrochenes Herz wieder zusammen, nun ist sie keine Anfängerin mehr.

Nehmen wir an, daß dann das Wunder geschieht. Sie findet den Weg zu einer der kulturellen Gruppierungen, in denen Lesben sich zusammengeschlossen haben, und trifft eine andere. Sie schauen sich tief in die Augen, und beide wollen den Tango tanzen. Nicht anders als ihre heterosexuellen Schwestern müssen sie wahrnehmen, daß es nicht einfach ist, den ersten Schritt zu tun. Auch Lesben wurden niemals gelehrt, ein Gefühl für die Angemessenheit des ersten und aller weiteren Schritte zu entwickeln.

Nehmen wir an, es ist mindestens einer von ihnen endlich gelungen, den ersten Schritt zu wagen. Dann werden sie in der Seligkeit von Gleichheit versinken, wie es in einer heterosexuellen Beziehung nicht möglich ist. In der Tat, Lesben lieben anders.

Die Seligkeit der Gleichheit wird die beiden jetzt eine ganze Weile tragen. „Genau wie bei mir", ist der Gedanke, der die ersten Zeiten einer lesbischen Liebe bestimmt. Beweise für dieses „Genau wie bei mir" werden gesammelt und in aller Regel auch mit Leichtigkeit und zahlreich gefunden.

Ein weiterer Unterschied zeigt sich in der Sexualität. Sexuelle Liebe unter Frauen hat nichts mit Fortpflanzung zu tun. Sie dient der Lust um der Lust willen. Frauen haben ein zu diesem Zweck geschaffenes Organ, das nichts anderes kann als Lust empfinden. Es ist die wunderbare, die einmalige, die göttliche Klitoris. Ahnen wir, warum Männer den weiblichen Orgasmus irgendwie kleinkriegen mußten? Wieso sie mit scheelem Blick auf ihre Mehrzweck-Nille den Mythos vom vaginalen Orgasmus schufen, den seelisch reife Frauen angeblich fühlen, während die unreifen sich auf die Klitoris – und auch noch auf die einer anderen Frau – konzentrieren? Ist es jetzt klar, warum es als Beweis ihrer Überlegenheit dienen muß, daß sie im Stehen pinkeln können?

Mit derselben Intensität, mit der zuvor die Gleichheit entdeckt wurde, durchlaufen lesbische Beziehungen dann aber auch die nächste Phase, die ich „Ernüchterung durch Wahrnehmung der Unterschiedlichkeit" nennen will. Plötzlich sieht eine Lesbe in der anderen alles, was ganz anders ist als bei ihr selbst. Und nicht selten ist das auch der Anfang vom Ende dieser Beziehung.

Wenn zwei diese Phase heil überstehen, das heißt sich in ihrer Unterschiedlichkeit anerkennen und leben lassen, dann hat ihre Beziehung eine große Chance, eine Langzeit-Liebe zu werden. Wenn sie endet, kann es Varianten des heterosexuellen Rosenkrieges geben, die sich aber dennoch von der Auflösung einer Mann-Frau-Beziehung unterscheiden.

Ein großer Unterschied liegt in der Tatsache, daß es so etwas wie staatlich anerkannte Vertragsabschlüsse in einer lesbischen Beziehung nicht gibt. Das verhindert zwar, daß an einer Trennung Anwälte fett werden, aber es kann auch bedeuten, daß der Augenblick der Trennung nicht etwas Klares, sondern eher Verwischtes, Verschlepptes und Zögerliches wird. Für die Entwirrung der Verflechtung materiellen Besitzes wie Wohnung, Haus, Möbel und Auto müssen private Lösungen gefunden werden.

Es gibt noch eine weitere Besonderheit lesbischen Liebes-Abschieds. In auffallend vielen Fällen entwickelt sich nach der schmerzvollen und konfliktreichen Trennung eine andere, nun freundschaftlich verwandelte Beziehung, die trotz neuer Lieben zu einer lange anhaltenden Verbindung werden kann. Zumindest in diesem Punkt läßt sich sagen, daß Lesben besser lieben.

Die Frage, ob Lesben nicht nur anders, sondern auch besser lieben, ist natürlich nicht ganz fair. Einerseits können wir Lesben als Frauen definieren, die sich nur in ihrer sexuellen Präferenz von anderen Frauen unterscheiden. Das sollten wir tun, sofern es darum geht, diese Art des Sexuallebens als etwas ganz Normales anzuerkennen, damit es auch ganz selbstverständlich gelebt werden kann. Andererseits gilt, was eine heterosexuelle Klientin von mir vor kurzem so ausdrückte: „Lesben haben es wesentlich einfacher damit, aus den Zwängen des Patriarchats auszusteigen. Ihnen gerät durch die Anerkennung der Lebensfeindlichkeit des patriarchalen Systems nicht gleich auch ihr Liebesleben ins Wanken." Die Besorgnis, außerhalb der anerkannten patriarchalen Beziehungs- und

Liebesstrukturen kein befriedigendes Liebesleben mehr leben zu können, ist bei den Männer-Frauen, mit denen ich auf meinen Veranstaltungen diskutiere, besonders groß. Der Feminismus bringt normalerweise neue Unruhe in den Karton. Diese Sorge haben Frauen-Frauen in der Tat nicht. Lesbe sein heißt nicht automatisch, Feministin zu sein. Aber es ist eine Tatsache, daß Lesben sich den Konsequenzen des feministischen Gedankens leichter zuwenden können, was sie ja auch im Laufe der Entwicklung des Feminismus zahlreich getan haben. Sie haben große Chancen, freie Frauen zu werden und nach Formen der Liebe zu suchen, die weder eine bloße Imitation heterosexuellen Paarungsverhaltens sind, noch in der demonstrativen Ablehnung gefangen bleiben.

Was Frauen-Frauen dabei im Weg steht, ist Angst. Bis eine für ihre Umgebung als Lesbe sichtbar wird, kann viel Zeit vergehen. Bis sie dann auch offen als Lesbe lebt, ist noch einmal ein Schritt. Es kann schon sein, daß Angst in den Jahren der Heimlichkeit ein Stadium erreicht hat, in dem sie eine Frau direkt beherrscht oder auf Umwegen krank und depressiv macht. Die Folgen von Isolation und realer oder drohender Diskriminierung, Überfrachtung und Überforderung der Liebesbeziehung durch die Angst, keine andere Partnerin finden zu können, bis hin zu den oft einengenden Regeln der Lesben-Szenen können einer Lesbe das Leben sehr schwer machen. Das ist keine gute Ausgangsbasis für ein freies, stolzes, sinnliches Leben.

Lebenslehrerinnen, die einer zum sinnlichen Erleben von Liebesenergie verhelfen, sind rar, für Männer-Frauen wie Frauen-Frauen gleichermaßen. Auch Lesben brauchen diese Lehrerinnen und dazu ein Netz von Schwestern, Tanten und Cousinen. Wenn es darum geht, als königliche Amazonen die Welt zu entdecken und zu erobern, haben Frauen-Frauen bemerkenswerte Vorteile, die sie aus ihrer anders verlaufenen Pubertät und Sozialisation ziehen. Ihre anderen Zukunftsaussichten tun das ihre dazu. Da sie nicht in den Ehezirkus einsteigen werden, ist ihr Interesse an Berufstätigkeit und an identitätsschaffender Arbeit besonders groß.

## 2. Wenn die sinnliche Frau in die Jahre der Verantwortlichkeit kommt

Wenn es Sommer wird, beginnen die Feuerkräfte zu wirken. Die Kraft des Feuers ist unruhig, hitzig und immer in Bewegung. Feuer ist weder Materie noch Geist, darum gleicht es dem Tanz. Das kann ein Tango sein, eine wilde Samba oder der vibrierende Bolero. Selbst ein netter Foxtrott ist nicht ausgeschlossen. Ganz gleich, welcher Rhythmus dein Liebesleben bestimmt, Feuerkraft kennt glühende Sonnenuntergänge und die Kälte erloschener Asche. Feuer ist Verlangen, Begehren und Verglühen.

Dein Zeichen ist die Vulva.

# MITTEN IM LEBEN BLÜHT LIEBE ÜBERALL

*Oder: Versuche nicht, etwas in Flaschen abzufüllen,*
*wenn du drin schwimmen kannst*

Da ist eine Frau nun erwachsen, hat, was allgemein ein Liebesleben genannt wird, arbeitet auf eine sichere Zukunft hin, erwartet langsam die Anerkennung ihres Seins von der Gesellschaft – und plötzlich stellen sich ihr Hindernisse in den Weg, die sie darauf hinweisen, daß etwas nicht stimmt. Was eben noch so übersichtlich schien, ist auf einmal gar nicht mehr klar. Normalerweise wird sie in ihrem Umfeld keine Anhaltspunkte dafür finden, was zu tun ist, allenfalls billige Witzeleien, daß es die Angst vor dem Älterwerden sei. Immerhin gehe sie ja nun auf die Dreißig zu.

Umgekehrt ist es natürlich auch möglich. Da tobt eine rebellisch durch die Welt und schreit allen ungebeten ihre Botschaft entgegen: „Mich kriegt ihr nicht. Ich falle auf euren Wahnsinn nicht herein." Aber auch Petra Pan wird feststellen müssen, daß sie an eine Grenze gekommen ist. Mag sein, daß es ihr selbst langsam zu blöde wird, in der Rebellion zu verharren, vielleicht erfährt aber auch sie das eine oder andere einschneidende Erlebnis, das ihr so nahegeht, daß es wehtut. Mehr als nur eine kleine Andeutung, daß neue Zeiten anbrechen.

Heutzutage ist eine Frau, die auf die Dreißig zugeht, von dem, was wir mit Älterwerden meinen, weit entfernt. Frauen, die in diesen Jahren noch in der Ausbildung stecken, sind keine ungewöhnliche Erscheinung. Eine, die jetzt erst heiratet, heiratet keineswegs „spät", wie es vor fünfzig Jahren noch hieß. In diesem Alter erstmals Kinder zu gebären, ist alltäglich. Was aber immer noch da ist, ist die Krise, die gegen Ende der Zwanziger beginnt. Es scheint, es geht um mehr und anderes als nur das Älterwerden.

Die Seele wird unruhig, das Luftelement der jungen Jahre steht kurz davor, vom Element Feuer abgelöst zu werden. Am Ende ihrer Zwanziger werden Frauen in eine Wandlung geworfen, die es in sich hat, aber gemeinhin kaum als entwicklungsbedingte Krise wahrgenommen wird. Diese Wandlung sorgt dafür, daß aus einer jungen Frau, einer königlichen Amazone, eine erwachsene Frau wird, Königin des Lebens, *ihres* Lebens. Ich könnte auch sagen, sie bekommt die Chance zu einer Form persönlicher Unabhängigkeit, die ein Stück Lebenslust in weibliches Leben bringen kann.

Was bedeutet diese Wandlung für die sinnliche Frau? Auf der körperlichen Ebene können wir davon ausgehen, daß jetzt die Jahre größter Lustempfindsamkeit beginnen. Während die Männer mit Anfang zwanzig das Beste schon hinter sich haben (ihre Hoch-Zeit der Lust erreichen sie etwa mit achtzehn Jahren, danach geht es abwärts), fangen diese Zeiten bei einer Frau ungefähr ab Mitte dreißig an, um dann mit Anfang vierzig langsam wieder abzunehmen. Wenn eine Frau in diesen Jahren ihrer Lust angekommen ist, heißt es für den Rest der Welt, die Ohren anzulegen, denn nun zeigt es sich, daß die sexuelle Empfindungsfähigkeit einer Frau immens ist.

Dies ist in der Tat eine viel sexuellere Kraft als die große Gefühlstiefe, zu der du in deinen Teenagerjahren fähig warst. Die ist in den Jahren deiner gesellschaftlichen Anpassung verflacht und hat vor allem die philosophische Spiritualität verloren, zu der du auf ganz leichte und selbstverständliche Weise als junges Mädchen fähig gewesen bist.

Zehn oder fünfzehn Jahre nach dem Ende deiner Teenagerzeit nimmt dich wieder einmal eine große Gefühlsenergie in Besitz und brennt wie ein Feuer in dir. Aber diese Energie ist vulvisch sexuell. Das heißt nicht unbedingt, daß du auf dein Genital reduziert bist, und es bedeutet auch nicht, keinen Zugang zu spirituellen Empfindungen zu haben. Wenn du dir klarmachst, daß die Vulva das Tor zu einer dunklen Höhle ist, aus der wir alle diese Welt betreten haben, wird vielleicht deutlich, welch energetische Kraft die Sexualität der Frauen ist.

Bevor eine aber auf dem Wellenkamm sexueller Lust dahergeritten kommt, kommen die Zeiten, wenn nicht Jahre der Wandlung, der berühmte Saturn-Return, ohne die du niemals das Zentrum der sexuellen Feuerenergie erreichen würdest. In meinen späten Jahren angekommen, weiß ich inzwischen, daß es sinnvoll ist, wenn Wandlung mit Erschütterung einhergeht. Wir leben ja in einer Welt, die Wert darauf legt, daß alles immer glattgeht. Freude über unruhige Zeiten vermag kaum jemand aufzubringen.

Dabei steigen neue Inseln nur dann aus dem Meer, wenn Luft, Feuer und Wasser in einem gewaltigen Chaos zusammentreffen. Aber natürlich sind es nun einmal nicht die angenehmsten Zeiten, wenn Chaos sich breitmacht und alte Werte sich als überholt und gestrig erweisen, während die neuen noch nicht da, manchmal noch nicht mal als Schimmer am Horizont auszumachen sind.

Auch mir fällt es immer noch schwer, Schwierigkeiten im Leben im vorhinein zu begrüßen und lustvoll dazu zu benutzen, mich weiterzuentwickeln, um mich in den Zyklen meines Werdens im Tanz der Lebensenergien zu drehen. Im nachhinein Bewunderung für die Logik eines Lebensplans aufzubringen, ist leichter. Genau diesen Plan hat jede einzelne, was unschwer zu erkennen ist, wenn sie zurückblickt. Dem Lebensplan folgen wir, und gleichzeitig entwickeln wir ihn.

Das klingt ein wenig unwahrscheinlich. Stimmt aber trotzdem. Ohne daß wir uns in esoterischen Höhenflügen verirren, können wir davon ausgehen, daß die unermeßlichen Weiten des Universums kein Hinweis darauf sind, daß ein einzelnes Leben – gleich ob Mensch, Tier oder Pflanze – unwichtig oder gar beliebig ist.

Wie jede Frau, die Kinder hat, und jede, die Tiere hat, selbstverständlich weiß, kommen wir ja nicht als leeres Gefäß auf die Welt, das im Koordinatenfeld zwischen geographischem Standort, geschichtlicher Epoche, sozialer Schicht und Geschwisterreihenfolge seinen Platz einnimmt, damit es aufgrund seiner Lebensumstände zu einer Persönlichkeit angefüllt werden kann. Unabhängig auch von dem Gen-Cocktail, den uns unsere Eltern und AhnInnen zusammengestellt haben, bringen wir eine ausgeprägte Persönlichkeit mit ins Leben. Als diese Persönlichkeit gehen wir durch plusminus achtzig Jahre unseres Lebens. Sie bestimmt die Art und Weise, *wie* wir es angehen. In ihr ist natürlich auch festgelegt, was wir mit unserem Leben anfangen wollen, also welche Erfahrungen wir machen wollen.

Diese innere Persönlichkeit setzt im Saturn-Return zu einem besonderen Sprung an. Vielleicht sollten wir uns die Qualität dieser Zeit so vorstellen, daß wir, um einen ordentlichen Hupfer zustandezubringen, ein wenig rückwärts gehen müssen, um richtig Anlauf nehmen zu können. Dennoch ist es keine Regression, sondern eher der Pubertät vergleichbar und später dem Wechsel, nur mit dem Unterschied, daß der Saturn-Return keine körperliche Veränderung mit sich bringt.

*Wie* wir springen werden, ist auf die innere Persönlichkeit zurückzuführen. *Wo* wir landen werden, hängt zum einen davon ab, von wo aus wir losgehupft sind (Koordinatenfeld), zum anderen aber auch davon, welchen Lebensplan wir verfolgen. Und du hast einen, da kannst du sicher sein.

Manche Frauen haben auf die eine oder andere Weise Erfahrungen gemacht, die darauf hinweisen, daß es im Leben um mehr geht, als für ein paar Jahrzehnte einen Stoffwechsel aufrechtzuerhalten. Einigen kommt es immer wieder vor, als gäbe es so etwas wie Kontakt zu einem größeren Ganzen. Wenn dieser Kontakt hergestellt ist, sprechen wir von Schutzengeln, geistigen Helfern oder wie immer wir so etwas nennen wollen. Manche lernen die Zeichen zu deuten. Manche haben Angst davor. Wenn eine es zuläßt, Zeichen wahrzunehmen, dann ist es nicht mehr weit, ein Gespür dafür zu entwickeln, welchem Lebensplan eine folgt.

Diese Erfahrung läßt sich nur außerhalb der christlichen Amtskirchen oder anderer patriarchaler Religionen machen, aber auch fern vom esoterischen Zirkus, der ja nicht minder patriarchal ist wie das Christentum. Spiritualität ist eine sehr persönliche Angelegenheit, und wenn eine es schafft, Zugang zu ihr zu bekommen, wird sie ihrem Lebensplan begegnen.

Er ist so etwas wie eine individuelle Melodie, die du spielst. Du kannst improvisieren, du kannst die Instrumente wechseln. Es gibt freie Orchesterwahl. Du kannst zeitweise sogar versuchen, mit dem Spielen aufzuhören. Die Melodie ist trotzdem da.

Der Saturn-Return ist dabei so etwas wie der Augenblick des Luftholens, bevor die Musik sich zu ungeahnten Höhen aufschwingt. Oder bevor du einen Sprung ins Wasser machst. Mein Return fiel mit meinem Examen zusammen. Ich wußte plötzlich, daß ich auf keinen Fall den folgerichtigen Weg gehen würde, und fing eine weitere Ausbildung an. Der Entschluß kam aus der Tiefe meiner Seele an die Oberfläche meines Bewußtseins und war von so konsequenter Klarheit, daß ich nicht fähig gewesen wäre, dagegen zu handeln. Nicht ganz so klar stand es um die Veränderungen in den Liebesdingen. Es muß wohl Angst vor den Konsequenzen lesbischen Lebens gewesen sein, die mich aus einer Champagnerlaune in eine neue Ehe trieb, die mir schlecht bekommen sollte.

Das nenne ich einen verpatzten Return, denn statt mich in ungeahnte Höhen aufschwingen zu lassen, ging ich noch einmal einen völlig unnötigen leidvollen Umweg. Damals wußte ich noch nicht, daß es möglich ist, Leiden erfolgreich zu verweigern und zu erfahren, wie an seine Stelle Lust und Sinnlichkeit tritt.

Aber es gibt auch Beispiele für gelungene Returns. k. d. lang stieg aus der Countrymusic aus und sammelte ihre Kräfte, um sich außerhalb künstlich aufgeteilter Musiksparten auszudehnen. So manches Dornröschen schaut sich an, wer sie da eigentlich küßt, und zieht eigene Schlüsse. Es ist ein wenig so, als würden wir nun nach einer Reihe von Gastspielen auf verschiedenen Bühnen endgültig festlegen, auf welcher Bühne unser Lebensstück aufgeführt werden soll. Ist der Return durchgestanden, steht das Stück fest, wir betreten die Bühne und beginnen mit der Aufführung.

Selten kennen wir zu diesem Zeitpunkt den Verlauf des Lebensstücks, das wäre auch ein bißchen viel verlangt, wie ich finde, und reichlich langweilig. Aber ganz gleich, welche Rolle wir uns ausgesucht haben und wie wir sie anlegen, wir fühlen uns vom Feuer der kommenden Jahre gewärmt. Nicht jede hat das Naturell, sich von dieser unglaublichen Lebenskraft getragen im Sambaschritt zu bewegen. Es kann durchaus auch ein ruhiger Foxtrott sein, in den du einsteigst. Ein Tanz ist es jedoch allemal, zu dem das Leben dich verlockt.

Nach dem Ende dieser Phase, wenn der Saturn-Return überstanden ist, gelangt eine Frau in belebende Freiheiten. Wenn du mitten in deinen Dreißigern angekommen bist, schwimmst du in einem Meer von Liebe und Sinnlichkeit. In diesem Alter hast du zwar schon deine Wahl getroffen, mit welchen deiner Sinnesorgane du bevorzugt mit der Welt in Kontakt treten willst, aber du hast die feurige Zeit deines Lebens erreicht, was du in allen Fasern deines Körpers und allen Ecken deiner Seele spürst.

Die unterschiedliche Bevorzugung unserer Sinnesorgane hat ihre Ursache darin, wie unsere Eltern mit uns umgegangen sind. Ein Kind, das wenig liebe Worte hörte oder ständig ermahnend und entmutigend vollgequatscht wurde, wird aufhören, genau hinzuhören. Ein anderes, das sich durch den diffusen Gefühlsnebel der elterlichen Ehe kämpfen mußte, hat keine andere Chance, als Veränderung in Kleinigkeiten zu sehen, um zu wissen, was los ist. Ein drittes mußte lernen, sich nicht auf das, was es sah oder hörte, zu verlassen, sondern ein Gespür zu entwickeln. Auf diese hier ein wenig simplifiziert dargestellte Weise entwickeln wir uns zu auditiven Persönlichkeiten, wenn wir nur glauben, was wir hören, oder wir werden visuell, respektive kinästhetisch, wenn es das Gefühl ist, das uns am sichersten durch das Leben geleitet.

Wie auch immer wir unsere psychische und sinnliche Seele organisiert haben, wir sind angehalten, unseren anderen Sinnesorganen und ihren Wahrnehmungen wieder mehr Zuwendung und Vertrauen entgegenzubringen. Dies in unseren Dreißigern zu beginnen, ist kein schlechter Zeitpunkt. In den Teenagerjahren interessieren uns andere Dinge, in den Zwanzigern sind wir kaum für etwas anderes ansprechbar, als uns in der Gesellschaft zu bewegen und auszuprobieren, welche wir werden könnten, wenn man uns ließe. Aber nun treiben wir dem offenen Meer entgegen, und Gefühle bekommen wieder eine größere, eine ganz neue Bedeutung.

Es ist allerdings durchaus möglich, daß du nun versuchst, dieses Meer in Flaschen abzufüllen und ins Wohnzimmerregal zu stellen. Womit ich sagen will: Just in dieser Zeit, wenn du in der Fülle angekommen bist, wirst du auf die eine oder andere Weise bemerken, daß der patriarchale Pärchenzirkus kneift wie eine zu enge Hose. Dies ist der Augenblick, in dem eine beginnt, an ihrer Beziehung zu arbeiten. Oder die Beziehung gegen eine neue einzutauschen.

Millionen Bücher werden jährlich gedruckt, um einer Frau in dieser Situation Beschäftigung mit der Beziehung zu bieten. Zahllose Paar- und FamilientherapeutInnen bieten ihr Können an. Wenn ihr mich fragt, es nützt alles nichts. Versuch nicht, etwas in Flaschen abzufüllen, wenn du drin schwimmen kannst.

Das Problem ist, daß die patriarchale Gesellschaft dir in diesen Jahren einen gewissen Etablierungszwang auferlegt. Wenn du jetzt noch keinen festen Beruf hast, droht man dir schon mal damit, daß du niemals Arbeit finden wirst. Wenn du dich jetzt nicht entschließt, Kinder zu bekommen, winken horrible Hormonbehandlungen. Du siehst alle um dich herum Häusle bauen, dicke Autos fahren, teure Kleidung tragen. Alles fordert dich auf, mitzutun, dich festzulegen, ruhig zu werden.

Aber für Frauen gehen die Uhren anders. Frauen sind jetzt in dem Alter, in dem sie sich sinnlich verströmen können. Mitten im Leben blüht Liebe überall.

Es geht ja nicht nur um Sex. Es geht *auch* um Sex, aber eben nicht nur. Die vulvische Sinnlichkeit dieser Jahre ergießt sich über alles, womit eine Frau sich befaßt. Liebe fließt zu PartnerInnen, FreundInnen, Kindern, in die Arbeit. Sie ist im Überfluß vorhanden. Die Jahre, von denen ich hier spreche, umfassen immerhin ganze drei Septaden, also die Jahre von achtundzwanzig bis neunundvierzig.

Wie unschwer zu erkennen, liegen zwischen einer Frau, die auf dem Weg ist, fünfzig zu werden, und einer jungen Frau von knapp dreißig mindestens so viele Welten wie zwischen einer, die vierzehn ist, und einer, die am Ende der Jugendzeit und achtundzwanzig ist. Durch diese Jahre ziehen sich mehrere rote Fäden, die eine lernen kann, geschickt miteinander zu verflechten.

Die Fülle vulvischer Sinnlichkeit ist nur einer davon. Ein weiterer ist die durch diese große Lebenskraft genährte Fähigkeit zur

Verantwortung. Verantwortung ist etwas ganz anderes als die langweilige, niederdrückende patriarchale Pflicht. Oder so beunruhigende Begriffe wie Fürsorge und Disziplin.

In „Macht und Magie" habe ich diese Qualität Mutterkraft genannt, was darauf hinweisen soll, daß es mit Mutter*schaft* nicht zwangsläufig etwas zu tun hat, uns aber zwingt, uns mit dem, wofür der Begriff Mutter steht, auseinanderzusetzen. Mutter*kraft* steht mit Gedeihlichkeit und Verantwortung in Verbindung. Und wenn wir schon dabei sind, sprechen wir doch auch gleich von Macht. Denn dies sind die Jahre, in denen Macht für Frauen eine große Rolle spielt. Sie haben jetzt nicht nur die Kraft, sondern auch die Kompetenz dazu.

Die Frau zwischen dreißig und fünfzig ist eine Macherin, und wenn sie eine sinnliche Frau ist, dann hat sie Lust daran, und das heißt an der Macht. Die Macht, die ich meine, ist bekannterweise nicht die Macht, die eine *über* andere ausübt, um sich durch gebeugte Häupter größer und stärker zu fühlen, als sie ist und ihr zusteht. Es ist die Macht, die aus natürlicher Autorität, aus Kompetenz und Zuwendung entsteht und dafür sorgt, daß alle miteinander stark werden und stark bleiben.

Das patriarchale System hindert Frauen daran, diese Lebenskraft der mittleren Lebensjahre auszudrücken und anzuwenden. Macht ist Männersache, diese Art von Macht lebt ausschließlich davon, daß andere die Häupter beugen. Das ist nicht nur schlecht und bedauerlich für Frauen, die sich nicht so entfalten dürfen, wie sie können und oft auch wollen. Es ist auch schlecht für die Welt. Denn wenn nur die Macht der Männer machen darf, führt das zu armseliger Einseitigkeit, wie wir – in der privaten wie der öffentlichen Welt – täglich feststellen können. Den Ausweg aus dieser höchst verwerflichen Situation bieten der politische und der spirituelle Feminismus. Wenn Frauen in diesen Jahren bereit sind, sich der Magie der Macht zuzuwenden und sie dann auch anzuwenden, können sie mehr bewegen, als manche sich vorzustellen vermag.

Was Frauen, die noch nicht durch die nächste Veränderung, den Wechsel hindurchgegangen sind, daran hindert, dafür zu sorgen, daß sie lustvolle Macherinnen und Magierinnen der Macht werden, ist ihre Erpreßbarkeit in Liebesdingen. Noch ist die Furcht vor vielen, eigentlich vor fast allen Dingen eine regelmäßige Begleiterin weiblichen Lebens. Um sie zu besiegen, gibt es noch einige wesentliche Phasen zu durchleben.

Das Meer der Liebe, in dem wir in den Jahren der Verantwortlichkeiten schwimmen, ist nicht immer eine ruhige Badewanne, in der eine gemütlich herumplätschert. Wenn Frauen die erste Septade dieser Zeit hinter sich haben und auf die Vierzig zusteuern, kommt so mancher Sturm auf sie zu. Und das ist gut so. Es ist an der Zeit, sich um das zu kümmern, was bisher versäumt, geringgeschätzt, nicht beachtet wurde. Nun zeigt es sich, ob eine schwimmen gelernt hat und wie lange sie durchhalten kann. Oder sollte ich besser sagen, sie wird nun tanzen müssen? Je besser sie es gelernt hat, um so geringer sind die Schwierigkeiten, die sich ihr in den Weg stellen. Daß eine überhaupt keine Schwierigkeiten wahrnimmt, ist unwahrscheinlich. Denn für welches Lebensstück eine Frau sich auch immer entschieden haben mag, es gab während seiner Aufführung ganz sicher Auslassungen. Aus genau diesen Auslassungen entstehen die Schwierigkeiten – woher sonst sollen die Impulse kommen, die eine Frau dazu bringen, sich weiter zu entfalten?

Sicherlich ist nicht nur die voll erblühte sexuelle Kraft ausschlaggebend, wenn Frauen in ihren späten Dreißigern sich plötzlich jüngeren PartnerInnen zuwenden. Die Generationentrennung in der Liebe funktioniert nicht mehr so wie in vergangenen Jahrzehnten, wie auch andere Absicherungen zur Überlegenheit des Mannes nicht mehr so funktionieren. Heutzutage wird nicht mehr eisern daran festgehalten, daß ein Mann körperlich größer und an Jahren älter zu sein hat als seine Partnerin – einer der Versuche, mit dem überlegenen Geschlecht mithalten zu können. Paare, bei denen der Mann wesentlich jünger als die Frau ist, sind keine Seltenheit mehr, und kleine Männer, die auf große Frauen stehen, müssen sich auch nicht mehr verstecken. Bei lesbischen Paaren haben diese Dinge nie eine so herausragende Rolle gespielt. Im

Gegenteil, das Paar mit großem Altersunterschied hat in der Frauenliebe eine lange Tradition, die mit dem Wort Affidamento in unserer Zeit eine neue Bezeichnung gefunden hat.

Wenn die zweite Septade dieses Lebensabschnitts sich dem Ende zuneigt, die Frau also um die Vierzig ist, wird immer deutlicher, daß der junge Liebhaber, die neue Geliebte nicht der Impuls sind, auf den es ankommt. Auch das Aufpolieren einer alten Liebe bringt es jetzt nicht. Während eine Frau alle Hände voll und den Kopf dazu zu tun hat, um durch die unruhigen Gewässer des Unerledigten, Schattigen zu kommen, meldet sich jemand bei ihr, für den sie sich bisher eigentlich nie wirklich interessiert hat. Im Grunde interessiert sie sich auch jetzt nicht für ihn, aber das ist dem Tod egal. In seinen Händen hält er einen goldenen Ball.

Aus meiner heutigen Sicht kann ich sagen, der Tod ist in dieser Zeit das größte Geschenk für eine Frau. Aber wenn eine mitten in der Begegnung steckt, fehlt ihr zumeist der Nerv für eine derart poetische Sichtweise.

Wenn der Tod sich meldet, heißt das nicht, daß ihr Leben bedroht ist oder jemand, die/der ihr lieb ist, stirbt, sondern der Tod meldet sich sowieso bei ihr, ganz gleich, ob ein realer Übergang in die unsichtbare Welt ansteht oder nicht. Noch ahnt sie nicht, daß es darum geht, frei zu werden. Daß er in ihr Bewußtsein kommt, um ihr alle Angst vor dem Leben zu nehmen. Früher war es die Tödin, die Mutter des Todes, die die Menschen zurück in ihren Schoß holte. Diese Metapher ist ganz und gar nicht tröstlich gemeint gewesen und ist es auch jetzt nicht, wenn ich die Tödin als Überbringerin der Freiheit darstelle.

Ihre Botschaft ist ein simples Rechenexempel. Sie sagt: „Wußtest du eigentlich, daß du rund viertausend Wochen auf diesem Planeten herumhängst, und dann bist du schon über achtzig? Nur viertausendmal Sonntag, das ist alles." Dann rollt sie ein wenig mit dem goldenen Ball herum und fährt beiläufig fort: „Wie viele Wochen hast du verplempert?"

Wenn wir uns dagegen verwahren, Leben verplempert zu haben, wird sie fragen: „Kennst du diesen Ball?"

Da beginnt eine neue Zeit für uns, und sie beginnt mit einem herzzerreißenden Schmerz, der etwas über die Liebesgeschichte zwischen dir und dem Leben erzählt. Denn nun *weißt* du, daß es dich eines Tages verlassen wird. Du wirst keine Ausnahme sein. Daß der Tod existiert, kann eine aushalten, ohne daß es sie innerlich bewegen muß. Wenn es der Tod eines geliebten Menschen ist, ist es schon sehr viel schwerer. Aber in Wahrheit ertragen wir den eigenen Tod nicht. Und um den geht es diesmal. Nicht als reale Bedrohung, sondern als Bewußtwerdung der Endlichkeit deines Lebens. Es ist derselbe Zeitpunkt, an dem dir klar wird, daß es kein Schwein interessiert, was aus deinen Träumen von einst geworden ist und warum du sie still eingemottet hast. Niemandem fehlt dein goldener Ball, außer dir.

Als ich damals dem Tod begegnete, hat mich das beinahe umgebracht. Zumindest glaubte ich das. Ich konnte es nur als Falle ansehen, daß ausgerechnet der Tod mir meinen verlorenen goldenen Ball in Erinnerung brachte. Denn das hieß, ihn anerkennen zu müssen, wenn ich den Ball zurückhaben wollte. Und sich zu erinnern hieß ohne Ausnahme, ihn unbedingt zurückhaben zu wollen. Ihn anzuerkennen bedeutete dann aber auch, daß jenseits des Schloßtors der Tod überall und jederzeit auf mich lauern konnte, nicht nur als Metapher, sondern ganz real. So lernte ich, daß es *keine* Sicherheit im Leben gibt.

Zu Anfang bescherte mir das alles andere als ein Gefühl der Freiheit. Ich bekam Angstzustände, und damals war die Psychotherapie noch außerstande, damit richtig umzugehen (was sie vielfach heute noch ist, besonders in den psychosomatischen Kliniken, die sich auf die Behandlung dieses Phänomens spezialisiert haben). So mußte ich also einen eigenen Weg aus diesem Schatten finden, was mir mit Hilfe vulvischer Sinnlichkeit auch gelang, das heißt, ich erklärte mich bereit zu fühlen, was Angst ist und sein kann, um sie und alle hinter ihr liegenden mir noch unbekannten Gefühle kennenzulernen.

Eines Tages hatte ich alle Angst gefühlt, die es zu fühlen gab. Ich hatte in den Abgrund des Lebens geblickt und beschlossen, den Anblick zu ertragen. Ich konnte nun furchtlos beginnen, ich selber zu sein. Wenn es keine Sicherheit im Leben gab, dann brauchte ich nichts anderes zu tun, als mich darauf vorzubereiten, in jeder Minute zu sterben, und darüber hinaus zu tun, was eine Frau tun muß: leben.

Das schreibt sich leichter, als es war. Zu Zeiten flog ich aus meinem eigenen Körper heraus und wußte nicht, was diese eigenartige Form der Obdachlosigkeit bedeuten sollte. Dabei bei Verstand zu bleiben, war gar nicht so einfach. Nachdem ich heil wieder ins Leben zurückgekehrt war, machte ich mich auf die Suche nach meinem verlorenen goldenen Ball.

Wenn wir noch einmal zum Märchen vom goldenen Ball zurückblättern, sehen wir, daß es zuerst darum geht, den Schlüssel für das versperrte Tor zu finden. Da er am Schlüsselbund der Königin und dieser Bund sicher an ihrer Taille hängt, haben wir ganz schön einfallsreich zu sein, wenn wir ihn ihr abluchsen wollen. In diesen Teil der Geschichte ist die Notwendigkeit eingewoben, eigen-mächtig zu werden, indem wir uns von den Altlasten unserer Kindheit befreien. Um dies nicht tun zu müssen, sind wir ja sehr erfinderisch.

Ich kenne eine junge Frau, die sich gerade aufmacht, in diese blühenden Jahre zu kommen, die von ihrem Vater in ihrer Kindheit das unausgesprochene Verbot erhielt, erfolgreich zu sein; vor allem darf sie kein Geld verdienen. Der Vater ist ein wohlhabender Mann, der völlig beziehungs- und liebesunfähig ist und nur über das Geld, das er für Frau und Töchter verdient, eine Lebensberechtigung empfindet. Finanziell von ihm unabhängige Töchter sind in seinen Augen Töchter, die ihn nicht mehr lieben, weil sie ihm seine Lebensberechtigung nehmen. Weil die junge Frau ihren Vater liebt, hält sie sich an das Verbot, obwohl ihr sehr erwachsener Verstand ihr sagt, daß es leicht und richtig ist, erfolgreich zu sein und entsprechend ihrer Begabungen und Ausbildungen Geld zu verdienen. Aber das unausgesprochene Verbot ist stärker.

Eines Tages lernt die junge Frau ihre Partnerin kennen, die ihr hilft, finanziell vom Vater loszukommen. Nun ist sie von ihrer Partnerin abhängig. Als nächsten Versuch der Problemlösung hilft diese ihr, Geld zu verdienen, ohne viel dafür tun zu müssen. Und auf einmal wird die junge Frau von unerklärlichen Rückenschmerzen befallen.

In einer Therapie findet sie heraus, daß die Rückenschmerzen für Schuldgefühle stehen, die sie angesichts ihrer finanziellen Abhängigkeit von der Partnerin empfindet. Auf die Frage ihrer Therapeutin, warum sie nicht anfange, selbst Geld zu verdienen, wenn es ihr so schwerfalle, das Geld ihrer Freundin anzunehmen, beginnt die Frau zu weinen. Die Rückenschmerzen vergehen. Es war klar, sie dachte nicht daran, Geld zu verdienen. Die Schuldgefühle in ihrer verschlüsselten Form als Rückenschmerzen waren der Versuch, das Verbot des Vaters einzuhalten und dem Wunsch der Partnerin, eigenes Geld zu verdienen, nicht entsprechen zu müssen.

Was dieser jungen Frau bevorsteht, ist, selbständig und aus eigenem Antrieb einen Weg zu finden, das Verbot zu brechen. Das nenne ich den Schlüssel zum Schloßtor zu stehlen. So etwas muß nicht unbedingt in einer Therapie geschehen. Es gibt zahllose Wege, in die Kindheit zurückzureisen und den Schlüssel zu holen. In jedem Leben wird es eine andere Art Schlüssel sein, der geholt werden muß, und so ist es erfreulicherweise gar nicht möglich, quasi einen seelischen Schlüsseldienst anzubieten, Rezepte und Kniffe, um durch das Tor zu kommen.

Die Geschichte geht – wie wir wissen – dann so weiter: Nach dem Öffnen des Schloßtors und der Begegnung mit einer geheimnisvollen Gestalt besteht die große Chance, in die Höhle hinabzusteigen und den goldenen Ball zurückzuholen. Was eine Frau in der Höhle der wilden Frau erwartet, habe ich in „Die wilde Frau" beschrieben. Es ist der Abstieg ins Labyrinth bis an jenen Punkt, an dem eine Frau erfahren muß, daß nichts und niemand sich dafür interessiert, ob das eigene Leben gelungen ist oder nicht. Das stimmt natürlich nicht ganz, denn eine gibt es, die es interessiert oder zumindest interessieren sollte – du selbst.

Bei diesem Gedanken winken nicht wenige Frauen ab und meinen, wenn es nur sie selbst interessiert, was mit ihnen geschieht, dann interessiert es sie nicht. Sie leben für andere, vorzugsweise für einen oder eine, die sie lieben. Das ist betrüblich, denn für andere zu leben bedeutet, nicht gelebt zu haben. Die sinnliche Frau lebt durch ihre eigenen Sinne. Täte sie es nicht, wäre sie tot. Sie begegnet anderen in ihrer Fülle und läßt sie in Liebe daran teilhaben.

Je schneller eine Frau aus der Höhle wieder auftaucht, um so goldener werden die verbleibenden Jahre der Verantwortung. Eine Frau über vierzig ist eine lebenserfahrene Frau, keine Anfängerin mehr. Sie kann jetzt Erfahrungen im Lebensgenuß machen, eine Form der Sinnlichkeit, die jenseits der Furcht entfaltet werden kann und Heiterkeit und Fröhlichkeit schenkt.

Während die sexuelle Lust spirituell angereichert wird, kann sie sich zu ganz besonderen Erfahrungen entwickeln, wenn die nächsten Lebensphasen erreicht werden. Die spirituelle Anreicherung ergibt sich aus den seelischen Entwicklungen, durch die eine hindurchgeht, wenn sie zuerst den Schlüssel und dann den goldenen Ball zurückholt. Dies sind die Jahre, in denen einer Frau bewußt werden sollte, was es bedeutet, Trägerin des Lebens zu sein. Diesen Begriff benutze ich, um das altbackene Flair des Begriffs Mütterlichkeit zu vermeiden und darauf hinzuweisen, daß die Potenz des weiblichen Prinzips zählt, nicht der Gebärnachweis.

Die Mutter der Welt ist schließlich keine Mutti.

# VOLL SINNLICH ODER VOLLE WINDELN?

*Die Ehe- und Mutterfalle als perfekte Liebestöter*

Die Jahre der Verantwortlichkeit sind die Jahre, in denen für eine Frau auf die eine oder andere Weise Kinder zu einem Thema werden. Sei es, daß sie welche hat oder will, sei es, daß sie keine will oder – was zunehmend häufig der Fall ist – keine bekommen kann. Liebesdinge haben auch etwas mit Kindern zu tun, vor allem für einen weiblichen Menschen.

Die Frage ist umstritten, ob der Mutterinstinkt angeboren ist, ob also das Bedürfnis, Kinder zu gebären, eines ist, das jede richtige Frau verspürt. Wäre die Frage positiv zu beantworten, hieße das, daß eine keine richtige Frau sein kann, wenn sie keine Kinder will. Wenn wir uns ansehen, welchen Zirkus die monokulturellen Wissenschaften Medizin, Pharmazie und Gentechnologie aufführen, um fortpflanzungsunfähigen Frauen zum Kindersegen zu verhelfen, könnten wir auf den Gedanken kommen, daß es so ist: Zum Frausein gehört das Kinderkriegen dazu.

Ich habe eine Zeitlang mir sehnlichst gewünscht, ein Kind zu bekommen. Ein paar Jahre später bin ich draufgekommen, warum. Meine Kinder waren auf dem Wege, erwachsen zu werden, und ich hatte Angst davor, die sichere Plattform der Mutterschaft zu verlassen, denn das ist eine leicht erreichte Identität.

Welch eine schäbige Motivation, einen Menschen in die Welt zu setzen! Mein Wunsch nach einem Kind ist eigentlich eher der Beweis dafür, daß Frauen aus höchst fragwürdigen Motiven und nicht weil sie den Ruf der Natur vernehmen, Kinder bekommen. Ich habe damals kein Kind bekommen und bin froh über meine verantwortungsvolle Entscheidung.

Die monokulturellen Wissenschaften arbeiten keineswegs für die Erfüllung natürlicher Weiblichkeit. Abgesehen davon, daß es um viel, viel Geld geht, handelt es sich um Kontrolle über das

Leben. Das Patriarchat übt seine Macht per Psychodruck auf jede einzelne Frau aus. Was im übrigen die Mutterschaft angeht, so halte ich diesen Psychoterror für die Ursache der Überbevölkerung und keineswegs die angebliche Unwissenheit angeblich ungebildeter Frauen in der angeblich Dritten Welt.

Sollte es einer Frau schwerfallen, das marktpolitische und machtpolitische Spiel mit den unkonventionellen Fortpflanzungsmethoden zu durchschauen, so bitte ich, darüber nachzudenken, wieso lesbischen Frauen nicht erlaubt ist, sich künstlich befruchten zu lassen. Darüber hinaus kann ich jede Frau mit Kinderwunsch nur auffordern, nachzudenken, warum sie diesen Wunsch hat, und sich selbst ein gutes Stück Mißtrauen entgegenzubringen. Wunschkinder sind genauso arm dran wie unerwünschte Kinder, denn sie sollen den Eltern einen Wunsch erfüllen. Das kann eine schwere Last sein.

Als ich meine Kinder bekam, war ich sehr jung. Das ist gleichbedeutend damit, daß ich gar keine Chance hatte, darüber nachzudenken. Es war in den sechziger Jahren, und ich war Griechin. Die Kombination bedeutete: Kinderkriegen ist so normal wie ein Schulabschluß oder Masern oder zwei Füße am unteren Ende der Beine. Wenn ich die Wahl gehabt hätte, wäre ich im Traum nicht auf den Gedanken gekommen, monatelang mit dickem Bauch herumzulaufen, als hätte ich einen Fußball verschluckt. Ich wäre niemals bereit gewesen, mein Leben bei der Geburt zu riskieren, von den Schmerzen zu schweigen, die auch nicht besonders lustig waren. Und das alles war gar nichts im Vergleich zu den nächsten fünfzehn Jahren, die für die Erfahrung sorgten, daß mein Leben mir nicht mehr allein gehörte und es immer jemanden gab, der wichtiger war als ich, wenn ich Entscheidungen zu treffen hatte. Nein, ich hätte keine Kinder bekommen, wenn ich einigermaßen bei Verstand gewesen wäre.

Heute höre ich manchmal meine über alles geliebte Tochter schimpfen, wer sie eigentlich auf den Gedanken gebracht hat, ein Kind zu bekommen. Das sind die Augenblicke, wenn mein Enkel ihr mal wieder locker klarmacht, was es heißt, einen kleinen Skorpion aufzuziehen. Abgesehen von einem Grinsen und dem Gedanken, daß es so etwas wie späte Rache gibt, kann ich sie gut verstehen. Dennoch liebe ich meinen Enkel sehr, so wie ich meine Kinder liebe.

Ich stoße immer wieder auf wenig Verständnis, wenn ich öffentlich sage, daß ich nicht besonders gern Mutter war. Manchmal sind es Lesben mit unerfülltem Kinderwunsch, die mich nicht verstehen, manchmal ehrbar verheiratete Hausfrauen und Mütter, die sich und ihre Position durch mich in Frage gestellt sehen. Das Positivste, was ich darüber sagen kann, ist, daß ich versucht habe, die Zeit mit Anstand hinter mich zu bringen. Dies wird als Kritik an der Mutterschaft gewertet – das ist es auf keinen Fall. Es ist Kritik an der Art und Weise, wie in unserer Gesellschaft eine Mutter Kinder aufzuziehen hat, und Ablehnung des unehrlichen Getues, das um Mutterschaft gemacht wird. Ich behaupte, daß Mütter die am meisten verachteten Menschen im Patriarchat sind. (Auch das ein legitimer Grund, nicht Mutter werden zu wollen.) Ich bin nach wie vor der Ansicht, daß es kein Beweis von Weiblichkeit ist, Kinder haben zu *wollen*, sondern nur der Beweis für ein Interesse an der sicheren Identität als Mutter im Patriarchat.

Es gibt Frauen, die mögen Kinder gebären. Andere mögen sie aufwachsen lassen. Wieder andere freuen sich, wenn sie dabei zuschauen können, wie andere Frauen Kinder aufwachsen lassen, und noch anderen reicht ein Foto. Es gibt mütterliche Väter und wenig mütterliche Frauen. Ob wir gute Mütter werden, hängt immer auch davon ab, welche Mutter uns aufgezogen hat. Ob wir überhaupt Mütter werden, ist eine Frage unserer persönlichen Entscheidung, und wenn eine es bewußt nicht wird, halte ich sie für ebenso weiblich wie die, die Mutter wird. Ich kann es nicht oft genug betonen: Nur eine Frau kann Kinder *gebären* oder *keine gebären*. Männer müssen dazu Wissenschaftler werden, und dann läuft es auf Gepansche im Reagenzglas und Versuche an Embryonen hinaus.

Ich wäre eine ideale Tante gewesen. Davon kann ein Kind gar nicht genug haben. Genauer: Davon hat ein Kind im Patriarchat immer zuwenig. Um den Job als Mutter zu mögen, finde ich Kinder zu anstrengend. Sie fesseln mein Interesse nicht lange genug. Als Großmutter geht es mir genauso. Ich fühle mich dabei wunderbar, sehr weiblich und durchaus kinderlieb.

Ich habe ein Bedürfnis, Kinder zu beschützen, und finde es unerträglich, wenn Kinder hungern oder leiden müssen. Wenn ich ein Kind weinen höre, bin ich die erste, die losrennt, um zu sehen, was passiert ist. Meine eigenen (inzwischen sehr erwachsenen) Kinder liebe ich als die Personen, die sie sind, und ich bin froh, daß es sie gibt. Aber einen Job als Kindergärtnerin, Lehrerin oder Sozialarbeiterin würde ich mir selbst niemals geben.

In meiner Haltung zu Kindern, Tieren, Bäumen und allem, was lebt, spiegelt sich meine Verehrung des weiblichen Prinzips als des göttlichen Prinzips dieses Universums. Ich verehre das mütterliche Prinzip, denn es ist Leben erhaltend, nährend und gedeihlich. Ich vermisse es, wenn eine Frau es nicht hat. Ich verehre es auch, wenn es im Verhalten eines Mannes sichtbar wird. Um es ganz deutlich zu machen: Nicht den mütterlichen Mann verehre ich, sondern das Prinzip, nach dem er handelt, wenn er mütterlich ist.

Frau zu sein heißt für mich, Angehörige des weiblichen Prinzips zu sein. Frau sein heißt, Trägerin des Lebens zu sein. Wenn eine Frau, eine Trägerin des Lebens sich dafür entscheidet, ein Kind zu gebären, dann ist es im Zusammenhang mit der Verantwortung, von der hier die Rede ist, wert, sich die Motivation, die zum Kinderwunsch führt, anzusehen. Eine weitere Betrachtung dient den Umständen, die sich wirklich vollkommen verändern, wenn eine Frau Mutter geworden ist. Die Lebensumstände einer Mutter im Patriarchat sind dazu geeignet, einer Frau die Lebensfreude und die Lust an der Liebe zu nehmen.

Die Gründe, warum eine Frau sich entscheidet, ein Kind zu bekommen, gehören – meint der Volksglaube – in den privaten Bereich, und das könnte die Illusion nähren, das Kinderkriegen habe ausschließlich mit individuellen Lebensplänen und dem Liebesleben einer oder zweier Privatpersonen zu tun. Kinderkriegen war und ist aber immer auch ein Politikum, und das war und ist nicht nur negativ. Bevölkerungspolitik lebt von der Beziehung, die die einzelnen Mitglieder einer Gemeinschaft zu eben dieser Gemeinschaft haben. In so großen Gruppierungen, wie Nationen sie darstellen, kann sie gar nicht mehr wirklich vorhanden sein. An die Stelle der persönlichen Beziehung und Bindung zur Gruppe tritt dann das fragwürdige Nationalgefühl. Dieses Nationalgefühl forderte bei den Nazis von den Frauen, zukünftige Soldaten zu gebären. Heute wird erwartet, daß sie künftige Rentenzahler auf die Welt bringen.

Jenseits der Erfüllung solcher Zumutungen ist es keineswegs eine dumme Motivation, dafür sorgen zu wollen, daß das Rad des Lebens sich weiterdreht. Wenn wir eine Welt hätten, in der das weibliche Prinzip das Zentrum des Lebens bildete und also Frauen die Machtträgerinnen wären, bin ich sicher, daß wir in Gemeinschaften lebten, die sich als Gemeinschaft für alle darin lebenden Kinder in Liebe verantwortlich fühlten. Das wären Gemeinschaften, in denen Kinder nicht auf Teufelkommraus produziert würden und es daher keine Überbevölkerung mit allen damit einhergehenden sozialen und seelischen Problemen gäbe.

In solchen von Frauenmacht geführten Gemeinschaften – ich könnte sie auch matriarchale Gemeinschaften nennen – würde Weiblichkeit nicht die Existenzberechtigung abgesprochen, sobald sie nicht vorgegebenen Formen entspricht. Daher wäre auch das Bedürfnis, Weiblichkeit durch Kinderproduktion unter Beweis zu stellen, kaum ausgeprägt. Mutterschaft dürfte also dem wirklichen Bedürfnis nach Zuwendung zu einem Kind und seine Menschwerdung entspringen. Und es gäbe genügend Tanten, die imstande wären, den Müttern das Muttersein zu erleichtern.

Eine Mutter müßte sich nicht als alleinerziehend betrachten, sondern wäre, getragen von anderen, imstande, Ich zu bleiben. Sie könnte sich der weiteren Drehung im Liebeszyklus widmen, die es bedeutet, ein Kind aufwachsen zu lassen.

Soweit der Wunschtraum, der nicht als unerfüllbar abgetan werden soll. Was nicht irgendwann mal Wunschtraum war, kann auch nicht Wirklichkeit werden, sondern muß zu den (Magie)-Akten gelegt werden. Riskieren wir nun einen Blick in die patriarchale Wirklichkeit.

Wie wir unschwer feststellen können, ist jede Mutter alleinerziehend. Manche schleppt noch einen Mann mit durch, wofür sie manchmal finanziell entschädigt wird. Die patriarchale Frau wollte dauerhafte Liebe, darum hat sie geheiratet oder sich ohne Trauschein gebunden. Dann wollte sie diese Liebe erweitern und hat ein Kind bekommen. Ich nenne das die perfekte Falle. Wenn eine Frau die Liebe aus ihrem Leben verscheuchen will, schlägt sie genau diesen Weg ein.

Der Mann wird sie daran hindern, das Kind zu lieben. (Du kannst nicht in unserem Bett schlafen, du hast ein eigenes Zimmer.) Das Kind wird sie daran hindern, den Mann zu lieben. (Nicht jetzt, die Kinder könnten uns hören.) Sie selbst wird überfordert und überlastet eine schlechtgelaunte, frustrierte doppel- und mehrfachbelastete Frau werden. Auch lesbischen Paaren kann es so ergehen, nur haben sie andere und bessere Möglichkeiten, aus der Falle wieder auszusteigen.

Die monogame Ehe oder eheähnliche Beziehung in einer Wohnung oder einem Einfamilienhaus ist in Flaschen abgefülltes Meerwasser. Wenn sie die Gemeinschaft und den Ort bildet, in dem ein Kind aufwächst, ist das Wasser mit größter Wahrscheinlichkeit auch noch vergiftet. Es gibt keinen gefährlicheren Ort für ein Kind als die ganz normale, ganz durchschnittliche Zweierbeziehung in entsprechender Behausung. Hier werden Kinder psychisch gequält, körperlich gestraft, sexuell mißbraucht und hilflos und ungeschützt Menschen ausgeliefert, die niemals nachweisen müssen, ob sie dieser Verantwortung überhaupt gewachsen sind, und niemanden kümmert es. An solchen Orten kann Liebe nicht gedeihen.

Es spricht im Grunde für die Menschheit, daß es trotz dieser Lebensumstände noch soviel Liebe in der Welt gibt. Das ist der unermüdlichen Liebesarbeit unzähliger Frauen zu verdanken, die trotz dieser Umstände versuchen, Kinder in Liebe aufwachsen zu lassen.

Die Liebesbeziehung zwischen einer Mutter und ihrem Kind ist nicht nur von allergrößter Bedeutung, sie ist auch eine, die trotz vieler Wandlungen, die sie durchläuft, lebenslang dauert. Darum sollte eine Frau, die plant, Kinder zu bekommen, wissen, daß sie dieser Beziehung genügend Raum in ihrem Leben geben muß. Es kommt gar nicht so darauf an, das richtige pädagogische Konzept zu haben, sondern auf die Bedeutung, die eine ihrem Kind in ihrem Leben gibt.

Die Mutter ist der unersetzliche Mensch für ein Kind. Andere können an ihre Stelle treten, aber sie können sie nicht ersetzen, nur Ersatz sein. Vor allem Adoptivkinder wissen das: Die Mutter ist nicht austauschbar. Keine noch so große Liebe von Ersatzmüttern, Vätern, Tanten und so weiter kann gegen ihren Verlust aufgerechnet werden. Sie alle können liebevoll dafür gesorgt haben, daß es dem Kind gutgeht, und ein so geliebtes Kind wird auch mit Liebe antworten, aber den Verlust der Mutter wiegt es nicht auf. Dieser bleibt eine das ganze Leben beeinflussende seelische Wunde, selbst wenn das Kind keine bewußte Erinnerung an den Verlust haben kann, weil er gleich nach der Geburt geschehen ist.

Mißlungene Liebe zwischen Mutter und Kind ist eine Katastrophe für beide. Der Dichter Rainer Maria Rilke meinte einmal, seine Unfähigkeit zu lieben rühre daher, daß er als Kind nicht gelernt habe, seine Mutter zu lieben. Wer als Kind seine Mutter nicht liebe, täte sich auch als Erwachsener mit der Liebe schwer.

Diese Liebesbeziehung kann, wie jede andere auch, schiefgehen, sie kann belastet sein, von vielen Schwierigkeiten behindert. Aber sie ist, wenn sie sich glücklich entfalten darf, eine der wunderbarsten Liebesgeschichten, die ein Mensch erleben kann. Das Schönste daran ist, daß es sich um eine Symbiose handelt, und in diesem Fall bringt das keinen Therapeuten auf den Plan. Sie ist nicht nur erlaubt, es ist ihr Sinn. Darum geht's.

Sie zeigt, daß Liebe und Körperlichkeit für Frauen viel weiter gefaßt sind. Die Liebe zu Kindern ist für eine Frau sehr körperlich und dennoch weit entfernt von Sex. Sie ist ausgesprochen lustvoll und doch nicht genital. Ein Kind an der Brust trinken zu lassen, ist ein Gefühl, das ungleich lustvoller ist als jede Stimulation der Brust während einer sexuellen Begegnung mit einer PartnerIn.

Wie alle, die etwas von Liebe verstehen, wissen, braucht es viel Zeit, um sie auszuleben und auszukosten, also sinnlich zu genießen. Und Zeit ist genau das, was eine Mutter im Patriarchat nicht hat. Genauer: auch nicht haben soll. Man stelle sich nur mal vor, eine verlangte ausreichend Zeit (und damit Geld), um *Spaß* bei der Kindererziehung haben zu können. Genau das aber steht beiden Beteiligten, Mutter und Kind, bei ihrer Beziehung zu. Zeit ist wichtig, denn die Trennung, die Mutter und Kind durch die Geburt erleben, ist für beide erst mal ein Schock. Das, was in fünfzehn bis zwanzig Jahren erfolgreich losgelassen werden soll, muß vom Augenblick der Geburt an ganz behutsam begonnen werden. Und zwar damit, möglichst nicht loszulassen.

Mutter und Kind brauchen einander zum Leben, je kürzer der Zeitpunkt der Geburt zurückliegt, um so mehr. Weil wir beiden in dieser Anfangszeit so wenig Möglichkeiten bieten, ihre Beziehung auszuleben, haben wir in späteren erwachsenen Jahren in unserem Liebesleben die zahllosen Abhängigkeiten, die uns dazu bringen, uns wie Kleinkinder zu verhalten.

Die Frage ist, wer die Mutter durch den Alltag trägt, damit sie sich voll und ganz der einzigen legitimen Symbiose (außer der lang vergangenen mit ihrer eigenen Mutter) hingeben kann? Die Antwort ist kurz und klar: niemand. Die hochindustrialisierte, demokratische patriarchale Gesellschaft geht mit einer Mutter und ihrem neugeborenen Kind nur graduell besser um als die feudale Gesellschaft mit den leibeigenen Frauen und ihrer Brut. Soll sie doch sehen, wo sie bleibt. Allgemein scheint man der Ansicht zu sein, daß es die Privatangelegenheit jeder Mutter ist, ihren Kram so zu richten, daß sie ihr Kind *versorgen* kann. Ein Recht darauf – und damit ausreichend Zeit und Geld –, ein Kind lieben zu können, ist in einer männerzentrischen Gesellschaft nicht vorgesehen. Wenn eine Gesellschaft ihre Kinder versorgt, hält sie sich bereits viel darauf zugute. Das ist gespenstisch.

Der Mangel an Liebe zu Kindern zeigt sich in diesem ganzen grellen und süßlichen Kitsch, der sich in Kinderzimmern, Kindergärten, Kinderfilmen etc. findet. Wobei wir wieder bei den Clowns und anderen Erfindungen Erwachsener und den Folgen ihrer eigenen unglücklichen Kindheit gelandet wären.

So bringt diese Gesellschaft liebesunfähige Menschen hervor, die ihrerseits wiederum liebesunfähige Menschen produzieren. Es möglich zu machen, daß dies nicht so bleiben muß, bezeichne ich als die ganz große Politik. Denn wir benötigen dafür einen Strukturwandel, der umwälzend ist. Unter Strukturwandel verstehe ich, daß alle wieder auf den Platz befördert werden, auf den sie gehören. Das Prinzip des Lebens in den Mittelpunkt. Die Tanten drumherum. Erwachsene Männer und ihre geistigen Kinder wie Börsenkurse u.ä. an die Peripherie. Da haben wir wieder die Sache mit dem Gelben und dem Weißen vom Ei.

Eine solche Strukturierung würde die Liebesfähigkeit der Männer, die nach Erfahrung zahlloser Frauen mehr als zu wünschen übrigläßt, erheblich erhöhen. Sie würde den Frauen, die Kinder haben, wesentlich mehr Freiheit schenken als in der patriarchalen Gesellschaft, weil die Mutterschaft nicht mehr allein auf ihren Schultern lastet. Sie würde aber auch der Unabhängigkeit aller Frauen dienen, denn wenn eine in der Kindheit ausreichend mit symbiotischer Liebe abgesättigt wurde, braucht sie in ihren erwachsenen Jahren nicht mehr unter ihrer Sehnsucht nach symbiotischen Abhängigkeiten zu leiden.

Eine Mutter, die in einer frauenzentrischen Gesellschaft lebt und ihre Kinder aufzieht, hat außerdem mehr Zeit für die Liebe, die wahre Liebe, die sich nur außerhalb von ehelichem Alltag, vollen Windeln, unaufgeräumten Schlafzimmern, schmutzigem Geschirr und unbezahlten Rechnungen offenbart.

Um einen Tango zu tanzen, braucht es die richtige Umgebung, die richtige Zeit, einen freien Kopf und die richtige Stimmung. Wenn Frauen neben ihrer Mutterschaft auch noch das Feuer der Liebe schüren wollen, dann brauchen sie Lebensumstände, die das ermöglichen.

# FREIE FRAUEN LIEBEN BESSER, ABHÄNGIGE SIND NUR GUT IM BETT

*Oder: Nur weil eine Frau in deinem Bett liegt,*
*bist du noch lange nicht frei*

Die Liebe zwischen Mann und Frau ist aus den Herrschaftsverhältnissen, die im Patriarchat zwischen den Geschlechtern herrschen, nicht herauszuhalten. Die Form, in der sich diese Liebe entfalten darf – besser: muß –, ist selten geeignet, sie blühend und am Leben zu erhalten.

„Sobald du dich bereit erklärst, die Verantwortung für die Wäsche eines Mannes zu übernehmen, fallen dir seine Fehler auf. Du bemerkst seine Gewohnheit, auf den Toilettensitz zu pinkeln...", schreibt Ortiz Taylor und deutet damit an, daß allzuviel und allzu lang andauernde Nähe der Tod der Liebe zwischen Mann und Frau ist. Nun sind die Versuche, die Verantwortung für Herrenwäsche zu verweigern, mittlerweile unter Frauen gang und gäbe. Häufig klappt das bereits. Auf den Verlauf einer Liebesbeziehung hat es aber selten einen schützenden, geschweige denn förderlichen Einfluß. In den seltensten Fällen gelingt es einer Frau, für gar nichts im Leben eines Mannes Verantwortung zu übernehmen; das hängt mit den erwähnten Herrschaftsverhältnissen zusammen, aus denen heterosexuelle Beziehungen es nicht schaffen, sich auszunehmen.

Wenn eine Frau parallel auch noch versucht, sich der Liebe zu Kindern zu widmen, kann sie vollends baden gehen, denn nun kommt alles zu kurz. Geht die Beziehung weiter, wird meist eine Art Bruder-Schwester-Beziehung daraus. Ansonsten beginnen die frustrierten, enttäuschten gegenseitigen Vorwürfe, die irgendwann im Aus enden. Erloschenes Feuer, ein Haus, in dem keine Liebe mehr wohnt. Wenn einer von beiden auszieht, finden sich wahrscheinlich ganz hinten im Regal ein paar Muscheln, sandige Steine und eine angestaubte Flasche mit Meerwasser.

Wie steht es mit des Meeres und der Liebe Wellen unter Frauen? Es fragt sich, ob Liebesbeziehungen unter Frauen leichter partnerschaftlich-egalitär verlaufen, das heißt wie frei ist die Liebe unter Frauen wirklich? Genauer gefragt: Ist eine Liebesbeziehung allein schon deshalb weniger hierarchisch, weniger unterdrückerisch und viel lebendiger, weil eine Frau in deinem Bett liegt?

Wenn es so wäre, wäre dies das kürzeste Kapitel dieses Buches. Als Lesbe sage ich es nicht gern, aber wenn es um die Liebe geht, gibt es auch unter Frauen jede Menge Wahnsinn.

Von Überläufen aus Verzweiflung über die Liebesunfähigkeit der Männer rate ich dringend ab. Zumindest sollte eine sich das reiflich überlegen. Die Hoffnung, eine Partnerin mache wahr, was Männer nur versprechen, kann trügerisch sein. Zwar kann das zutreffen, aber gemütlich wird es damit noch lange nicht. Du glaubst vielleicht, in einen Spiegel zu schauen, aber das vermeintlich vertraute Spiegelbild hat die fatale Eigenschaft, sich selbständig zu verhalten. Frauen sind das unbequemere Geschlecht.

Wenn eine darauf aus ist, daß es künftig immer glattlaufen möge, sollte sie sich besser einen Pudel anschaffen. In Frauenbeziehungen geht es emotional drunter und drüber, dies allerdings im besten Sinn. Was die Freiheit in der Liebe angeht, ergeht es nach meiner Erfahrung den lesbischen Schwestern nicht besser als den Männer-Frauen.

Das Patriarchat verhindert, daß du emotional unabhängig bist, denn alle Frauen sind als Kinder emotional nicht ausreichend genährt worden. In jeder Frau lebt ein kleines Mädchen, das nicht nur in der Vergangenheit, sondern auch in der erwachsenen Gegenwart nicht genug geliebt wird. Frauen sehnen sich nach Fürsorge, Liebe, Anerkennung und Wärme. In der patriarchalen Welt gibt es davon immer zuwenig für sie. Das steht einem emotional autonomen Leben eher entgegen. Ein emotional freies Leben ist zwar unendlich sinnlich, aber sehr unbequem, weshalb so manche Frau gleich welcher sexuellen Präferenz lieber im sicheren Hafen bleibt und nicht in die weite Welt hinauswill. Die Fröste der Freiheit wirken bedrohlich.

Das fordert heraus, sich mit dem Begriff Freiheit zu beschäftigen. Freiheit ist ein großes Wort. Freiheit in der Liebe bedeutet im patriarchalen Kontext Promiskuität und Gruppensex, jedenfalls wenn wir den einschlägigen Anzeigen folgen. Dies sind die Gegenpole zu Monogamie und psychischer Abhängigkeit. Sämtlich keine feinen Sachen.

Freiheit bedeutet jedoch, auf freiwilliger Basis beieinander zu sein und die/den anderen nicht in ihrer/seiner Entwicklung zu behindern, sondern zu fördern. Das hat viel mit Verantwortlichkeit zu tun, also damit, zu wissen, was eine tut und was nicht und vor allem warum. Eine freie Liebende tut niemals das Richtige, weil es das in den Dimensionen der Emotionalität gar nicht gibt. Aber sie handelt nicht auf Kosten anderer. Und jetzt wird es interessant. Denn darunter verstehen alle etwas anderes.

Wir sehen bereits, wie schnell die Ängste sich melden. Bedürftigkeit, die aus emotionalem Hunger entsteht, ist eine schlechte, aber häufige Ausgangsbasis bei der Anbahnung amouröser Begegnungen, deren Feuer länger als ein paar Tage oder Wochen halten soll. Bedürftigkeit ist die wesentlichste Voraussetzung, um in emotionale und häufig genug auch materielle Abhängigkeit von einem anderen Menschen zu geraten. Mit Liebe und Sinnlichkeit hat eine solche Beziehung nichts zu tun, sondern mit Obsessionen, emotionaler Ausbeutung und Destruktion.

Das Bedürfnis nach Zugehörigkeit halte ich für elementar, für eines der Grundbedürfnisse, gleich nach Essen, Wohnen und emotionaler Sicherheit. Bedürftigkeit nach Symbiose und Auflösung haben damit gar nichts zu tun. Die rühren daher, daß wir im Heute noch immer darauf warten, daß uns die Mutter im Gestern auf die richtige Weise liebt.

Das Dumme an den Abhängigkeiten in der Liebe ist, daß eine es immer erst dann merkt, wenn sie in der nicht nur um Jahrzehnte zu späten, sondern auch immer energetisch destruktiven Symbiose schon bis über beide Ohren drinhängt. Es gelingt einer immer wieder, das passende Gegenstück zur eigenen Neurose aufzutreiben, um so in den nervenaufreibenden und schmerzvollen, weil zwangsläufig enttäuschenden Tanz zu starten. Manchmal wechseln wir nicht nur die PartnerIn, sondern auch die Musik, um dann festzustellen, daß wir doch wieder den falschen Tanz erwischt haben.

Solche Liebesspiele drehen sich immer um Zurückweisung und um Versprechen, die niemals eingehalten werden können. Sie beginnen immer mit der Hoffnung, die andere Person möge uns geben, was wir brauchen, um dann festzustellen, daß dies niemals geschehen wird, es aber weiterhin nicht wirklich zu glauben. Zu Beginn, wenn der Rausch der Verliebtheit beglückt, ist unser Gegenüber eine Person, die sich noch in der vollen Tarnung befindet. In der Liebe ist es wie bei der Jobsuche. Bei beidem rückt man mit den nicht so schönen Dingen erst heraus, wenn man den Job oder die Liebe hat. Die Muster und Mechanismen, die ablaufen, wenn die sogenannte Beziehung beginnt, mögen unterschiedlich sein. Der Alptraum jedoch ist jedesmal der gleiche. Der Kampf darum, daß sich doch noch erfüllen möge, was wir uns wünschen, wird lange weitergekämpft, vielleicht weil es allzu schmerzlich ist, sich einzugestehen: Auch diesmal ist es keine Liebe.

Statt lustvoller Sinnlichkeit haben offen oder verdeckt Eifersucht und Neid – zwei ungemütliche Töchter der Leidenschaft – die Regie im Liebesspiel übernommen. Es können auch andere negative Gefühle sein, die dann überwiegen. Sie werden jedoch allesamt dazu eingesetzt, die Kontrolle über die andere Person, über die Situation, über die Liebe zu erlangen. Wenn es je Liebe war, stirbt sie spätestens jetzt.

Das Gegenstück zur Abhängigkeit *in* einer Beziehung ist die Angst davor, sich auf Liebe wirklich einzulassen. Promiskuität, das heißt die krankhafte Suche nach etwas, das eine oder einer gar nicht finden will, ist – wie schon gesagt – das Gegenstück zur Monogamie, und beide sind Teil, nicht gerade der allerbeste Teil männlich-patriarchaler Sichtweise auf Sexualität und Liebe.

Meiner Ansicht nach wären Frauen weder promisk noch monogam, wenn es möglich wäre, unbelastet von patriarchaler Zurichtung der weiblichen Natur zu folgen. Wir würden dann in Sippen vergleichbaren, zahlen- und machtmäßig frauendominierten Gemeinschaften leben und unsere Liebschaften außerhalb wirtschaftlicher und elterlicher Verflechtungen jeweils so lange ausleben, wie sie dauern und brauchen, um ausgekostet zu werden. Dafür wäre ausreichend Zeit und Gelegenheit, während Kinder niemals das Gefühl haben müßten, erst an zweiter Stelle nach der Zuwendung zum Vater zu kommen, eine Erfahrung, die Kinder aus traditionellen Elternschaften bis auf den heutigen Tag machen.

Diese Erfahrung hat für Töchter und Söhne gleichermaßen Folgen, jedoch jeweils ein wenig andere. Töchter verbinden damit die Wahrnehmung, Männer seien wichtiger als sie. Später, wenn die sexuelle Orientierung bereits ausgebildet ist, gibt es Töchter, die wie die Väter sein wollen, also hinaus aus dem Schloß und auf den interessanten Wegen die Welt erkunden, und die anderen, die die Stelle der Mutter einnehmen möchten und an der Zuwendung der Männer interessiert sind.

Doch zu Anfang, wenn es um die bedeutendste Beziehung ihres Lebens geht, ist die Mutter die einzige, das Universum. Das hängt damit zusammen, daß wir im Bauch des Universums unser Leben begannen und nun, nachdem wir aus dem Paradies vertrieben wurden, bedürftig erwarten, den weiteren Teil der Symbiose auszuleben, denn sonst wäre unser Leben ernsthaft in Gefahr.

Aufgrund der Umstände, wie wir unsere allererste Zeit im Leben verbringen, bleiben wir bedürftig. Etwas wurde immer nur versprochen und nie erfüllt. Als Erwachsene befinden wir uns immer noch im Zustand dieser Erwartung und Bedürftigkeit.

Die verschiedenen Stadien einer symbiotischen Liebe, die in emotionaler Abhängigkeit endet, gehen so:

- Zu Anfang erlebt eine das Stadium des Verlangens, das immer begleitet ist von Angst und Unsicherheit im Sinn von „was mach ich, wenn sie/er ja sagt?" Das kann sehr schwärmerisch, sehr aufregend sein. Die kleinsten Dinge haben große Bedeutung. *Das kleine Kind entdeckt entzückt seine Mutter, der Inbegriff des Paradieses. Liebe, Wärme, Essen, Sicherheit.*
- Danach kommt die Zeit, in der eine sich selbst für verrückt erklärt und wieder zur Vernunft kommen möchte, denn die Angst vor Ablehnung ist größer als das Verlangen.

*Das Kind hat bereits Erfahrungen gemacht, daß die große, übermächtige Mutter ihm das Paradies verwehrt. Es kennt Empfindungen wie Ohnmacht und Hilflosigkeit.*

- Im dritten Stadium ist der Jubel groß. Sie/er antwortet. Ein Blick, ein Lächeln, ein Seufzer, vielleicht sogar ein Kuß. Das führt zu ungläubigem Erstaunen, wirklich gemeint zu sein. Es ist wie Fliegen, wie Schweben, nichts kann eine mehr umhauen, denn das Wunder ist geschehen.

*Das Kind hat gelernt, daß es nicht an erster Stelle kommt, wenn es darum geht, die Liebe und Aufmerksamkeit der Mutter zu erhalten. Die Zuwendung weckt die Hoffnung, daß das ein Versehen war. Sein Vertrauen ist gestört, aber es hat den Glauben an das Vorübergehende der Erfahrung noch nicht aufgegeben.*

- Stufe vier ist die Hingabe und ein großes Bedürfnis nach Kontrollverlust.

*Der Wunsch des Kindes nach symbiotischer Vereinigung mit der starken, nährenden Mutter ist übermächtig.*

- Im nächsten Stadium ist bereits die erste Erfahrung gemacht, daß es mit der Verschmelzung nicht ganz so geht wie ersehnt. Nun gibt es Zweifel, ob eine überhaupt geliebt wird. Aber sie wird ihrem Gegenüber die Botschaft übermitteln: „Tu, was du willst, verletze mich, was auch immer, wenn ich dich nur lieben darf." Darin steckt die Hoffnung, alles werde gut, wenn sie nur tapfer weiter liebt.

*Das Kind macht erneut die Erfahrung, nicht richtig zu sein und darum die Liebe der Mutter nicht wert zu sein. Es weiß, daß es nicht liebenswert ist, sonst würde die Mutter sich anders verhalten. Aber es hofft darauf, daß es herausfinden wird, wie es sein muß, um doch noch geliebt zu werden.*

- In der Folge ist die Erfahrung gemacht, daß alles anders ist als erträumt, aber die Frau ist unfähig, die Beziehung zu beenden.

*Das Kind hat den Zustand der Hoffnungslosigkeit erreicht, denn es hat keinen Weg gefunden, die Liebe der Mutter doch noch zu erringen. Nun fällt es in Apathie, denn ohne Mutter gäbe es nur den Tod. Es kämpft darum, nicht verstoßen zu werden.*

- Als nächstes ist sie im Leiden angekommen und in den endlosen vergeblichen Versuchen, aus ihrem Gegenüber die Person zu machen, die sie gern hätte und bräuchte, um endlich geliebt zu werden. In diesem Stadium kann viel Zeit vergehen, denn das gelingt nie.
*Das Kind kann es nicht glauben, daß es nicht geliebt wird. Es beginnt unermüdlich daran zu arbeiten, die Mutter zu einer guten Mutter zu machen.*

- Wenn aber eines Tages die Beziehung beendet ist, dann gibt es entweder eine nicht aufgegebene Trauer oder viel Zorn und Wut, gemixt mit einem Gefühl, daß das Leben ungerecht und die Göttin der Liebe nur für andere da ist.
*Das ist der Beweis für das Kind, daß es nicht liebenswert ist. Es gibt auf und wartet auf den Tod oder eine neue und bessere Mutter.*

„Das war das letzte Mal", schwört eine sich dann. Aber beim nächsten Mal ist alles genauso, denn eine giftige Beziehung vermeiden wir nicht, indem wir die richtige Person unseres Herzens aus den paar Milliarden herauspicken, sondern indem wir aufhören, Abhängigkeiten zu schaffen. Die geübte Liebende weiß, daß sie selber diese Situationen herstellt. Die Frage ist, wie schafft sie es, damit aufzuhören, vorausgesetzt, sie will wirkliche Liebe und ist bereit, sich den Wind der Freiheit um die Ohren wehen zu lassen.

Eigentlich ist es ganz einfach. Du mußt dir nur vor Augen führen (oder sagen oder spüren), daß das, wovor du dich die ganze Zeit fürchtest, daß es dir in der Freiheit passieren könnte, nämlich verletzt, zurückgewiesen, verlassen zu werden, bereits geschieht, während du versuchst, in die Sicherheit einer symbiotischen Liebe zu gelangen.

Das ist, als installiertest du mit großem Aufwand am Haus eine teure Alarmanlage, während die Einbrecher bereits drinnen sitzen. Schlimmer kann es im Freien doch gar nicht werden.

Das zweite, was du wissen mußt, erzählt dir der Tod, der deinen goldenen Ball in seinen Händen hin- und herrollt. Er sagt: „Du lebst nicht, um ewig ein Baby zu bleiben. Es gibt Wichtigeres, nämlich ein erfülltes Leben. Du hast nur viertausend Wochen. Nutze deine Zeit. Folge deiner Lust, deinen Träumen, keinem Menschen auf dieser Welt fehlt dein goldener Ball außer dir selbst." Dies sind die wesentlichen Voraussetzungen, um eine freie Liebende zu werden. Solange du noch jammernd fragst, wie du das denn machen sollst, hast du nichts begriffen. Du mußt *wollen*. Aus tiefstem Herzen wollen. Du mußt bereit sein, immer wieder aufzustehen, wenn du stürzt. Nichts und niemand darf dich aufhalten und in deinem Entschluß wankend machen, denn es ist wahrhaftig eine Sache auf Leben und Tod. Die Intensität, die du sonst in diese freude- und kräfteraubenden destruktiven Liebesbeziehungen gesteckt hast, muß jetzt zu dir und in deine Seele fließen.

Wenn die Jahre des Feuers vorüber sind und du in deinen Wechsel gehst, wirst du andere Dinge zu tun haben, und dein goldener Ball ist dann vielleicht auf immer in der Höhle der wilden Frau verschwunden. Wer weiß. Jetzt kann nichts mehr aufgeschoben werden. Fang an.

Eins steht fest: Das Gefühl der Unvollständigkeit, der inneren Leere wird immer noch da sein. Die Sache mit dem emotionalen Hunger bleibt. Aber solange du nicht den Wunsch losläßt, eine Liebe möge dir das Paradies schenken, das du verloren oder nie erlebt hast, kannst du dich diesem Problem nicht zuwenden.

Erst kommt die Entscheidung *für* das Leben. Danach muß der Hunger eines ehemaligen Kindes nach Liebe gestillt werden. Das funktioniert vor allem dadurch, daß du dich dir selbst zuwendest. Der Prozeß der eigenen Heilung muß bewußt durchlaufen werden. Indem du dein Leid versteckt oder offen in einer Liebe ausagierst, wird nichts wieder gut, sondern alles immer schlechter.

Der bewußt eingeschlagene Weg der eigenen Heilung führt dich in die Liebesfähigkeit. Eines Tages, später, das braucht seine Zeit. Nimm sie dir, denn später wirst du sie nicht mehr haben. Der Begriff Heilung ist dabei sehr vorsichtig zu sehen. Psychisches Leid kann nicht verschwinden, indem es im medizinischen Sinn geheilt wird. Es muß erstens verstanden und zweitens beantwortet werden. Hunger hat man so lange, bis man etwas ißt. Emotionaler

Hunger muß auch gestillt werden. Wenn dies bewußt geschieht, kann das Leid aufhören.

Ich bin erstmals durch Ronald Laings Arbeit mit Psychotikerinnen auf den Gedanken gebracht worden, daß jeder destruktive Ausdruck von Leid ein Versuch ist, in die alten Baby-Zeiten zurückzukehren, um es noch einmal zu versuchen. In diesem ganzen gestörten Verhalten steckt immer noch ein Fünkchen Hoffnung, daß es Liebe im Leben gibt, daß alles ein Versehen war, daß die Mutter kommen und der Tod abgewendet wird. Das destruktive Verhalten einfach nicht zuzulassen, bedeutet, auch noch den Funken Hoffnung zu ersticken. Wir müssen statt dessen Bedingungen schaffen, die es möglich machen, noch einmal von vorn zu beginnen und mütterliche, nährende Liebe zu erleben.

Das kann nur in den seltensten Fällen in einer Therapie geschehen, genaugenommen gar nicht. Therapie kann diese nachträgliche Absättigung höchstens begleiten. Jede muß die Kräfte einer Erwachsenen, über die sie ja verfügt, in den Dienst des Babys stellen, das sie einmal war, und beginnen, gut und mütterlich zu sich selbst zu werden. Das ist viel Arbeit. Kinder machen ja immer soviel Arbeit. Aber es lohnt sich.

Besonderes Augenmerk sollte eine dabei auf ihre Kräfte der Intuition, Phantasie und Imagination lenken. So wie unsere sexuellen Obsessionen, die aus traumatischen Kindheitserfahrungen stammen, durch unsere entsprechenden sexuellen Phantasien immer wieder neu erschaffen und damit am Leben erhalten werden, können wir durch Imagination in der Zeit zurückreisen und dem Kind von damals Geborgenheit und Liebe geben, die es in der vergangenen Wirklichkeit nicht erhalten hat.

Den sexuellen Obsessionen und entsprechenden Phantasien, die sich zwischen uns und das wirkliche Erleben von Lust und Sinnlichkeit schieben, sollten wir an dieser Stelle noch einmal ein wenig Aufmerksamkeit schenken. In dem Maß, in dem wir unsere emotionale Bedürftigkeit und Verletztheit aus der Kinderzeit heilen, können diese Obsessionen und Phantasien verschwinden. Das ist nicht zwangsläufig, aber immer wieder möglich. Es kann eine aber auch aktiv daran arbeiten, die vergangenen Ereignisse nicht weiter durch ritualisierte Wiederholung in der Gegenwart mit Kraft und Leben zu nähren.

Darüber hinaus hast du vielleicht eine Partnerin oder einen Partner, die/der dir bewußt, abgesprochen und zeitlich begrenzt die Bemutterung schenkt, die du so sehr brauchst. Diese Bemutterung unterscheidet sich vom Benutzen einer Person, mit der du eine Liebesbeziehung hast, nicht nur durch die Bewußtheit und zeitliche Begrenzung, sondern auch in der Zielsetzung. Es geht darum, sich entwickeln, seelisch wachsen zu können. Damit hat eine das Paradies erreicht. Es ist anders als das Paradies der Säuglingszeit, halt eines für Erwachsene.

Wir können noch mehr dafür tun, daß wir ein Leben in Liebe leben. Ich arbeite nun schon seit vielen Jahren daran, Frauen dazu zu bringen, sich gegenseitig Anerkennung, Bewunderung, Wertschätzung, Fürsorge und Liebe zu schenken und diese Haltung zu etwas Alltäglichem zu machen. Das ist gar nicht so schwer. Ich gebe, was ich habe (nicht mehr!). Ich bekomme ebensoviel zurück. So fließt Liebesenergie und wandelt alles in Freiheit.

Ich warte nicht, bis andere mich erlösen. Ich erlöse mich selbst und mache den ersten Schritt. Jedweden Ansinnen, mich emotional auszubeuten, widerstehe ich mit Vergnügen. Die Ergebnisse dieser Erfahrung lassen mich annehmen, daß es bestens funktioniert. Obwohl ich glaube, daß es weder für die Rettung der Seele noch in der Spiritualität noch beim Kochen möglich ist, Rezepte weiterzugeben: Dies ist eine Ausnahme.

Die Chance, daß eine Liebesbeziehung dazu dient, sich *gegenseitig* in der Entwicklung zu fördern, ist in einer Frauen-Frauen-Liebe weitaus größer als in einer heterosexuellen, jedoch keine Selbstverständlichkeit. Das emotionale Gleichgewicht entsteht, wenn wir die Jahre der Kompetenz und Verantwortlichkeit dazu nutzen, uns selbst noch einmal auf die Welt zu bringen.

Für Lesben, die früher heterosexuell gelebt haben und jetzt erst den Spurwechsel vornehmen, oder für bisherige Dunkellesben, die nun erst ihr Comingout machen, kann es nicht ganz einfach sein, diese Schritte ins Leben hinein miteinander zu kombinieren, ohne die Übersicht zu verlieren. Vielleicht ist es ja ein Trost, daß Spätberufene es zwar immer ein wenig schwerer haben, dafür aber viel motivierter sind als andere.

Während alles in wilder Bewegung ist, stellt eine in diesen Jahren fest, daß sie noch etwas anderes wahrnimmt: In der hitzigen Atmosphäre des späten Lebenssommers ist aus großer Entfernung ein feines Grollen zu hören, alles vibriert, als ob die Erde zittert. So kündigen sich neue Zeiten an. Ein neuer Wechsel steht bevor, und der ist so gravierend, daß er auch so heißt.

# 3. Wenn die sinnliche Frau in den Wechsel kommt

Die Kräfte der Erde, die für die Zeit stehen, die wir Herbst nennen, sind ruhig, solide und repräsentieren alles Körperliche. Sie sind eine Form der Wirklichkeit, die Verläßlichkeit, Gedeihlichkeit und Beharrlichkeit symbolisiert. Aber auch Vergänglichkeit, symbolisiert durch abgeerntete Felder. Die Zeit der Erdkräfte kann manchmal eine ziemlich morastige Angelegenheit sein, die dich festhält, am Fortkommen hindert. Aber auf der anderen Seite bedeutet sie auch Zugehörigkeit, Ernte, Nahrung.

Dein Zeichen ist das Labyrinth.

# Rosen im Herbst

*Oder: Eine Frau in Flammen kühlt auch mal ab*

Was sich da als dunkles Grollen ankündigt, ist in der Tat eine gewaltige Veränderung. Beinahe alle Frauen, die ich kannte/kenne, hatten/haben Angst vor dieser Wandlung, die lange Zeit die blöde Bezeichnung Menopause hatte. Heute sagen wir einfach Wechsel. Gut und gern zwanzig Jahre sind vom Element Feuer und seiner großen Kraft bestimmt sind. Aber wenn sieben mal sieben Jahre im Leben einer Frau gelebt sind, wandelt sich wieder einmal alles – das Element Erde bestimmt nun die Lebensqualität. Die immense sexuelle Empfindungsfähigkeit rollt wieder in ein Wellental.

Genaugenommen hat eine Frau, die bei Sinnen ist, schon seit geraumer Zeit festgestellt, daß die sexuelle Lust an Bedeutung verliert. Immerzu tanzen ist halt auch ein bißchen einseitig.

Nicht daß sie jetzt den Wunsch hat, es möge künftig ruhiger zugehen. Aber doch irgendwie ein wenig anders als bisher. Der Wunsch, das, was bis dahin das Leben bestimmt hat, möge doch nicht alles sein, ist spürbar. Bliebe alles wie in der Feuerzeit, liefe das Leben auf die Verfeinerung der Routine hinaus. Das Leben bestünde aus Professionalität. Wiederholung wäre die einzige Möglichkeit der Abwechslung. Nur wenige Frauen sind jetzt nicht dazu bereit, ihren Horizont zu weiten.

Doch bevor eine solche Gedanken in ihrem Kopf wälzt und sich auf die Suche nach einem neuen Sinn im Leben macht, haben sich die Gefühle längst an die Arbeit und darauf aufmerksam gemacht, daß sich alles wieder dreht. Für eine Weile werden sie schneller als der Verstand sein. Das ist für eine erwachsene Frau, die es gewöhnt ist, die Dinge im Griff zu haben, keineswegs angenehm. Doch sie kann da nichts machen, der Wagen rollt bereits.

Die Welt der Gefühle ähnelt jetzt mehr dem weiten Land im Frühherbst, wenn morgens die Sonnenstrahlen aus einem neuen

Winkel kommen, so daß das Licht sich anders bricht. Es gibt jetzt viel zu schauen. Die Erde ist trocken, und du hast einen langen Weg vor dir, bis du in eine neue und andere Welt gelangst. Diese neue Welt ist dir in diesem Moment völlig unbekannt.

Seit ich diese Übergangzeit hinter mir habe, bin ich der Ansicht, daß sie viel bewegender und umwälzender ist als die Pubertät. Wäre da nicht die Sicherheit, die eine in zwanzig Feuerjahren erworben hat, dann wäre es allerdings ein bißchen so, als sollte eine ohne Vorbereitung Fallschirmspringen lernen.

Das Besondere an dieser Veränderung liegt nicht nur in der Zeit des Wechsels selbst, sondern in der Erwartung dessen, was danach kommen wird, wenn alles heil überstanden ist. In diesem Alter haben wir uns schön langsam daran gewöhnt, daß das Leben Wandlung bereithält, und dazu sind nun einmal Übergänge und ihre bewegenden Energien notwendig. Solche Dinge hauen uns nicht mehr aus den Socken. Doch diesmal sehen wir skeptisch nach vorn, um zu erspähen, wohin wir gehen, und was sich uns zeigt, ist nicht dazu angetan, optimistisch zu sein.

Alle bisherigen Wandlungen waren Vorbereitungen auf eine lange noch zu lebende Zukunft. Die jetzige gilt als Vorstufe des Alters und spricht vom Anfang des Endes, eine Art erster Bodenfrost, bevor der Winter kommt. Körperlich geht es darum, daß eine wesentliche Funktion eingestellt wird. Du hörst auf zu bluten. Mag das Monatsblut uns auch inzwischen sinnlos erscheinen, in unserem Kopf und Herzen setzt sich fest, daß etwas für immer aufhört, stirbt. Die Auslagen werden leergeräumt. Der Hormonladen wird geschlossen. Vielen kommt es vor wie ein Konkurs. Rimini am Ende der Saison. Kreta im November. Rosen im Herbst.

Es geht nicht nur um den Verlust der Jugendlichkeit. Eine fünfzigjährige Frau ist heute ja kein altes Muttchen, sondern höchstens eine alte Häsin. Wenn die schwindende Jugendlichkeit beklagt wird, dann hat das einen anderen Grund als Trauer um den Verlust glatter Haut und die Schmach von Cellulitis am Hintern. Es geht um die graue, kranke, würdelose Zukunft, die das Alter offenbar bedeutet: weil wir uns in den alten Muttchen und tüteligen Omis nicht wiederentdecken können, die auf den Parkbänken sitzen mit leeren, müden Augen und einer Aura, die fadenscheinig geworden ist. Plötzlich reden alle von der Rente, während du noch deine alte Lederjacke hegst und pflegst, die du immer noch anziehst, wenn du „The Loner" von Gary Moore auflegst. Am Ende dieses Wegs scheint nur das Pflegeheim zu stehen. In der Tür steht Nachtschwester Bertha und schwenkt die Bettpfanne.

Welche Aussichten! Wo sind die schrägen Vögel geblieben, deine wilden Weggefährtinnen von einst, mit denen du die Nächte durchgesoffen und die Welt aus den Angeln gehoben hast? Statt dessen siehst du dich umzingelt von Menschen, die ruhig geworden sind. Man stelle sich vor: ruhig! Wenn es nur das wäre. Sie scheinen es auch allesamt nicht anders haben zu wollen. Das macht nicht sonderlich Lust auf den neuen Übergang.

Wenn Dornröschen an ihrem fünfzigsten Geburtstag allein durch das Schloß wandert und die schmale Stiege hinaufsteigt, um noch einmal vor dieser unbekannten Tür zu stehen, wird sie gar nicht gern klopfen, und sie ist möglicherweise auch nicht sonderlich neugierig darauf, wer oder was sich dahinter verbirgt. Kurz: Sie wird es abwarten können. Wenn dann die Tür von allein aufgeht, wird die Alte, die spinnend im Kämmerchen sitzt, aufstehen, Dornröschen hereinbitten und ihr klarmachen, daß sie in Zukunft hier sitzen und spinnen wird. Djuna Barnes nannte es die „Wohl-oder-übel-Jahre". Die Zeit vergeht viel zu schnell.

Da waren diese goldenen Jahre, nachdem all die Abrechnungsenergien durchgestanden waren. Das waren doch wunderbare Zeiten. Zwar ist eine Endvierzigerin nicht mehr die Jüngste. Aber wer will das schon sein? Sie ist stark und erfahren. Was will eine mehr? Was kann jetzt noch kommen? Wir betrachten die trockene Erde zu unseren Füßen, sehen die Risse im ausgetrockneten Boden, fühlen das ferne Beben und machen uns Gedanken darüber, daß wir nicht mehr funktionieren werden, wenn das monatliche Blut versiegt. Befürchtungen von Nutzlosigkeit befallen uns. Wer wird uns lieben, wenn wir alt und klapprig sind? Wer wird mit uns sein? Wo werden wir leben? (Im Pflegeheim, ruft Schwester Bertha.) Und dann diese unappetitlichen Symptome! Die Hitzewallungen, von denen wir gehört haben. Wenn wir bloß nicht fett werden. Nicht wie die eigene Mutter werden. Wenn uns das Leben nur nicht verläßt. Eine Rose im Herbst. Zu keinem anderen Übergang ist eine Initiation so lebensnotwendig wie zu diesem. Wenn ich mir eine Übergangsinitiation in die Wechseljahre wünschen würde, hätte sie mit Blut, Rosenblättern, trockener Erde und dunkel dröhnenden Trommeln zu tun. Das Zeichen, das diese Zeit bestimmt, ist das Labyrinth. Das Innere des Labyrinths ist der einsamste Platz der Welt, etwas, das eine Endvierzigerin einerseits fürchtet und andererseits braucht. Jetzt ist der Zeitpunkt, um alle, aber wirklich alle Illusionen über das Leben, die Liebe, das Alter und den Sinn von Geburt, Leben und Tod zu verlieren. Das wäre doch nur Firlefanz, der hindert wie das falsche Kleid zur falschen Zeit.

Es gibt eine Talmi-Spiritualität – bei Christinnen wäre es Scheinheiligkeit –, die Teil unseres Lebens geworden ist, weil wir ein Hobby brauchten und darüber hinaus uns irgend etwas Trost spenden sollte, denn heimlich glaubten wir doch, das Leben bestünde nur in dem Zufall von Stoffwechsel. Diese Talmi-Spiritualität muß eine spätestens jetzt loswerden. Weg mit dem Mystifax-Zeug. Die Trommeln, die du jetzt schlagen hörst, sind echte Trommeln. Das Blut ist echtes Blut, die Erde ist wirklich und darum voll mit Käfern, Maden und anderen Dingen, die wir gar nicht so genau aufzählen wollen. Wenn das Blut nicht mehr fließt, bleibt es fort und kehrt nie mehr zurück. Das Alter ist genauso wirklich und der Tod am Ende auch.

Was sie im Inneren des Labyrinths erfahren, ist für manche beängstigend, für andere erleichternd und beglückend. Es ist nichts Geringeres als die Erfahrung, daß es das, was wir die unsichtbare Welt nennen, ebenso wirklich gibt wie das Alter und den Tod. Das ist die schlechte wie die gute Nachricht in einem. Schlecht ist, daß es keine Spiritualität à la Las Vegas gibt, mit all dem falschen Ritual-Klimbim, was den Tod als Tatsache in unser Leben bringt. Gut ist, daß es mehr gibt als dieses kleine patriarchale Leben, in dem Männer auf Klobrillen pinkeln und im Bett die Socken anbehalten und die Frauen sich weigern, Adlerinnen und Delphine zu werden. Die gute und die schlechte Nachricht werden dir später zu großer Macht verhelfen. Zuerst aber mußt du sie verkraften.

Wenn du jetzt deinen goldenen Ball bei dir hast, hast du es gut, du gehst noch einmal durch eine Pubertät. Diesmal entwickelst du dich nicht in die Reife, sondern in die Weisheit. Die sexuelle Lust wird sich in sich selbst kehren. Sie wird sich in persönliche, charismatische Autonomie wandeln, die dir ein sicheres Urteil gestattet und den mitfühlenden psychologischen Einblick in das eigene Leben und das anderer Menschen.

So geht die psychische Reise vom privaten sexuellen Ich mit seinen Irrungen und Wirrungen zur öffentlich anerkannten weisen Frau. Das überstrapazierte Wort Schamanin wollen wir lieber mal gar nicht erst verwenden. Deine geistige Macht wird aus dem Bewußtsein der eigenen Verwundbarkeit stammen, und deine politische Macht wird aus persönlichen Erfahrungen hervorgehen, die dir erlauben, jüngere Frauen sicher durch die Gefahren und Herausforderungen zu führen, die auf heutige königliche Amazonen warten wie damals auf dich.

Eines Tages kehrt die Lust dein Leben wieder ins Sexuelle, doch jetzt am Anfang erlebst du, daß eine Frau in Flammen abkühlt. Das Theater, das andere – jüngere und ältere – um die Liebe und die Lust machen, geht dir auf die Nerven. Es geht jetzt um Höheres.

Das erlebst du zuerst in den Niederungen körperlicher Veränderungen. Wenn du an diesen Abgrund kommst, kann es sein, daß du dort lange stehenbleibst und dich nicht fortbewegst aus Angst, die Wirklichkeit deiner Verzweiflung aus den Augen zu verlieren. Alles, womit eine sich jetzt beschäftigt, verlangt viel Zeit, und die Veränderungen gehen nur zentimeterweise vor sich.

Für diese Zeit gilt, daß alle Erfahrungen, die du bisher gemacht hast und die dich so selbstsicher werden ließen, dir nicht weiterhelfen. Du kannst auf sie nicht zurückgreifen, um leichter durch die körperlichen Veränderungen zu kommen. Ob du die westliche

Gepflogenheit der Hitzewallungen erlebst oder Schlafstörungen oder nächtliche Klobesuche oder Stimmungsschwankungen oder den totalen Rückzug aus der Sexualität – im Grunde verlierst du deine gesamte sauer erarbeitete, in Jahrzehnten aufgebaute Persönlichkeit. Sie hat sich ganz einfach überholt wie ein aus der Mode gekommenes Kleidungsstück. Oder eine zu oft erzählte Geschichte. Du bemerkst es zuerst nur im körperlichen Bereich. Und selbst das kann dauern. Das Blut fließt noch, auch sonst ist alles in der Wahrnehmung von innen nach außen wie immer. Glaubst du. Andere sehen es lange vor dir, während du dich noch kleidest und bewegst, als wärst du dreißig, na, sagen wir achtunddreißig.

Daß mein Innenleben mit meiner äußeren Erscheinung nicht mehr übereinstimmte, fiel mir zum erstenmal auf, als ich Fotos von mir anschaute und entsetzt die alternde Matrone anstarrte, die mir da entgegenlachte. Ohne daß ich an meinem Äußeren etwas verändert hatte, sahen meine wilden Haare jetzt ehrbar bieder aus, die langen Röcke waren keine morbide Althippie-Eleganz mehr, sondern lächerlicher Mutti-Look, mein Hang zu Glitzerkram verwandelte mich in eine pittoreske Operettendiva im Lurexpulli.

Ich hatte mein altes Ich verloren. Und das neue, das sich mir zeigte, war eines, das ich auf keinen Fall wollte. Lieber wäre ich auf der Stelle gestorben, als eine schlechte Imitation meiner Mutter zu werden oder Madame Hortense in „Alexis Sorbas". Klar, Alexis Sorbas hätte ich sofort und auf der Stelle werden wollen. Wir haben jede Menge interessante Identitäten für alte Männer parat. Aber ich war nun mal kein Mann. Und wollte es ebensowenig werden wie eine schlechte Imitation meiner Mutter.

Ich wollte eine freie, starke, weise Frau werden. Die Frage war nur wie. Ich wußte längst, daß wir Frauen uns unser Alter selber erfinden müssen, weil es nichts Annehmbares in diesem Bereich für uns gibt. Wie ich immer sage – wenn eine in ihrer Jugend auf Stones-Konzerten herumhing, kann sie später schlecht die Lederjacke gegen ein Strickjäckchen in Altrosa eintauschen.

Ich riß alles herunter. Am liebsten hätte ich mir eine Glatze geschnitten, so sehr wollte ich ein Nichts sein, um herauszufinden, zu welcher Art alter Frau ich mich entpuppen würde. Die Hitzewallungen blieben mir erspart. Ich glaube, es war mir einfach zu blöd. Aber es kam der Matronenspeck und hüllte mich in einen festen, schweren Panzer. Beinahe unsichtbar verharrte ich und wartete, was passieren würde.

Anderen Frauen geschieht anderes. Aber gleich bleibt, daß die alte Persönlichkeit sich überholt hat wie ein mottenzerfressener Läusefiffi und eine neue nicht gleich zur Stelle ist. Das ist ein Entwicklungsprozeß, eine lange Wanderung über die Erde bis dorthin, wo das Nichts und das Alles ist, du also All-ein bist.

Es dauerte, bis ich begriff, daß mein Matronenspeck Ausdruck meiner Verschüchterung war. Motilität und Stoffwechsel beantworteten meinen Wunsch nach Unsichtbarkeit. Damit konnte ich ganz gut leben, es gab genug zu tun.

Die Tore in die Anderswelt stehen mit einigem Glück in den Jahren des Wechsels weit offen. Jetzt beginnt eine neue Lehrzeit als Magierin. Du sprichst mit unsichtbaren Wesen und bist alt und gewitzt genug, damit nicht hausieren zu gehen. Nicht weil du möglicherweise für verrückt erklärt würdest, eher um die Geister nicht zu beleidigen und zu verscheuchen. Den Geistern ist es ziemlich egal, ob du jung und schön bist oder schon ein wenig angestaubt. Was die brauchen, ist ein Gegenüber, das sie ernstnehmen können. Wie gesagt, es sind echte Trommeln, die du hörst. Diese Spiritualität läßt sich nicht kaufen.

Nicht nur Erfahrungen mit der Anderswelt sind nötig, um aus dir eine weise Frau zu machen. Ohne die Zeit des Wechsels fehlt noch eine andere wesentliche Erfahrung, für die eine alt genug sein muß, um sie ertragen zu können. Es ist die Erfahrung der Häßlichkeit, die aus dem Verfall erwächst. Es geht dabei um Scham und um die Angst, nicht zu genügen, ja um die Gewißheit, niemals zu genügen und diese Tatsache am Ende, wenn alles überstanden ist, vergnüglich zu überleben. Ich bin der Ansicht, daß die berühmten Hitzewallungen Ausdruck verleugneter Scham sind. Je schamloser eine in ihren Luft- und Feuerjahren hat leben können, um so weniger wird sie im Wechsel rot und heiß anlaufen. Eine andere

Möglichkeit verleugneter Scham ist der Speckpanzer. Diese Möglichkeit hatte ich offenbar ergriffen.

Wahrscheinlich spielt jede Frau irgendwann in ihrem Leben mit dem Gedanken, ob sie um ihrer selbst willen geliebt wird oder weil sie so oder anders aussieht, sich so oder anders verhält. Bedingungslose Liebe jenseits jeder Funktionalisierung erleben wir kaum. Wie Erika Pluhar einmal gesagt hat, sind wir Frauen als Frauen erst dann gleichgestellt, wenn eine häßliche Frau ist, wie sie ist, ohne daß dies irgend jemand eine Bemerkung wert wäre. Zu existieren und geliebt zu werden, ohne daß sich jemand ein Bild von dir macht, das ist eine der wichtigen Fragen in den Zeiten des Wechsels, und diese Frage wird körperlich ausgedrückt.

Eines Tages ist es soweit. Das Blut fließt nicht mehr. Ein Rhythmus, der deine körperliche und seelische Befindlichkeit Jahrzehnte bestimmt hat, bleibt aus. Ein Kreis ist geschlossen. Zu deinem Erstaunen geht das Leben weiter. Der Körper normalisiert sich wieder. Außer diesem oder jenem maroden Organ, das dir früherer Raubbau eingebracht hat, geht es dir ganz passabel.

Abschiede werden da eingeübt, vorweggenommener Tod, diesmal noch rückgängig zu machen. Nicht ganz. Die alte Gestalt, das alte Ich stirbt wirklich und bleibt verschwunden. (Ich habe aus sentimentaler Nostalgie noch ein Paar von meinen alten Stöckelschuhen aufgehoben.) Die Veränderungen in der Seele bringen eine neue Gestalt hervor. Noch bevor du weißt, wer du in Zukunft sein wirst, meldet sich ganz langsam die sexuelle Lust zurück, wenn auch in verwandelter und damit neuer Form.

# WANDLUNG BRINGT LEBEN INS LEBEN

*Wie Frauen, die mit Männern leb(t)en, mit dem Wechsel zu*
*neuen Ufern aufbrechen, und was sie dort finden können*

Noch nie ist jemand durch ein Erdbeben gestorben, immer nur durch einstürzende Häuser oder andere Bauten. Die Beben des Wechsels sind bemerkenswert, aber letztlich ist es gar nicht so schwer, sie durchzustehen. Die Sache ist nur unglaublich umwälzend. Diese Wandlung bringt reichlich Leben ins Leben. Sie bricht alte Verkrustungen auf und läßt völlig neue Lebenslandschaften entstehen. Wenn es Schmerz und Leid gibt, dann hängen diese mit dem „Haus" zusammen, das eine sich gebaut hat, also mit dem, was eine in Jahrzehnten aus sich und ihrem Leben gemacht oder nicht gemacht hat.

Eine Frau, die ihr Leben mit Männern geteilt hat, macht mit den Gezeiten der Liebesenergien ja ganz andere Erfahrungen als eine Frauen-Frau, speziell im Wechsel. Selbst wenn wir einmal davon ausgehen, daß du nicht einen von diesen Volltrotteln erwischt hast, die sich schnurstracks eine Jüngere anlachen und es wagen, dich schnöde auszutauschen, lebst du doch damit, daß dir alle Welt erzählt, du seist nicht mehr attraktiv. Schönheitsfarmen, plastische Chirurgen, Modedesigner und andere Restaurationsbranchen entdecken dich als Markt.

Ob du da mittust oder nicht, du mußt dich damit auseinandersetzen, daß das Patriarchat dich aussortiert.

Du wirst nicht mehr gesehen. Blicke streifen dich nicht mehr, wenigstens nicht mehr so häufig und selbstverständlich anerkennend und begehrlich wie früher. Das Bild der Frau, das dir in den Medien und in der Werbung entgegensieht, bist nicht mehr du. Es ist deine Tochter oder könnte deine Tochter sein. Aus der Öffentlichkeit sind Frauen deines Alters so gut wie verschwunden. Daran gewöhnt, so zu reagieren, wie es von dir erwartet wird, weißt du erst einmal nicht, was du davon halten und was du tun sollst.

Du bist nun in einer Lebenszeit angelangt, in der du – mit einigem Glück – von Männern und ihrem Tun deinerseits nicht mehr so beeindruckbar bist. Deine Erpreßbarkeit nimmt beinahe ganz von allein ab. Ebenso deine Angst vor ihnen. Du kennst sie, mit und ohne Socken. Kennst ihre Tricks und ihre schwachen Stellen. Die Happy-ends, die du im Film, im Fernsehen und in Büchern miterlebt hast, sind kaum zu zählen. Du kennst den Unterschied zur Wirklichkeit. Du beginnst, der Ehe oder eheähnlichen Gemeinschaft zu entwachsen, wie damals deinem Kinderzimmer.

Die Zuwendung, die du bisher so selbstverständlich anderen hast zukommen lassen, empfindest du jetzt als Abwendung von dir selbst. Du brauchst Zeit für dich und kannst auf der zukünftigen Wanderung über die trockene, rissige Erde keinen Ballast gebrauchen. Auch du sortierst aus. Es ist nicht so, daß die Liebe aufhört. Eher, daß eine beginnt, bewußter mit diesem Gefühl umzugehen.

Nicht der Partner selbst ist der Ballast, sondern mehr die Notwendigkeit, Aufmerksamkeit und Kraft in seine Richtung fließen zu lassen. Nach den langen Jahren der Liebesarbeit für andere, für Partner und Kinder, stellst du fest, daß es genug ist. Inzwischen weißt du, daß du es niemals für die anderen, für Partner und Kinder, getan hast, sondern immer nur für dich selbst. Alles, was du ihnen gegeben hast, hast du eigentlich dir gegeben, das heißt du hast versucht, einen guten und liebenden Mann aus ihm zu machen, damit du einen guten und liebenden Mann hast. Du hast dich darum gekümmert, daß deine Kinder anständige Menschen werden, denn mißratene hättest du nicht ausgehalten. Wenn du jetzt nicht erkennst, daß du nicht mehr tun kannst, als du getan hast, wirst du es nie erkennen. Das Rennen ist gelaufen.

Nicht wenige Frauen trennen sich jetzt von ihren langjährigen Partnern auch dann, wenn es sich um einen guten und lieben Mann handelt. Daraus werden häufig keine bitteren Abschiede oder Rosenkriege. Es ist mehr so, als ob mit dem Auszug der Kinder auch die Gemeinsamkeiten mit dem Partner zu Ende gehen. Du schaffst Platz für ein neues Leben. Die Sache mit dem Blut und den Rosenblättern und den Trommeln braucht Raum und Zeit.

Das Patriarchat hat für Frauen in den Wechseljahren eigentlich etwas anderes vorgesehen. Sie bilden die Armee der heimlichen, selbstverständlich unbezahlten Sozialarbeiterinnen. So sparen sie, mit dem einen Bein im Elternverein, mit dem anderen auf Nachtschwester Berthas Spuren mit der Pflege der alten Eltern beschäftigt, Staat und Gesellschaft Milliarden, die diese in Bildungsreisen für Politiker, Kanzlerfeste, Militärmanöver und andere Unterhaltungsshows stecken, weil das ja auch viel lustiger ist als der ganze Sozialkram.

Da hat eine ohne Gehalt den Haushalt geführt. Hat auch für die Aufzucht der Kinder kein Geld gesehen. Und nun sind auch noch die alten Eltern zu betreuen. „Wenn ich es nicht tue, tut es niemand", argumentieren betroffene Frauen. Eben. Solange du es tust, muß sich niemand sonst dafür verantwortlich fühlen.

Der Wechsel verlangt von einer Frau einen patriarchatsfeindlichen, aber überlebensnotwendigen Egoismus, dem die Aufopferungsbereitschaft der Sandwich-Frau, die eingequetscht zwischen halbwüchsigen Kindern und alten Eltern versucht, eine gute Frau zu sein, unbedingt im Weg steht. Mancher Frau mag das selbstsüchtig erscheinen, wenn ich dringend zum Egoismus rate, aber wenn sie die unbezahlte Sozialarbeiterin bleibt, wird sie mit einem mißlungenen eigenen Alter gestraft sein. Am besten kündigt sie gleich auch die Mutterschaft auf, denn die Kleinen sind jetzt groß und brauchen sie nicht mehr. Mutter pubertiert künftig selber.

Dennoch: Allfällige Schuldgefühle lassen sich keineswegs so ohne weiteres auflösen. Die Rebellin, die Amazone in dir zu aktivieren, kann mit deiner Mutlosigkeit, deinem festsitzenden Gehorsam oder mit Ratlosigkeit kollidieren. Es ist nicht die erfahrene Häsin in uns, die so gut funktioniert, sondern immer noch das junge Mädchen, das auch nach Jahrzehnten noch unermüdlich auf Anerkennung hofft. Du wirst den gesunden Egoismus der späten Jahre sich also erst langsam entwickeln lassen müssen.

Horizonte wollen jetzt erweitert werden. Die Geister rufen schon. Fragen über Fragen türmen sich auf der Suche nach passenden Antworten. Das Thema des Wechsels heißt für heterosexuelle Frauen Eigen-Liebe. Und Liebe kann eine Frau gar nicht genug haben in diesen introvertierten Zeiten, die alles zum Verschwinden bringen, was zur bisherigen Persönlichkeit gehörte. Die herausragenden Empfindungen einer Frau in diesen Jahren des Wechsels können Angst und eine Art stiller Verzweiflung sein. Sehr häufig scheuen Frauen sich davor, offen und unbefangen über diese Ängste zu reden.

Der Wechsel wird als Verlust der Weiblichkeit empfunden. Und da haben wir einen Grund, innezuhalten und tief  Luft zu holen. Denn nun ist die Frage angebracht, was denn Weiblichkeit überhaupt ist. Warum weinen Frauen ihrem Monatsblut nach? Weil sie nicht mehr funktionieren? Ist das die Ergebenheitsmentalität, um nicht von Sklavinnenmentalität zu reden? Sind heterosexuelle Frauen so zugerichtet worden, daß ihnen keine Identität außerhalb der von Gattin und Mutter erstrebenswert erscheint?

Besonders Männer-Frauen müssen sich damit auseinandersetzen, wieweit sie sich haben funktionalisieren lassen und welche Auswirkungen dies auf ihr seelisches und körperliches Erleben hat. Das Hinterfragen scheinbar sicherer Wahrheiten ist keine Frage von Mut, sondern von Bewußtsein. Und es ist immer dein Körper, der Bewußtsein wirklich glaubhaft macht – wir glauben immer nur, was wir lernen, indem wir fühlen. Erst das ausbleibende Blut zwingt eine Frau, entscheidende Fragen über ihr Sein zu stellen.

Um ein Bewußtsein dafür zu entwickeln, ob und wie sehr du deine Identität geschaffen hast (oder ob sie von anderen geschaffen wurde), solltest du deinen Körper bitten, dir etwas zu erzählen. Nimm bewußt und gezielt Körperhaltungen ein, die wir als typisch feminin und typisch maskulin bezeichnen, und gewinne ein Gespür dafür, wie diese Körperhaltungen sich auf dein Wohlbefinden, dein Seelenleben auswirken. Dies wiederum hat großen Einfluß auf das Denkvermögen und die Fähigkeit, Lösungen für das eigene Leben auszuhecken. (Genaueres hierzu findest du in dem Buch „Geschlecht bewußt gemacht" von Gitta Mühlen Achs.)

Entdecke deinen Körper als den Sitz deines Selbst, der in Wechselwirkung mit diesem Selbst korrespondieren kann. Da sich der bestimmende Rhythmus durch das Monatsblut verflüchtigt hat, brauchst du eine feinere Wahrnehmung, wenn du mitbekommen willst, was mit deinem Innenleben los ist.

Gloria Steinem weist in ihrem Buch mit dem unsäglichen Titel „Was heißt schon emanzipiert?" darauf hin, daß Wechselsymptome wie Hitzewallungen etc. nur in Kulturen zu finden sind, die alte Frauen nicht ehren. In Kulturen, in denen das Alter als erstrebenswert angesehen wird, weil es z.B. einen Zuwachs an Autorität bringt, sind solche Symptome unbekannt. Darüber hinaus meine ich, daß sich die Trauer über das ausbleibende Blut auf alles Versäumte erstreckt. Das betrifft auch versäumte Macht, versäumte Amazonenzeit. Da drücken dich viele Versäumnisse. Das trägt nicht unbedingt zur Selbstachtung bei, und um die geht es in den Zeiten des Wechsels.

Viele Frauen finden erst jetzt, wenn sie aus ihrer Nützlichkeit für die Welt herausfallen, zu sich selbst. Die Schwierigkeit besteht meist darin, nicht zu wissen, zu welchen Ufern sie aufbrechen können, wenn die alten Werte nicht mehr wichtig sind. Das waren die Jahre, als eine sich zufriedengab, Teil eines Pärchens zu sein, und nichts Schlechtes daran finden konnte, weil alle anderen Menschen sich auch zu Pärchen formiert hatten. In den Wechsel geht eine aber allein, ob sie nun noch gern und geliebt mit ihrem Mann lebt oder ihm entwachsen ist. Jetzt zeigt es sich, daß es möglicherweise vor allem die Selbstachtung war, die eine Frau in der Vergangenheit vernachlässigt hat.

Es mag eine Hilfe sein, daß es heutzutage leichter als früher ist, unter über fünfzigjährigen Frauen Vorbilder für Schönheit und Präsenz zu finden, wenn ich als Beispiele mal Jil Sander, Diana Ross, Catherine Deneuve, Chavela Vargas, Sophia Loren, Tina Turner erwähnen darf. Daß wir uns nach solchen Vorbildern umschauen und richten, ist weniger oberflächlich, als es auf den ersten Blick scheint. Stolze, erfolgreiche Frauen sich zum Vorbild zu erklären, hat eine wohltuende Wirkung auf unser Sein, die sich bis ins unmittelbare Körpergefühl erstrecken kann. Erfolgreiche Frauen tun etwas für die Selbstachtung aller Frauen.

Wenn jetzt die sexuelle Lust versickert, braucht eine Frau jede Menge Selbstachtung, um sich nicht wertlos zu fühlen. Wertlosigkeit ist ein patriarchal geprägtes Gefühl, einem alternden Hirschen angemessen, dessen Lebenszweck die Verteilung von Sperma ist. Dennoch sind derartige Empfindungen nun einmal auch in Frauen da und können das Wohlbefinden erheblich beeinträchtigen.

Die Frage ist, wohin die Lebenskraft, diese mächtige, kreative Energie, fließt, wenn die sexuelle Lust sich zurückzieht. Das erfährt eine Frau am besten dadurch, daß sie weiterhin und eigentlich mehr denn je über ihre Sinne körperlichen, lustvollen Kontakt zur Welt hält. Jetzt ist die Zeit, die fünf Sinne gezielt einzusetzen, um alte Genüsse zu erhalten und neue zu finden und zu erkunden.

Setz dich außerhalb der Städte und außerhalb der Zivilisation den Jahreszeiten aus. Laß dich naßregnen. Geh wieder mal längere Zeit barfuß. Probiere aus, ob du über Gerüche in vergangene Zeiten zurückgehen kannst, um alte, vergessene Bedrückungen aufzulösen. Schmecke Speisen bewußt und langsam. Schmecke die Dinge einzeln und iß mit den Fingern. Höre Töne, die dich tief berühren. Gib dich den Elementen Luft, Feuer, Erde und Wasser hin. Erfahre die Nacktheit deines Körpers auf immer neue Weise.

Geh in diese gewisse kleine Kammer ganz oben im Schloßturm und fang an zu spinnen. Nur so kann eine ihrem künftigen Selbst begegnen, das das Leben als alte Frau bestimmen wird. Phantasien schöpfen Bilder vom neuen Selbst. Aber hab Geduld, denn du kannst es nicht entwerfen wie ein neues Kleid. Du kannst nur warten, bis es sich aus deinem Inneren meldet und zu dem Verlangen wird, zu werden.

Bilder, die du dir jetzt von Anmut, Macht und Potenz des Alters machst, können sinnvolle Anregungen für dein Unterbewußtsein und die Magierin in dir sein, um dir in ein neues Selbst zu helfen. Wenn du so beschäftigt bist, dich selbst zu spüren und nicht mehr auf andere konzentriert sein mußt, dann ist der Augenblick da, daß sich Sexualität, Lust, Sinnlichkeit so weit in sich selbst kehren, daß diese Kraft sich zu einer unglaublichen spirituellen Ekstase aufschwingt, die so etwas wie ein kosmischer Orgasmus ist.

Das ist nicht zu verwechseln mit religiöser Hysterie. Religiöse Hysterie, wie sie etwa Therese von Konnersreuth produzierte, indem sie zu bestimmten Zeiten an den Handinnenflächen und an den Füßen zu bluten begann, ohne daß sie äußerlich verletzt wurde, gerät in unseren Zeiten ja mehr und mehr aus der Mode, wird allerdings von esoterisch inspirierten religiösen Hysterien ersetzt. Du kannst über das Feuer laufen und ganz high davon werden, wenn du keine Verbrennungen an den Füßen hast; du kannst dich unter eine Pyramide setzen und ganz stark fühlen, wie energetisch sie dich macht, und vieles andere mehr. In der Mehrheit der Fälle handelt es sich um hysterisch produzierte Erfahrungen, die mit Spiritualität nichts zu tun haben und mit Ekstase noch viel weniger. Ekstase, kosmische Ekstase erlebst du meist allein oder höchstens mit einer anderen Person. Nur in ganz seltenen Fällen ist es möglich, sie in und mit einer Gruppe zu erleben.

Dabei ist zu bedenken, daß hysterisch nicht gleichbedeutend mit eingebildet und unecht ist, sondern lediglich bedeutet, daß eine entsprechend ihrem Temperament und ihrer inneren psychischen Organisation heftig und intensiv, quasi in großer Gefühlsdichte reagiert. Es ist immer die Verdichtung einer Erfahrung.

Kosmische Ekstase dagegen ist ein Gefühl, als ob sich alle deine Sinne weiten und alle Wahrnehmungen zu einer Synästhesie, einer Sinnesvermischung zusammenfließen, um dich eins werden zu lassen mit allem was ist, war und sein wird. Eines der sichersten Anzeichen dafür, daß du echte Ekstase und nicht Hysterie erlebst, ist, daß es dir schwerfällt, die Erfahrung in Worte zu fassen und dein Bedürfnis, es anderen mitzuteilen, auch eher gering ist.

Die Kraft, die eine aus einem solchen Erlebnis schöpft, kann die nächsten Jahrzehnte erhellen und erwärmen. Abgesehen von echter Angst, die ja eine kluge, wenn nicht lebensrettende Begleiterin und Beraterin sein kann, wirst du keinen Grund mehr haben, irgendwelche Furcht zu empfinden. Das nicht nur rein rechnerische Problem, wie viele deiner viertausend Lebenswochen du vergeudet, verplempert und verjuxt hast, löst sich damit ganz von selbst. Denn die Botschaft, die von dieser Art kosmischer Liebe transportiert wird, ist, daß es um mehr geht als den kleinen Alltag, um Falten und Hüftspeck. Es kommt also nicht auf ein Verbrauchsdenken bei deiner Lebenszeit an, sondern darauf, daß du das Jetzt nützt, denn die Zukunft ist viel größer als bis zum Tod.

Zusammen mit dem goldenen Ball, den du dir hoffentlich zurückgeholt und in der Zwischenzeit nicht wieder verlegt hast, hast du jetzt eine gute Ausrüstung, um in eine interessante und eigen-mächtige Lebenszeit zu starten, deren Bezeichnung „Alter" die Herzen normalerweise ja nicht gerade höher schlagen läßt. Du kannst von jetzt an die bleiben, die du wirklich bist; du hast es nicht mehr nötig, die zu werden, die andere sich wünschen und erwarten. Du kannst Ja zum Unbekannten sagen und beginnen, es zu erkunden. Wie nicht anders erwartet, liegt es in dir selbst.

Heterosexuelle Frauen sind Menschen, die darauf trainiert worden sind, die Gefühle anderer besser zu kennen als die eigenen. Der Wechsel ist dafür vorgesehen, dich und deine Gefühle gründlich kennenzulernen und dies wichtiger zu nehmen als alle Gefühle aller dir lieben Menschen zusammengenommen.

Das Versäumnis dieser wichtigen Lebensaufgabe kann Krankheit bedeuten, in welcher Form auch immer sie sich zeigen mag. Daher ist es sinnvoll, sich um deine Zuwendung zu dir zu bemühen. Das Selbst, das du jetzt nicht mehr bist, geht ja nicht wirklich und vollständig verloren, so als würdest du unter einer Bewußtseinstrübung leiden. Es drückt sich nur nicht mehr aus und erschiene auch unpassend. Die Kräfte, die dieses Selbst gebildet und getragen haben, sind aber immer noch da. Mit diesen an deinem neuen, zukünftigen Selbst zu arbeiten, ist jetzt die vordringlichste Aufgabe. Falls du nicht weißt, wie du das anstellen sollst, hat Gloria Steinem einen guten Rat parat. Sie empfiehlt, auf einem großen Stück Papier alle Eigenschaften aufzuschreiben, die eine sich von einem idealen Liebhaber wünscht. Damit hat eine, sagt sie, den fehlenden Teil ihres Selbst beschrieben.

Dies gilt – bedingt – auch für Lesben. Frauen-Frauen haben gerade im Wechsel anders gearteten Herausforderungen ihres Gefühls- und Liebeslebens entgegenzutreten.

# MÜDE KRIEGERIN UND SCHWEIßES BRAUT

## Wie Lesben in den Wechsel gehen

Wenn wir das Wort Lesben benutzen, um die sexuelle Präferenz von Frauen für Frauen zu benennen, ist das natürlich eine viel zu vereinfachende Klassifizierung. Abgesehen von den verschiedenen sozialen Lebensformen gibt es unter Frauen-Frauen himmelweite Unterschiede im Umgang mit Gefühlen und Liebe. Das ist wichtig, weil Menschen im Patriarchat keine oder nur wenige Chancen haben, ganz selbstverständlich homosexuell zu sein und zu leben.

Frauen und Männer stoßen nicht auf die gleichen Schwierigkeiten, wenn sie versuchen, als Lesben und Schwule ein angemessenes Liebes- und Sexualleben zu leben. Neben Gemeinsamkeiten, die ihre Lebenssituationen mit sich bringen, weshalb beide Gruppierungen einander Solidarität und Unterstützung entgegenbringen sollten, gibt es Seiten des Frauen-Frauenlebens, die ganz spezifische Schwierigkeiten des Frauseins im Patriarchat bedeuten.

Schwule laufen im Patriarchat Gefahr, auf den Status von Frauen herabzusinken, also wie Frauen zum zweitrangigen Geschlecht erklärt zu werden. Dessen ungeachtet verfügen sie genau wie alle heterosexuellen Männer über die Privilegien, die das Patriarchat für Männer bereithält. Solange sie sich in ihren sexuellen Aktivitäten auf ihre subkulturelle Szene, Kneipe, Kino, Klappe und Zuhause beschränken, kann dies als Privatleben ausgelegt werden und unterliegt damit der Diskretion, ohne daß ein Mann beruflich und sozial mit Schwierigkeiten rechnen muß. Auch heterosexuelle Männer tun in ihrem Privatleben manches, das nicht unbedingt das Licht der Öffentlichkeit verträgt. Dies ist nämlich die Art und Weise, wie das Patriarchat mit seinen Widersprüchen umgeht. Es erklärt sie für privat und damit für unangreifbar. Erst wenn Schwule die Homophobie aus einem Hetero herauslocken, wird es bedrohlich. Hinter der verbirgt sich meiner Ansicht nach weniger die Angst vor dem eigenen Schwulsein als vielmehr davor, ebenfalls auf den Frauenstatus herabgesetzt zu werden.

Mit Lesben verhält es sich anders. Homosexualität von Frauen ist zunächst nicht bedrohlich, weil sie nicht die verleugnete Homosexualität homophober Männer berührt. Zusammensein mit Frauen – Lesben oder Heteras – gefährdet nicht den Status eines Mannes. Lesbentum spielt für das Patriarchat erst dann eine Rolle, wenn damit die Bedeutungslosigkeit von Männern dokumentiert wird. Ihre Zweitrangigkeit in der Frauenwelt vertragen die nämlich noch schlechter als die Herabsetzung auf den Frauenstatus.

Der Feminismus, der den Männern zuschreit: „Hallo, hier sind wir. Wir sind auch wer. Wir wollen auch mitmachen!" wird von Männern durchaus wahrgenommen und beantwortet, denn da haben sie noch immer Kontrolle über das Spiel und können bestimmen, wie viele Murmeln sie eventuell herausrücken.

Wenn einige von den Mädels nicht mitspielen wollen, ist das für die Jungs auch noch kein Beinbruch. Damit die Zurückweisung sich auf das männliche Selbstwertgefühl nicht negativ auswirkt, werden die Mädels kurzerhand für häßlich befunden, für Frauen also, für die sich sowieso kein Mann interessiert.

Eine Frauen-Frau hat daher aus der Sicht der Männer keinen Anspruch auf den Schutz und die Protektion der Mächtigen, Männlichen – weder privat noch im Beruf. Damit kann eine Lesbe zwar leben und die schlechte Ausgangsbasis in einen Quell persönlicher Stärke verwandeln, aber einfach ist es nicht.

Zur Sache allerdings geht es erst, wenn Gefahr im Verzug ist. Dies ist der Fall, wenn eine sich offen und stolz zu erkennen gibt und außerdem beruflichen Erfolg beansprucht. Dann könnte sie in ihrer Unabhängigkeit ein Rollenvorbild für andere Frauen abgeben. Es könnte passieren, daß sogar manche ehrbare Hetera sich vielleicht überlegt, ob sie auf den Mann an ihrer Seite eigentlich angewiesen ist. Da muß ein Exempel statuiert werden.

Der Boykott, der eine Frau mit diesen Ansprüchen trifft, ist subtil und selten greifbar, aber außerordentlich wirksam. Deshalb ist das lesbische Liebesleben einem Druck ausgesetzt, der Frauen-

Frauen mehr Selbstverleugnung abverlangt als nur eine gewisse Diskretion bei der Gestaltung des Privatlebens.

Das führt dazu, daß viele Frauen-Frauen jahrzehnte-, manchmal lebenslang in völliger Heimlichkeit und Unsichtbarkeit leben. Es gibt Lesben, die als Paar unsichtbar leben. Andere leben allein, um nur ja nicht erkennbar zu sein. Es gibt Lesben, die verheiratet oder auf andere Weise heterosexuell leben, auch das hat mit dem gesellschaftlichen Druck zu tun, dem Lesben ausgesetzt sind.

Es braucht nicht viel Vorstellungskraft, um nachzuempfinden, wie sich ein solcher Zwang zur Selbstverleugnung auf das Gefühlsleben auswirkt. So kann es durchaus sein, daß eine Frau Frauen liebt und es selbst am allerwenigsten weiß. Und um noch einmal auf meinen Lieblingsspruch „Die größten Feinde der Elche waren früher selber welche" zurückzukommen: Eine Frau, die Lesben so ganz und gar nicht ausstehen kann, muß damit rechnen, daß sich in einer der hinteren Ecken ihres Herzens vielleicht doch der Wunsch nach Frauenliebe verbirgt.

Wenn eine heterosexuelle Frau zu ihrem eigenen Wesen findet, kann es sein, daß sie sich – manchmal zu ihrer eigenen Überraschung – als Frauen-Frau entpuppt und von nun an als Spätberufene ein lesbisches Leben führt. Diese verflixten Wechsel-Zeiten bringen es auch für die bisher heimlich lebende Lesbe manchmal mit sich, daß sie den dringenden Wunsch verspürt, der Welt ihre Identität offen zu präsentieren. Es kann aber auch sein, daß eine Frau es nicht über sich bringt und in der Heimlichkeit verharrt (oder einfach nicht weiß, wie sie es machen soll). Lesben, die offen leben, sollten Geduld und Nachsicht haben, auch wenn es manchmal schwerfällt. Wir sind hier im Reich der Angst unterwegs, in dem die Gesetze der Vernunft und des klaren Denkens leicht außer Kraft gesetzt werden können.

Die Biografien, aber auch das Gefühlsleben dieser Frauen unterscheiden sich von denen ihrer lesbischen Schwestern, die ihr erwachsenes Leben offen als Lesbe gelebt haben, z.B. privat in der klassischen kinderlosen Paarbeziehung und beruflich und politisch in der Lesben- oder der feministischen Frauenbewegung.

Wobei auch offen lebende Lesben etwas von Unsichtbarkeit verstehen: Interessanterweise verschwinden sie in den Jahren des Wechsels häufig aus der Öffentlichkeit, das heißt ihrer jeweiligen kulturellen Szene, und tauchen ins Privatleben ab, weshalb sie für jüngere Lesben nicht mehr sichtbar und greifbar sind. Das ist bedauerlich, denn es fördert zum einen das Spiel der patriarchalen Generationentrennung und macht andererseits den Spätberufenen, die häufig nicht wissen, wo und wie sie ein passendes Forum für die Entfaltung ihrer Libido finden, das Leben schwer.

Entsprechend ihren unterschiedlichen Lebensläufen stehen Frauen-Frauen vor ganz unterschiedlichen Herausforderungen, wenn sie in den Wechsel gehen. Der versiegende Blutfluß ist kein Gleichmacher, wie auch der Tod es in Wahrheit nicht ist, auch wenn der Volksglaube dies annimmt. Darum stellen sich auch nicht jeder die gleichen Fragen.

Die heimliche Lesbe hat es wahrscheinlich besonders schwer, denn der Nebel der Unsichtbarkeit legt sich auch auf diesen Abschnitt ihres Lebens und läßt sie in Einsamkeit leiden. Ich kann nur zum Comingout raten, egal wie groß die Angst und der Druck der Lebensumstände ist.

Die Spätberufene sieht sich zwei entgegengesetzten Strömungen ausgesetzt. Einerseits hat sie jetzt erst ihre Sexualität richtig entdeckt. Andererseits ist es die Zeit, in der sie Sexualität transzendiert, um ihr Alter zu erfinden. Das verursacht eine Art seelischer Reibung, aus der besorgten Annahme heraus, nach so vielen Jahren der Versäumnisse weitere Versäumnisse hinnehmen zu müssen. Manchmal können sich da schon düstere Gedanken von einem verpfuschten Leben aufdrängen.

Ich kann Betroffenen inzwischen leicht Trost und Rat spenden. Das sogenannte Alter, also die Zeit nach dem erfolgreich durchlebten Wechsel hält noch viel Sexualität und Sinnlichkeit für eine Frau parat. Der Rückzug der sexuellen Lust aus dem Bereich der körperlichen Interaktion ist nur vorübergehend. Die Transzendierung der körperlichen Lust sollte nicht übersprungen oder weggezwungen werden. Alles zu seiner Zeit.

Nur die Lesbe, die früh für ihr Comingout gesorgt hat, hat nicht mehr als eben den Wechsel vor sich. Sie wird – hoffentlich – dafür gesorgt haben, daß sie sich in einem sozialen Netz gleichgesinnter Frauen befindet, die ihr helfen, gut und sicher durch diesen Abschnitt ihres Lebens zu kommen. Dennoch lebt eine Frauen-Frau in dem Bewußtsein – und manchmal in der Angst –, daß sie nicht mehr viele Möglichkeiten hat, Frauen kennenzulernen.

So wird eine müde Amazone unter Umständen in einer Beziehung verharren, obwohl sie nicht mehr wirklich liebt. Wenn die Liebe noch lebendig ist, liegt das auch daran, daß der Fortpflanzungs- und Nachwuchszirkus in einer lesbischen Beziehung in der Regel keine Rolle gespielt hat.

Die schwarze Wölfin, die kühne Jägerin und Eroberin darf sich jetzt durchaus fragen, ob die Jagd nach der einen, der neuen, der idealen Geliebten nicht langsam ein wenig ermüdend ist. Kann schon sein, daß die zurückrollende Liebesenergie sie dazu bringt, sich an ruhigeren Orten den inneren Veränderungen zuzuwenden. Schweißes Braut, die von der Harley steigt, ein letztes Mal die Lederjacke einfettet und die Stiefel in die Ecke stellt.

Sind es denn wirklich so andere Herausforderungen als bei den Männer-Frauen, die der Wechsel an Lesben stellt? Der größte Unterschied zeigt sich wahrscheinlich in der Art und Weise, wie eine mit den Veränderungen ihrer Weiblichkeit umgeht, das heißt was eine darunter überhaupt versteht.

Der Wechsel bringt Lesben selten die Erfahrung, daß Männerblicke sie nicht mehr wahrnehmen, und noch seltener ist diese Tatsache Ursache für eine Krise. Gedanken, aus dem alten Leben auszusteigen, hat auch eine Frauen-Frau. Sicher, Lesben brauchen nicht erleichtert zu sein, weil sie jetzt nicht mehr schwanger werden können. Wenn aber für sie das Monatsblut nicht Nachweis patriarchaler Weiblichkeit war, fragt sich, was es denn dann für sie bedeutete und wofür sein Ausbleiben steht.

Was es bedeutet, erzählte mir eine Lesbe, die zu denen mit Comingout in jüngeren Jahren gehört und seither mehr oder minder offen als Frauen-Frau lebt. Für sie ist das Kommen und Gehen des

Blutes und der Lust-Empfindungen des monatlichen Zyklus eine tief empfundene Verbundenheit mit allem anderen, das zyklisch ist, dem Wachsen und Vergehen allen Lebens. Jede Vorzeit des Blutflusses führe sie auf sich selbst zurück und schaffe eine Verbindung zum inneren Erleben, das ihr zu anderen Zeiten des Zyklus nicht möglich und auch gar nicht willkommen sei. Auf meine Frage, was ihr, die keine Kinder hat und auch keine haben will, die Gebärmutter bedeutet, antwortete sie, die Gebärmutter sei das Zentrum, aus dem ihre Kreativität erwächst. Dies sei körperlich empfindbar und doch auch spirituell. Obwohl sie eher zu den Wildrosen gehört, die bereits als Kind vehement weibliche Kleidung verweigerten, hält sie den Umstand, ein Körper mit Vulva und Brüsten zu sein, für höchst lustvoll und erfreulich.

Gibt es Trauer über den Verlust dieses inneren Rhythmus? Das Blut als Machtfaktor weiblichen Lebens zu erkennen und zu akzeptieren, fällt Lesben nicht so leicht wie ihren Hetera-Schwestern, weil Kommen und Gehen des Blutes mit Fortpflanzung in Verbindung gebracht wird. Wie wird eine Lesbe nicht nur alt, sondern auch weise? Nur selten erleben sie sich als Mutter der/einer Sippe, das heißt es ist auch schwieriger, eine große Mutter, eine Großmutter zu werden. Der beglückende, belebende Zuwachs an Autorität, den eine sinnliche alte Frau auch im Patriarchat erleben kann, kommt nicht von allein. Er muß erobert und beansprucht werden.

Anleitung, Lebenslehrerinnen, Ahninnen brauchen wir, um mit dem ersten echten Bodenfrost unseres Lebens zurechtzukommen. Das können uns unsere Gefährtinnen, gleich ob die beste Freundin oder die Liebste, nicht geben. Affidamento, die Verbindung zwischen zwei Frauen unterschiedlichen Lebensalters, die darauf basiert, daß die Ältere die Jüngere fördert, sollte es auch für Frauen im Wechsel so geben, daß sie die Jüngere, die Lernende sind. Denn die nächsten Jahrzehnte zu gestalten, ist eine große Aufgabe. Es geht um nichts Geringeres als ein neues Selbst. Davon hängt ab, ob wir Nachtschwester Berthas Ruf folgen oder wilde Drachinnen, lustvolle alte Frauen werden, die sich Belästigungen und Entmündigungen dieser Art verbitten.

# 4. WENN DIE SINNLICHE FRAU ALT WIRD

Die Kräfte des Wassers sind Symbol für alles Kommen und Gehen wie Ebbe und Flut. Sie stehen für Tiefe und Unergründlichkeit. Es geht um Fließen, Strömen, reines Gefühl. An der Quelle steht es für Hoffnung, in den Bachläufen für neugieriges Erfassen. Die ruhigen Wasser und die Stromschnellen, die überfluteten Auen und die brackigen Delten, die weiten Meere, brechendes Eis und tobende Fluten stehen für die Vielfalt der Emotionen, die alle mit den verschiedenen Stationen unseres Lebens verbunden sind. Im Alter fühlst du so tief wie damals als Pubertierende, aber du bist so weise, wie es dir das Alter schenkt.

Dein Zeichen ist der Delphin.

# Eine Fregatte unter vollen Segeln

*Das Schönste, das dir passieren kann, ist alt werden*
*(nur Tote werden nicht alt)*

In „Der weise Leichtsinn" habe ich ein Bild beschrieben, das deutlich machen sollte, wie das Alter die Welt sieht. Damals stand ich noch vor dem Wechsel und bereitete mich auf die großen Veränderungen vor.

„Es ist das Bild einer Insel im Meer. In diesem Bild beginnt die Menschwerdung damit, daß man aus dem Meer kommend am Strand sein Leben beginnt. Dies sind die Jahre der Kindheit. Sonne, Strand, Spielsachen. Bei anderen mag es nicht immer so sonnig, sondern kann auch recht stürmisch sein. Später, etwas größer geworden, begibt man sich schon weiter ins Land hinein, wo die Büsche und Sträucher wachsen. Man kann sich verstecken und ganz für sich sein. Man kann sich unbeobachtet von den Eltern mit Gleichaltrigen treffen und Leben üben. Noch später, als Erwachsene, hält man sich noch weiter im Landesinneren auf, dort, wo der Wald wächst. Mit dessen Erforschung sind manche so beschäftigt, daß sie ganz vergessen, wie es damals am Strand gewesen ist, als sie noch in der Sonne spielten. Und wenn man noch älter wird, ist man schon so weit vorgedrungen, daß man langsam die Berge hinaufsteigen kann. Und eines Tages passiert etwas ganz Interessantes. Plötzlich ist man schon so weit oben, daß man die Wälder der Wichtigkeit hinter sich gelassen hat. Die Vegetation wird spärlicher. Man befindet sich auf einer Anhöhe, dreht sich um, schaut zurück und da ist es: ein wunderbarer Blick über das ganze weite Land, über die Wälder und Hügel bis hinunter zum Meer und dem Strand, an dem man einst als Kind gelebt hat. Wenn man ganz still ist, kann man sogar das Meer rauschen hören."

Ich wollte damals darauf hinweisen, daß Weisheit in diesem weiten Überblick über das Leben besteht. Das ist jedoch nur ein Teil dessen, was ich Weisheit nennen möchte. Jetzt, einige Jahre später und am anderen Ende des Wechsels angelangt, weiß ich mehr. Nicht nur würde ich nicht mehr dulden, in einem Text, der sich vor allem an Frauen wendet, so viele „man" zu lesen. Ich sehe mich da oben sitzen und die Insel überblicken, und weitaus wichtiger als der Strand mit einem vergessenen roten Eimerchen und einer Sandschaufel sind die Delphine, die ich im Meer schwimmen und springen sehe.

Es ist eine lange Wanderung, dieser Weg durch den Wechsel. Aber wenn der Platz da oben erreicht ist, der einer Frau diesen grandiosen Überblick über ihr Leben und die Schöpfung verschafft, dann stellt sich natürlich die Frage, wie es weitergeht. Weiterklettern? Mitnichten. Am Gipfelkreuz steht ein Seniorinnenheim mit Panoramablick. Während ich weiter da oben, aber noch ein gutes Stück unterhalb von Nachtschwester Berthas Reich sitze, auf die Delphine schaue und der fernen Brandung zuhöre und vor allem weiß, wohin ich nicht gehen werde, fühle ich mit einem Mal, wie neues Leben mich belebt. So dick kann keine Matronenspeckschicht sein, daß nicht doch zu spüren ist, wie sich Wind auf der Haut anfühlt. Vulvische Sinnlichkeit durchströmt mich. Mein Herz beginnt zu schmelzen und aus meinen Fingerspitzen zu tropfen.

Es ist ganz einfach. Ich klettere wieder hinunter. Gehe freundlich grüßend durch den Wald der Wichtigkeit. Umrunde die Büsche und Hecken, die den Strand abschirmen. Stapfe durch den Sand, vorbei an Eimerchen und Schaufel. Und dann gehe ich schwimmen. Ich gehe endlich, endlich schwimmen.

Die wahre Weisheit besteht darin, schwimmen zu gehen. Körperlich anwesend zu sein und sich in die Fluten der Gefühle zu stürzen. Wenn eine Frau etwas über das Alter lernen will, soll sie den Delphinen zuschauen. Von ihnen kann sie erfahren, was wichtig ist im Leben. So wenig wie Delphine im Wasser ertrinken, so wenig kannst du im Gefühlsmeer ersaufen. Du kannst es auch nicht kontrollieren, aber weshalb solltest du?

Seither schmilzt nicht nur der Speck Schicht um Schicht. Ich plane eine lange vor mir liegende Zeit in meinem Leben, und noch immer finde ich kaum Vorbilder, weder unter den Frauen-Frauen noch unter den Männer-Frauen. Aber das ist egal, denn die Erfahrung, nach den mühsamen Zeiten des Wechsels in einem neuen Frühling anzukommen, gibt mir genügend Sicherheit, um wissen, daß ich immer den richtigen Weg finden werde.

Das Leben ist wunderbar. Die Liebe ist wunderbar. Die Lust ist wunderbar. Es ist nicht mehr dieser wilde Genuß wie in den alten Zeiten, sondern auf bemerkenswerte Weise verfeinert, stilvoll und doch ozeanisch weit. Es gibt so etwas wie Dankbarkeit gegenüber dem Universum. Ein Gefühl von delphinischem Reichtum, der nicht auf Besitz beruht, sondern auf Lust am Sein. Dies ist durch den kosmischen Orgasmus dazugekommen. Der Wechsel hat sich also gelohnt.

„Die ist in ihrem zweiten Frühling", höre ich eine Frau spöttisch sagen. Und ich antworte: „Allerdings, und hoffentlich ist es nicht der letzte." Denn selbst wenn sie es schaffen sollten, mich eines späten Tages in das Pflegeheim zu verfrachten, könnte es doch sein, daß ich noch Nachtschwester Bertha verführe, bevor ich mich zu meinen Ahninnen begebe. Carpe diem, nutze den Tag. Das Raffinement der Liebe einer alten Lesbe hat es in sich, wie wir im übernächsten Kapitel noch sehen werden.

Das ist ja eines der größten Tabus im Patriarchat, daß im Leben von Frauen das Alter eine sehr sexuelle Zeit ist. Wie das bei Männern ist, entzieht sich meiner Kenntnis, aber das Interesse für Viagra läßt mich annehmen, daß die Dinge wohl nicht so gut stehen.

Bei den Frauen ist das so: Sinnlichkeit, sexuelle Lust und Weisheit schließen einander nicht aus, sondern haben viel miteinander zu tun. Es muß eine schon älter sein, daß diese Dinge zusammenkommen. Was nicht mehr selbstverständlich ist, wird um so kostbarer. Unser Körper, um dessen Vergänglichkeit wir inzwischen wissen, ist jetzt wichtiger denn je. Jedes Gefühl, das wir fühlen (können, dürfen), sagt: Du lebst. Das Schönste, das dir passieren kann, ist alt werden. Wenn du das nicht willst, mußt du jung sterben! Nur Tote werden nicht alt.

Die Sinnlichkeit einer alten Frau beruht auf großer Erfahrenheit, Lebenserfahrenheit. Du hast eine Liebesgeschichte mit einem ganzen Universum hinter dir, und darum weißt du etwas über wirkliche Demut. Du hast in die Abgründe des Patriarchats geblickt und bist daran nicht irre geworden, darum weißt du etwas über wirklichen Stolz. Und nun gehst du schwimmen, und das heißt, du weißt etwas über wirkliche Lebensfreude. Während du ins Wasser tauchst, mußt du lachen über die alten, vergangenen Zeiten, als du versucht hast, das Meer in Flaschen abzufüllen. Und dann waren da noch die Zeiten, als du verzweifelt und angestrengt versucht hast, mit den Heringen zu schwimmen, weil du nicht gemerkt hast, daß du ein Delphin bist. Das ist jetzt auch vorbei.

Du hast jetzt ganz andere Empfindungen über Schönheit, Liebe und Lust, denn der Kurs in Eigen-Liebe hat dich gelehrt, gewachsene Körper auf andere Weise schön zu finden als patriarchal üblich. All diese Scheu und Peinlichkeitsgefühle junger Frauen hast du nicht mehr (kannst du dir auch gar nicht mehr leisten). Ebenmäßigkeit hat keine Bedeutung mehr, denn du weißt, daß die schönsten Äpfel oft nach gar nichts schmecken. So fühlt sich Freiheit an. Nicht alle verkraften eine solche Frau.

Ein Rundfunkredakteur mißbrauchte einmal meine Ohren, indem er sich über eine bekannte Schauspielerin ausließ, die, inzwischen alt und dem Suff ergeben, ihn nur mit einem Bademantel bekleidet empfing und nach seiner Schilderung „anbaggerte". „Altersgeilheit", sagte er verächtlich. Wahrscheinlich war es in der Tat ein wenig würdelos. Aber wir sollten das eher dem Alkohol zuschreiben und nicht ihrem Alter.

Darüber hinaus aber stellt sich die Frage, was eigentlich seine Verachtung hervorrief. Eine Alte, die Lust auf ein kleines Abenteuer hat? Ich kenne jede Menge junger Männer, die auf einer alten Fregatte, die noch unter vollen Segeln fährt, gern anheuern würden. Unter den Frauen ist es sowieso üblicher als allgemein angenommen, daß sich zwei mit einem erklecklichen Altersunterschied aneinander erfreuen.

Außerdem ist diese Geschichte natürlich auch traurig, denn sie erzählt davon, daß eine Frau nicht gleichzeitig weise sein und saufen kann. Da muß eine Frau sich irgendwann entscheiden. Nicht, daß das so einfach wäre. Es gibt genügend Anlaß für Kummer, der eine mit dem Geschenk, das dein Körper ist, noch immer bedenkenlos umgehen läßt. Aber wenn eine Fregatte bis zum Ende stolz unter vollen Segeln fahren will, dann muß damit Schluß sein. Die Freude des Alters liegt in der unglaublichen Intensität der Gefühle, die einer die Tiefe des Daseins in der Pubertät zurückbringen und die Weite des Bewußtseins eines gelebten Lebens dazu schenken. Das muß eine mit klarem Kopf erleben.

Es ist an der Zeit, ein neues Verhältnis zu deinem Körper zu gewinnen, genauer: dazu, ein Körper zu *sein*. Du mußt in Bewegung kommen, mußt dich körperlich hegen und pflegen, zu einer neuen Ästhetik der Lust finden. Ich kenne eine alte Frau, die hat das Joggen entdeckt und rennt und rennt und rennt. Zugegeben, das wäre nichts für mich, aber es gibt viele Möglichkeiten, sich selbst in Freundschaft verbunden zu bleiben und in Bewegung zu geraten. Selbst die sonderbaren Fitneßgeräte sollten vor dir nicht sicher sein, wenn es dir zu einem intensiven Körpergefühl verhilft.

Es sind auch in dieser Zeit genügend Schatten vorhanden, die dich schrecken können und dich deinerseits dazu verführen, innerlich aufzugeben. Da gibt es die Einsamkeit, die alten Menschen im Patriarchat zu drohen scheint, wenn die Freunde sterben und neue nicht hinzukommen. Da ist diese seltsame Generationentrennung: Die Kinder im Kindergarten und in der Schule, die jungen Leute in der Disco, die Mittelalterlichen vor dem Fernseher und die Alten bei Schwester Bertha. Das und diese schuhschachtelkleinen Behausungen, in denen alle vor sich hinwohnen, in äußerster Privatheit verschimmeln und verkümmern. So kann es passieren, daß eine gar nicht mehr bemerkt, ob sie noch geistig und seelisch beweglich und offen ist. Dies sind die großen Gefährdungen für ein glückliches, sinnliches Altern.

Ich bin immer wieder bestürzt, mit welcher Fremdheit alte und junge Frauen in meinen Seminaren aufeinander reagieren. Nicht immer, jedoch immer wieder, wobei ich es schon als eine wichtige Sache ansehe, daß sich in meinen Veranstaltungen die Altersgruppen lustig mischen.

Als Ergebnis der patriarchalen Trennung der Generationen erlebe ich junge Frauen, die keinerlei Neugierde auf alte Frauen entwickeln können, und die alten, die sich in ihrem eingesponnenen Rad drehen und egozentrisch den Blick nicht heben. So grenzen sie sich nicht nur gegenseitig aus, sie verlieren auch den Faden aus der Hand, der Frauen über die Generationen hinweg miteinander verbindet und dafür sorgt, daß die Früchte der Frauenarbeit auch von späteren Generationen geerntet werden können.

Besonders wenn alte Frauen beginnen, über ihre Lust und Sinnlichkeit zu sprechen, reagieren junge Frauen mit Angst. Das halte ich für falsch. Möglicherweise haben alte Menschen deshalb ein so großes Faible für Essen, weil das die einzige Lust ist, die ihnen zugestanden wird, der sie frönen dürfen, ohne gleich ins Heim oder in die Psychiatrie zu kommen.

Ich kann alten Frauen nur zum großen Comingout raten und hoffen, daß viel und überall über Lust und Sexualität alter Menschen gesprochen wird. Ich verspreche mir viel vom selbstverständlichen Anspruch auf die Verbindung alte Frau und Sexualität. Wir haben nicht nur ein Recht auf Sexualität im Alter, wir haben ein Recht auf Selbstverständlichkeit dieser Tatsache.

Dabei geht es bei der Alterslust nicht nur um genitale Sexualität, sondern um einen Lebensausdruck, der Zärtlichkeit, Nähe, Verbundenheit enthält. Hören, sehen, fühlen, riechen, schmecken. Die Sinne sind es, die eine Frau mit dem Leben verbunden halten. Mit wem sie sich liebend verbindet, verändert sich auch in diesem Alter. Wir verzichten ja häufig auf eine Liebesgeschichte, weil wir glauben, Liebe folge einzig und allein der blöden Maxime „verliebt, verlobt, verheiratet". Wir beurteilen also eine potentielle PartnerIn immer so, als ob wir mit ihr/ihm gleich den Rest unseres Lebens verbringen müßten. Wir schauen immer danach, ob sie/er auch die Qualitäten einer LebenspartnerIn hat. Hat sie/er das nicht, und das ist meistens der Fall, dann verzichten wir auch auf eine kleinere Liebesgeschichte.

Damit beraubt sich eine vieler wunderbarer Begegnungen und lustvoller Erfahrungen. Eine meiner Klientinnen, die sich nach erfolgreich durchlaufenem Wechsel eigentlich darauf vorbereitet hatte, allein und dem Liebestreiben künftig fernzubleiben, wurde plötzlich von einer wilden, lustvollen und sehr sexuellen Liebesgeschichte förmlich überrollt wie von einer unerwarteten Meereswelle. Für eine Weile war sie außerstande, sich auf etwas anderes als diese Liebe einzulassen. Die sexuellen Freuden, die sie durchlebte, hatte sie nie zuvor in ihrem Leben erfahren.

Sie konsultierte mich aus zwei Gründen, die ihr Sorge bereiteten. Zum einen glaubte sie, sich auf moralisch verwerflichem Gebiet zu bewegen, weil sie wußte, daß sie die betreffende Person niemals als Lebenspartnerin ertragen könnte, und zum anderen schämte sie sich, vor allem am sexuellen Aspekt der Beziehung interessiert zu sein.

Ich habe etwas dagegen, Bettgeschichten als Bettgeschichten abzutun. Das sind ganz und gar patriarchale Sichtweisen (Es ist nur körperlich!), die wenig mit der Achtung vor anderen zu tun haben. Gerade die Scham, etwas sei nur sexuell, ist die Anpassung an patriarchale Funktionalität. Es sind immer Liebesgeschichten, egal auf welche Weise wir kommunizieren. Ich schäme mich doch auch nicht, wenn ich eine Liebesbeziehung erlebe, deren Lust in langen Gesprächen und einem berührenden Gedankenaustausch besteht.

Ich hoffe sehr, daß meine Klientin meinem Rat gefolgt ist, ihre Liebesgeschichte auszukosten und der Göttin für das Geschenk dieser Begegnung zu danken. Eine soll eine Liebesbegegnung niemals kleiner machen, als sie ist, aber auch auf keinen Fall größer, als sie ist. Ich möchte nicht wissen, wie viele unglückliche Ehen und vergleichbare Gemeinschaften nur deshalb zustande gekommen sind, weil die Beteiligten glaubten, das Vorübergehende ihrer Begegnung mache aus ihnen unmoralische oder bindungsunfähige Menschen. Ich denke da an meine in grauen Vorzeiten aus einer Champagnerlaune heraus geschlossene Ehe. (Und greife in das neben meinem Schreibtisch bereitgehaltene Säckchen mit Asche, um mir ein wenig aufs Haupt zu streuen.)

Ich bin dem Leben, der Göttin, mir, vor allem aber den Delphinen dankbar, daß ich endlich im Meer angekommen bin. Und ich kann nur das machen, was eine macht, die lustvoll ins Wasser eingetaucht ist. Sie ruft: Los, kommt rein. Es ist überhaupt nicht kalt.

Dieses Buch ist von k. d. langs Musik begleitet worden, die mich in der Schwingung gehalten hat, die Liebe bedeutet. Daher will ich hier einen ihrer Texte vorstellen, die etwas davon ausdrücken, was Liebe, Lust, Sinnlichkeit bedeuten können.

You swim
Swim through my veins
Drown me
In your reign.

My desire
Carries no shame
My will
Will harbour no pain.

Wash
Wash me clean
Mend my wounded seams
Cleanse my tarnished dreams

Drink
Drink from my spell
Quench
Love's drying well.

# Lust und Weisheit

*Elfriedes Witwenball ist überall,*
*aber nun geht es nur noch nach deinem Lustprinzip*

Um nach dem Lustprinzip zu leben, bedarf es großer innerer Freiheit und eines stark verinnerlichten Gefühls für Verantwortung. Wer, wenn nicht eine alte Fregatte verfügt über beides in ausreichendem Maß. Eine weise alte Frau sein heißt, in der Furchtlosigkeit angekommen zu sein. Mehr braucht eine nicht, um zu tanzen, wo sie will. Wir kennen ja diesen Chor empörter Stimmen, die rufen: „Wenn das jede machen würde." Die Antwort ist klar: Wenn das jede machte, stünde diese Welt besser da, als sie es tut. Leider macht das nicht jede. Aber wir arbeiten dran.

Die alternde, die alte Frau, die im Traum nicht daran denkt, eine brave Seniorin zu werden, sondern ein Dasein als alte Drachin und mächtige Großmutter entschieden vorzieht, ist natürlich im Sinn des Patriarchats eine schwierige Frau. Man versucht dann, sie in den Griff zu kriegen, indem man eine komische Alte aus ihr macht oder eine Frau, die Schwierigkeiten macht. Schwester Bertha kann sehr ungemütlich darauf reagieren. Aber wenn eine Frau entschlossen ist, ihre Würde zu behalten, kann ihr nicht viel passieren. Mit ein bißchen Glück kriegt sie Schwester Bertha sogar auf ihre Seite.

Die Verachtung des Alters, speziell des alten Körpers und seiner lebenslangen natürlichen Bedürfnisse wie Lust und Sexualität, ist eine Tatsache. Du kannst es kaum ändern, indem du versuchst, aus Rassisten – und Leute, die alte Leute verachten, sind Rassisten – gute Menschen zu machen. Die Verachtung des Alters findet zuerst in deinem Kopf statt. Von dieser Kommandozentrale ergeht der Befehl an das gesamte körperliche System: Sei alt! Sei unwichtig! Sei häßlich! Sei verachtenswert! Undsoweiter. So werden wir nach den Vorstellungen einer lebens- und liebesfeindlichen Welt, was diese dann mit Verachtung beantwortet.

Ein kleiner Eigentest macht deutlich, wie sehr wir alle häßliche kleine Altersrassisten sind, weil dies im Paket der patriarchalen Zurichtung mitgeliefert wird. Stell dir vor, daß du – wie es mir vor ein paar Jahren passiert ist – einer kleinen alten Dame gegenübersitzt, so eine mit feinem schneeweißen Haar und rosiger Gesichtsfarbe, um die Schultern einen gestrickten Schal. Sie schenkt Kaffee ein und reicht selbstgebackenen Kuchen. Und dann erzählt sie in aller Seelenruhe, wie sie beim Hamburger Aufstand 1923 ganz allein und bewaffnet eine Polizeiwache gestürmt und die Kerle schachmatt gesetzt hat. Das Ganze ohne Blutvergießen. Klar, daß sie bei den Roten war, bei wem denn sonst. Was denkst du jetzt? Eben.

Das mögen wir zwar wissen, aber insgeheim doch nicht glauben: Omis sind keine Omis, sondern Frauen, die ein langes gelebtes Leben haben. Erst wenn eine ebenfalls älter geworden ist, weiß sie, daß die Anzeichen für Alter äußerlich sind. Dein Ich ist alterslos. Wenn eine mit achtzig keine Polizeiwachen mehr stürmt, dann nicht, weil sie das nicht mehr *kann,* sondern weil sie es nicht mehr *will.* Es ist Weisheit, die dich davon abhält, nicht Altersschwäche.

Wenn es aber um die Liebe und die Lust geht, betrifft das dein Ich, dein altersloses Ich. Es ist doch offensichtlich, daß dieses alterslose Ich jederzeit Liebe und Lust empfindet, ganz gleich wie alt der Körper ist, in dem das Ich sich ausdrückt. Es gibt keinen Grund auf der Welt, warum dieses Ich nicht dem Lustprinzip folgen sollte. In Kombination mit der Weisheit aufgrund reicher Lebenserfahrungen ist das eine vielversprechende Grundlage für eine Zeit größter Lebensfreude.

Es ist möglich, dem Rassismus, dem eigenen und dem der anderen, zu entkommen. Wir kennen alle diese alten Frauen, die keine Selbstverachtung ausstrahlen, ungeachtet ihres Aussehens und ihrer körperlichen Befindlichkeit. In ihren Köpfen findet diese Befehlsausgabe nicht statt. In ihren Köpfen werden keine Befehle ausgegeben, sondern lebenstützende Parolen, die dafür sorgen, daß sie zentriert bleiben. Was diese Frauen innerlich hören, sind Ermutigungen wie: Du kannst alles, wenn du es wirklich aus tiefstem Herzen willst. Oder: Das Leben ist schön. Oder: Du bist eine freie Tochter dieser Erde und willkommen und geliebt in diesem Leben. Sie sind, was sie sind und das voll Stolz und Würde, und man sieht es ihnen an. Sie sind eigen, und darin sind sie eigensinnig. Eigensinn von Starrsinnigkeit und Unbeweglichkeit zu unterscheiden, ist eine wichtige Kunst. So bringt eine den Leuten bei, daß es noch ein anderes Bild der alten Frau gibt als die Ansammlung dummer Vorurteile.

Die Botschaft des Patriarchats an Frauen lautet: „Paß dich an! Tritt aus dir selbst heraus und beobachte dich ununterbrochen! Sei dein eigener, erbarmungsloser Richter! Entwickle ein zuverlässiges Gespür dafür, wie wir dich haben wollen!"

Inzwischen hagelt es ja längst Verweigerungen an diese vielfachen, vielfältigen Forderungen nach Anpassung. Wir sind schon lange mitten drin in der Vorbereitung zum Zeitalter der Frauen. Nur MeisterInnen der Verleugnung haben das noch nicht bemerken können. Aber alte Frauen sind in unserer Welt noch immer unbeachtete, zurückgewiesene Frauen. Auf sie können die jüngeren ihre Angst vor Veränderungen, Alter, Verfall und Tod projizieren, so daß sie auch mißachtete, gefürchtete, gehaßte Frauen sind.

Frauen scheinen Schwestern immer nur in den gleichen Altersklassen zu erkennen. Daher ist der Druck, sich den allgemeinen Vorstellungen von alten Frauen soweit anzupassen, daß wir lieblos zu uns selbst werden, sehr groß.

Die Verweigerung der Anpassung an diese letzte und wichtigste Forderung des Patriarchats, aus alten, schönen, stolzen Frauen liebe, nette, harmlose Omis zu machen, ist lebensnotwendig. Im feministischen Sinn, als Frage der persönlichen Selbstachtung und im Namen der Liebe.

Die alte Frau ist die eigentlich Mächtige, die Clanmutter, die zukünftige Ahnin. So liegt in der Verweigerung der Anpassung an das erwünschte Bild der alten Frau ein entscheidender Schritt, der uns dem Zeitalter der Frauen näher bringt. Vor allem aber bringt er der betroffenen Frau sehr viel mehr Spaß ins Leben, als sie je als Seniorin erhoffen dürfte. Das Dümmste, was einer Frau passieren kann, ist, daß man ihr leider nichts nachsagen kann.

Wenn die alte Frau in ihrer persönlichen Freiheit angekommen ist, hat sie Zugang zu einem Stück Lebensqualität, das so etwas wie der goldene Ball aus dem Märchen ist. Normalerweise gibt es viele Anlässe und Lebensumstände, die sie einschüchtern können und sollen. Armut ist einer davon. Mangel an Geld schüchtert ebenso ein wie Mangel an Liebe. Und alte Frauen haben von beidem wenig, vor allem, wenn sie in jungen Jahren darauf gewartet haben, daß ihnen gegeben wird. Wie ich immer sage: Eine Frau kann gar nicht früh genug damit beginnen, zu wissen, was sie will.

Das sollten wir im Herzen bewahren: Eine Frau, die nicht weiß, was sie will, muß nehmen, was sie kriegt. Die Wahrscheinlichkeit, als alte Frau arm zu sein, ist weitaus größer als die Wahrscheinlichkeit, als Mann im Alter arm zu sein. Viele Frauen glauben in jungen Jahren, viel Zeit zu haben, um später, irgendwann einmal zu beginnen zu wissen, was sie wollen, und es sich dann auch zu erkämpfen. Dennoch muß ich darauf hinweisen, daß Armut vor allem ein geistiges und emotionales Problem ist. Ich komme aus einer armen Familie und weiß, daß nicht Mangel an Geld die Armut ausmachte, sondern ein Lebensgefühl, das bedeutete, klein und hoffnungslos zu sein.

Der zurückgeholte goldene Ball verhindert das. Das Leben läßt sich in allen Preisklassen feiern. Der Lust kann eine kostenlos frönen. Liebe ist Nahrung, die unbegrenzt zur Verfügung steht. Laß sie fließen und verströme sie, wo du bist und wohin du kommst.

Elfriedes Witwenball ist überall. Du brauchst nicht einmal Musik, um zu tanzen. Aber du brauchst andere, mit denen du tanzen kannst. Vielleicht nicht immer, aber doch wenigstens hin und wieder. Gerade im Alter sind die anderen wichtig, um lebendig zu bleiben, indem wir uns in ihnen spiegeln und mit ihnen weiterentwickeln. Männer-Frauen stehen da auch im Alter weitaus mehr Möglichkeiten offen als ihren lesbischen Schwestern.

Worüber alte Männer-Frauen jedoch klagen, ist der Mangel an Männern. Und in der Tat, zum Alter hin dünnt sich die Zahl der Männer kräftig aus. Sie sind halt das in Wahrheit schwache Geschlecht. Ihre Lebenszeit ist kürzer als die von Frauen.

Das ist nicht für jede Frau unbedingt ein Grund zur Traurigkeit. So manche Witwe blüht noch einmal richtig auf, nachdem sie ihren Mann zu Grabe getragen hat, und tut endlich das, was sie zu seinen Lebzeiten nicht durfte und nicht konnte.

Manche ist dann doch nicht gern allein und unbemannt. Und auf einmal sind zu wenige Männer da. Das ist, meine ich, vor allem dann ein Problem, wenn eine noch immer dem Denken in Pärchen-Kategorien verhaftet ist. Da rate ich zum *man-sharing*. Du mußt doch nicht immer gleich einen festen Freund haben wollen. Du willst doch jetzt keine Familie mehr gründen. Oder gehörst du zu denen, die meinen, Hauptsache, es liegt einer im Bett und hustet? Wie wäre es mit einem Jüngeren, der hustet vielleicht nicht, sondern kennt andere Möglichkeiten, sich bemerkbar zu machen? Pflege Freundschaften, auch zu Männern. Sie können wunderbare Kumpels sein, wenn du nicht gerade die langjährige Ehefrau bist. Und überhaupt: Die schönsten Sachen kann eine sowieso mit ihren Freundinnen unternehmen. Hier und da ein kleines Verweilen bei einem feschen Kaktus ist ja immer noch drin.

Als Mittel gegen Einsamkeit gibt es die Lösung der Vielfalt der Beziehungen, Verbindungen und Freundschaften. Die macht frei von Abhängigkeiten und reich an Liebe. Die Matronae wurden schließlich immer als Dreiheit dargestellt.

Der Begriff der Matrone ist ja leider in Verruf geraten. Das Bild, das wir damit in Verbindung bringen, ist eine geschlechtsneutrale Erscheinung mit sonderbarer Frisur, die nach einem internationalen geheimnisvollen Rezept gleich geschnitten und festgesprayt in chrysanthemenblütenblätterförmig gelegten Dauerwellenlöckchen um den Kopf drapiert wird wie eine Haube. Aber eine Frau, die Lust und Weisheit zu vereinbaren weiß, entstaubt das Wort „Matrone" und füllt es wieder mit Lebendigkeit.

Die Matrone ist alles andere als geschlechtsneutral, und sie besteht darauf, dem Lustprinzip zu folgen. Jenseits des Wechsels erfährt eine Frau einen natürlichen Zuwachs an Autorität, der sich ganz wunderbar zur Durchsetzung lustbestimmter Interessen einsetzen läßt.

# DER ZAUBER BLEIBT

*Alte Lesben und ihr Raffinement der Liebe*

Was eine der wesentlichen Grundlagen eines echten Raffinements der Liebe ist, habe ich zuallererst von einer Frau gelernt, die ihre Zuneigung Männern schenkte. Da war sie schon über achtzig Jahre alt, eine kleine Frau, kugelrund, mit riesigen falschen Wimpern und hochtoupierter Frisur und reichlich schräg drauf: Lotti Huber, leider verstorbene Überlebenskünstlerin/Schauspielerin/Autorin aus Berlin. Lotti hatte Klasse und Klappe. Sie war sich bewußt, wie alt sie war, aber gleichzeitig auch, daß sie eine große Ausstrahlung hatte, Präsenz und Erdung. Was ihr vollkommen fehlte, war so eine Art kultivierter Selbstzweifel, den nicht nur alte Frauen, sondern Frauen jeden Alters für den Ausdruck erforderlicher Bescheidenheit und guter Manieren zu halten scheinen.

Sie hielt offensichtlich nichts von einem Dasein als alte Omi. Als ich sie das erstemal im Fernsehen sah, fegte sie lasziv und frech alle jungen Typen von der Platte, die versuchten, mit ihr nett und jovial umzugehen, wie man halt üblicherweise mit alten Damen verfährt. Lotti flirtete vor laufender Kamera auf Teufelkommraus mit ihnen und behielt die ganze Zeit die Kontrolle über das Spiel, das sie niemals ganz ernst nahm.

Ich bin sicher, wenn Lotti weitergemacht hätte, wären die Typen glatt mit ihr nach Hause gegangen. Eine Frau, die ihre Urgroßmutter hätte sein können, verwickelte sie augenzwinkernd in ein Liebesspiel, das zeitlos ist. Von der Zeitlosigkeit weiß eine aber erst, wenn sie älter ist. Die jungen Typen hatten keine Ahnung davon. Was die über die Verbindung junger Männer zu alten Damen wußten, hatten sie aus „Harold und Maude". Damit kommt einer nicht weit, wenn er mit alten Wölfinnen zu tun hat.

Diese Lebenshaltung gelingt nur, wenn eine stets die Gewinnerin ist und niemals der Preis. Wenn eine noch darin befangen ist, darüber nachzudenken, ob sie auch wirklich gut aussieht und ob auch niemand das Bäuchlein bemerkt oder was auch immer, ist es noch nicht so weit.

Die zweite Grundlage der Liebeskunst einer alten Lesbe bildet Liebe, echte Menschenliebe. Das unterscheidet das Raffinement der Liebe von den Tricks einer Verführerin. Wenn eine nicht wirklich liebt, ist sie nicht in der Lage, die Frau, die sie verehrt und begehrt und deren Herz sie erobern möchte, zu feiern.

Ich muß hier noch einmal darauf hinweisen, was Liebe bedeutet. In diesem Begriff mischen sich Achtung vor dem Leben und der Persönlichkeit eines anderen Lebewesens mit Freude über das Leben, mit dem Verlangen nach Begegnung, Austausch, Berührung und Mitteilung, mit der Lust und Sinnlichkeit der eigenen körperlichen und seelischen Reaktionen, mit der Freude, der anderen Lust zu schenken und zu bereiten. Ich könnte auch sagen: Tango.

Eine Frau zu verehren und zu feiern sind Begriffe, die vielleicht ein wenig altmodisch klingen, auch dies wie Tango. Aber wir sollten uns darunter nichts Manieriertes, Gestelztes vorstellen, es ist eher so, als würden wir den kosmischen Orgasmus auf eine Person und die Begegnung mit ihr konzentrieren. Vergiß also die tanzturniermäßige pomadige Karikatur dieses wunderbarsten und lustvollsten aller Paartänze, vergiß Piazzola und seine Kunstmusik und laß dich darauf ein, was der Tango dir wirklich erzählt.

Er stammt aus den armen Vorstädten von Buenos Aires, von dort, wo Huren und Zuhälter zu Hause waren, kleine Leute. Dort wird er immer noch getanzt von ganz normalen Leuten, die etwas von der Liebe und ihren verschlungenen Wegen verstehen, weil sie ihnen gefolgt sind. Der Tango – das trifft auf die nicht minder lebensvolle griechische Rembetiko-Musik genauso zu – wurde in Spelunken und Kellerkneipen geboren. In einer Welt der kaputten Schuhe und schmutzigen nackten Mauern, der Lehmböden und schmierigen Gläser.

Tango tanzten alle Arten von Paaren: Frauen mit Frauen, Männer mit Männern und schließlich sogar Frauen mit Männern. Der Tango erzählt davon, daß es immer nur auf die Liebe ankommt und auf sonst gar nichts. Du kannst mit Mundgeruch und ungewaschenen Haaren in einem Kellerloch hocken oder im eleganten schwarzen Smoking betörend deine Augen zum Glühen bringen – es geht darum, die Schönheit der Rose anzubeten. Als Metapher wie auch als ganz reale Vulva.

Der Zauber in der Wirklichkeit besteht darin, daß dem Schlamm der Zeit und der widrigen Umstände viele wunderbare, duftende Blumen entsprießen. Sie alle sind Ausdruck der vielfältigen Erscheinung der Göttin. Ohne den Schlamm, ohne echtes Leben ist das nicht zu haben. Ohne den Dreck und die wilden Gefühle gibt es keinen Tango, keine Magie und keine Liebe.

Die Verehrung einer geliebten Frau sollte aus diesen Kräften genährt sein. Das hat nichts mit der patriarchal üblichen Form von Bewunderung zu tun, die ja eher dem Versuch entspringt, so beunruhigende Gefühle wie Neid und Angst zu bewältigen. Patriarchale Bewunderung erhebt das Objekt auf ein Podest, so daß es als Fläche und Zielscheibe vielfältiger Projektionen dienen und jederzeit gehaßt und gestürzt werden kann, wenn es von den eigenen Vorstellungen und Erwartungen abzuweichen wagt. Die Verehrung, von der ich hier spreche, ist von Freude über das Dasein getragen und enthält dieses unbändige Staunen über das Leben, das nur die kennen, die noch oder wieder im Besitz ihres goldenen Balls sind. Das ist der Zauber in der Wirklichkeit.

Als dritte Grundlage braucht eine Lesbe Geduld und, sagen wir mal, eine gewisse Großzügigkeit der Gefühle. Ortiz Taylor läßt ihre Heldin Arden Benbow sagen: „Ich fand, Alice anzutreiben, etwas für mich zu empfinden, das wäre, wie wenn man ein Veilchen anschreit: ,Los, blüh schon, beeil dich!‘"

Es geht nicht darum, der anderen Zeit zum Entwickeln zu geben, sondern um den Genuß, der erst lustvoll-sinnlich ist, wenn er alles einbezieht. Eine gute Geschichte ist eine, die von Anfang bis Ende interessant ist. Sie ist noch besser, wenn sie Spannung enthält und das Auf und Ab nicht gering achtet, das alle Gefühle anspricht. Das Bangen und das Verlangen, Erfüllung und Glück, Trauer und Enttäuschung, Überraschungen und Langeweile, Verwirrung und Verständnis. So hütet eine sinnliche Frau sich davor, der Harmonie nachzujagen und die stürmischen Zeiten der Disharmonie zu meiden.

Die alte schwarze Wölfin schätzt den Genuß der Erwartung ebenso hoch ein wie den der Erfüllung. Sie geht nicht auf die Pirsch, wie es vielleicht ein patriarchaler Jäger tut, wenn er den Wunsch verspürt, herumzuhirschen. Sie markiert ihr Revier mit Magie und hat viel, viel Zeit. Sie weiß zu jedem Zeitpunkt ihres Lebens, daß das, was sie gerade erlebt, unwiederbringlich und einmalig ist. Darum wird sie auskosten, was da ist.

Sie weiß: Alles hat seine Zeit. Sie hat die Wellentäler erlebt, ist auf den Wellenkämmen geritten. Sie weiß nun, ganz gleich, wie alt eine sein mag, egal welche Probleme auf eine warten, der Zauber in der Wirklichkeit bleibt. Er bleibt so lange und so sehr, wie eine Frau dies für möglich hält.

Wenn dann noch ein gewisses Gespür für Haltung und Würde dazukommt, sind die Voraussetzungen komplett. Eine alte Lesbe weiß sehr viel über Frauen, das ist ihr Vorteil. Ihrer und der der Frauen.

## 5. Die sinnliche Frau und der Tod

Du bist jetzt bald woanders zu Hause. Du ordnest deine Angelegenheiten und schließt die Kreise. Die Durchgänge in die Anderswelt stehen jetzt weit offen für dich.

Dein Zeichen ist Beth, die Göttin aller Göttinnen, die eigentlich keinen Namen hat und braucht, die immer da war und immer sein wird.

## LIEBE IST EIN KOSMISCHES GEFÜHL

*Oder: Was bleibt, wenn du gehst*

Ich wünsche mir, daß mir am Ende meines Lebens das größte Geschenk gemacht wird, das ich mir vorstellen kann. Ich wünsche mir einen Tod, in den ich bewußt und klar gehen kann, gestützt und gewärmt durch die liebevolle Zärtlichkeit von Menschen, die gern bei mir sind und mich halten und ermutigen, bis ich meinen Körper loslassen kann. Und dann – Pfffft – kommt die große Ausdehnung, die ich in früheren Jahren im Schlaf und im Wachzustand schon so oft erlebt habe. Ein völlig verrücktes Gefühl großer Freude und Weite, das nur möglich ist, wenn eine nicht mehr in verdichtete Materie eingesperrt ist.

Wenn ich mir dann noch etwas wünschen dürfte, so hätte ich gern, daß es zu einem Zeitpunkt passiert, an dem ich gesättigt vom Leben bin. Wenn es einen Grabstein geben würde (den es nicht geben wird), sollte drauf stehen: „Das muß für diesmal reichen." Ob die Menschen, die mich verabschieden, trauern oder feiern, ist mir völlig gleich. Es ist ihr Abschied. Sollen sie ihn gestalten, wie es ihnen gefällt. Ich werde dann schon ganz woanders sein.

Zu meiner Überraschung ist mein eigener Tod der, mit dem ich ganz gut umgehen kann. Auch die vielfachen Gefahren, in einen schmerzvollen und unwürdigen Sterbevorgang gezwungen zu werden, hoffe ich vermeiden zu können.

Wie man würdig stirbt, hat mich ein Mann gelehrt, den ich vor vielen Jahren in Perugia erlebt habe. Er war Inder, ein Schüler Gandhis und sehr, sehr alt. Als er kurze Zeit später erkrankte, verweigerte er Essen und Trinken, bis er bald darauf bewußt, ruhig und leicht seinen Körper loslassen konnte. Seither ist das Wissen, durch Verweigerung von Nahrung, vor allem aber die Verweigerung von Flüssigkeit meinen Tod bestimmen und steuern zu können, eine große Beruhigung. Du kannst keine zehn Tage ohne

Flüssigkeitszufuhr überleben. Das ist der Garant, bis zum Ende meines Lebens von anderen unabhängig zu sein. Mit dem Fortgehen habe ich noch nie in meinem Leben Schwierigkeiten gehabt.

Anders steht es damit, andere, die ich liebe, gehen zu lassen. Der Gedanke, von ihnen verlassen zu werden, ist mir unerträglich. Da gehe ich lieber vorher selbst. Als meine Mutter einigermaßen unerwartet starb, war sie Anfang fünfzig und ich ein sehr junges Mädchen, die niemand darauf vorbereitet hatte, daß Mütter wirklich sterben können. Sie hatte mit ihren ewigen Kränkeleien und Krankheiten und der darin enthaltenen Forderung, daß ich die Verantwortung für sie übernehme, dafür gesorgt, daß ich auf Krankheiten reagierte, indem ich mich emotional verschloß.

Das ist – die Meinen beklagen es immer wieder – bis heute so geblieben. Als Krankenschwester wäre ich eine Katastrophe. In meiner Kindheit war es eine Frage des seelischen Überlebens. Als meine Mutter dann im Sterben lag, konnte ich damit, daß sie krank war, nicht umgehen. Der Tod erschien mir so unwirklich. Weil der Tod aber die einzige Möglichkeit für sie war, nicht mehr krank zu sein, hoffte ich, daß sie endlich sterben möge. Als sie tot war, brach ich unter der Last, von ihr verlassen worden zu sein, zusammen.

Bis heute ist es für mich unsagbar schwer, eines meiner Tiere loszulassen, wenn es ans Sterben geht. Ich fühle mich dann so unendlich verlassen von ihnen. So ist das Zurückbleiben das größere Problem für mich. Dabei sollte ich es besser wissen.

Der Tod, dem wir für seine Existenz dankbar sein müssen, ist unwichtiger, als wir glauben. Ich kann das mit dieser Bestimmtheit sagen, weil ich mich seit langer Zeit mit der Tatsache meiner eigenen Sterblichkeit sinnlich auseinandergesetzt habe. Sinnlich heißt, daß ich über die gedanklich-philosophische Beschäftigung hinaus seelische und körperliche Erfahrungen machen durfte.

Daß das Leben aus mehr als der Zusammenballung von Protoplasma besteht, habe ich eigentlich immer gewußt. Dieses Wissen beruhte auf keiner Erfahrung, sondern war eher eine Art Gewißheit, ähnlich wie beispielsweise der Blick in den Himmel, bei Tag oder bei Nacht, eine Gewißheit von der Weite des Raumes gibt.

Grenzen des Rationalen zu überschreiten, war mir auch schon immer alltägliche Gewohnheit, stamme ich – wie oft erzählt – doch aus einer Familie von Kartenlegerinnen und Kaffeesatzleserinnen.

Als ich mich mit dem Tod meiner Mutter nicht abfinden wollte und in nächtlichen Träumen das entscheidende Krebsmedikament fand, um sie zu heilen, hatte ich eines Nachts einen ganz anderen Traum. In einer Landschaft des Nichts (besser kann ich es nicht erklären) an einem alten, abgebrannten Haus traf ich auf meine Mutter. Sie sah mich durchdringend an und sagte: „Es geht mir gut da, wo ich jetzt bin. Alles ist in Ordnung." Dann drehte sie sich um und ging ins Nichts hinein, in das ich ihr nicht folgen konnte.

So konnte ich aufhören, um sie zu trauern, und mein eigenes Leben anfangen. Solche Erlebnisse waren für mich besonders und alltäglich zugleich. Meine Angst vor dem Tod und allem, was damit verbunden ist, konnten sie mir jedoch nicht nehmen. Ich lernte mehr und mehr, mit den Kräften der Anderswelt in Berührung zu kommen und mit ihnen umzugehen. Das wurde Teil meines Lebens wie Arbeit und Kindererziehung. Der Tod aber blieb ein Tabuthema. Angst und Schmerz waren zu groß.

Und dann, etwa vor dreizehn Jahren müssen die da drüben wohl beschlossen haben, daß mein Geist soweit ist, stärkeren Toback zu verkraften. Ich fühlte mich auf eine rasante, anfangs beängstigende Erfahrungsreise durch den Tod geschickt. Erinnerungen, die über mein Leben hinausgingen, überschwemmten mich. Ich sah Auren, konnte an den Schwingungen um einen Menschen erkennen, ob dieser emotional bewegt oder ruhig war. Meine intuitiven Kräfte dehnten und streckten sich.

Im Verlauf dieser Erfahrungen geriet ich in Zustände, die als „Außer-Körper-Erlebnisse" und „Nahtod-Erlebnisse" bekannt sind. Eines Tages träumte ich, daß ich vor Zorn buchstäblich aus der Haut fuhr und oberhalb meines Körpers schwebend auf die Szenerie blickte. Drei Monate später erlebte ich genau diese Situation in der Wirklichkeit. Es dauerte noch eine ganze Weile, bis ich wirklich wußte, daß ich nicht auf dem Weg war, verrückt zu werden. Dann begannen einige Reisen außerhalb meines Körpers. Sie geschahen ohne mein Zutun und ohne daß ich jemals die Absicht oder den Wunsch dazu gehabt hätte. Außerhalb des Körpers zu sein, war unglaublich. Es ist so einfach und so lustvoll, kein Körper mehr zu sein. Das ist die Erfahrung aus diesen Erlebnissen.

Inzwischen habe ich diese Erlebnisse nicht mehr und bin ganz froh darüber. Ich bin sehr gern ein Körper und habe vor, es noch ziemlich lange zu sein. Wir sind nicht auf der Welt, um etwas anderes zu sein. Auch sind diese „Außer-Körper-Erlebnisse" nicht ganz ungefährlich und erfordern ein stabiles, ziemlich robustes Seelenleben. Aber der Tod hat für mich durch diese Erlebnisse seinen Schrecken verloren. Ich habe keine Ahnung, ob wir wiedergeboren werden oder nicht, aber ich weiß, es geht weiter. Es geht immer weiter. Es gibt keinen Anlaß zu Angst und Leid.

Das Problem mit dem Tod haben wir hier als Körper und nicht dort als das, was immer wir dann auch sein werden und wo immer wir uns dann befinden mögen. So geht es also darum, für das Hier und Jetzt Wege zu finden, die Tatsache des Todes in den ganz realen Alltag und die Gelassenheit des Seins zurückzuholen.

Rituale können da sehr hilfreich sein. Nicht nur die alten Begräbnis-Rituale, sondern neue, die wir uns erarbeiten müssen. Sie erfüllen damit genau das, wozu Rituale da sind: Sie halten uns in emotional sicheren Koordinaten, die Körper, Seele und Geist zusammenhalten und Vergangenheit, Gegenwart und Zukunft miteinander verbinden. In den Zeiten und Situationen, in denen die Welt ein bißchen zu groß ist und die Gefühle zu tief und wild werden, können wir wärmende und tröstende Sicherheit gebrauchen.

Das, was bleibt, wenn eine geht, kann viel sein, kann wenig sein. Das ist gar nicht wichtig, denn jedes Leben entzieht sich der Beurteilung durch andere. Es sollte allen im besten Sinn herzlich egal sein, ob du ein erfülltes Leben hattest oder nicht.

Die einzige, der es wirklich niemals, zu keinem Zeitpunkt ihres Lebens gleichgültig sein sollte, bist du selbst. Was du versäumt hast, wird dir fehlen. Was du niemals ausgesprochen hast, wird dich schmerzen. Wenn du nie verstanden wurdest, wird es dir leid tun, dich nicht wirklich verständlich gemacht zu haben. Wo du geblieben bist, obwohl du besser gegangen wärest, davongelaufen, wo du besser geblieben wärest, geschwiegen hast, wo du laut hättest schreien sollen – alles das ist für dich selbst bedauerlich und ein großer Verlust an Klarheit und Lebensfreude.

Ich bin fest davon überzeugt, daß die Dinge, die eine bewegt hat in ihrem Leben, und seien es noch so wenige, von Bedeutung waren. Wir waren an diesem unverständlichen Spiel der Strömungen von Energien für eine kleine Weile beteiligt. Viertausend Wochen. Was ist das schon? Viel, meine ich mittlerweile. Nichts von dem, was eine gefühlt, gedacht, gelebt hat, geht wirklich verloren. Ob wir in der Erinnerung derer, die nach uns kommen, vorhanden sind, ist dabei gar nicht so wichtig.

Jeder Wunsch, jeder Traum von einer Welt verändert etwas und trägt etwas dazu bei, das Leben auf diesem mit einer kalten Kruste überzogenen Feuerball, der durch ein unfaßbares All saust, so werden zu lassen, daß es für alle, die darauf leben, eine Freude ist, dazusein. Liebe ist alles, das zählt. Und es ist die Sinnlichkeit, die für die Wahrnehmung der Liebe sorgt.

Informationen über Veranstaltungen und Seminare
von Angelika Aliti:

TEMENOS
Postfach 22
A - 8093 St. Peter am Ottersbach

Zum Weiterlesen:


Angelika Aliti
**Macht und Magie**
Der weibliche Weg, die Welt zu verändern

240 Seiten
**mit 49 Symbolkarten, gezeichnet von Sonja Renner**

Mit Hilfe dieser Symbole kannst du viel bewegen und viel verändern. Dein Leben wird dadurch anders werden, und es wird deine eigene Lebenskraft sein, die dies zustandegebracht hat.


Angelika Aliti
**Mama ante portas!**
Wenn Frauen das Sagen haben

280 Seiten
gebunden mit Schutzumschlag

Jeder Schritt in die geistige, seelische und ökonomische Unabhängigkeit führt Frauen der Freiheit näher, auch wenn ein freies Leben Unbequemlichkeiten mit sich bringt und mit Arbeit verbunden ist.


Verlag Frauenoffensive